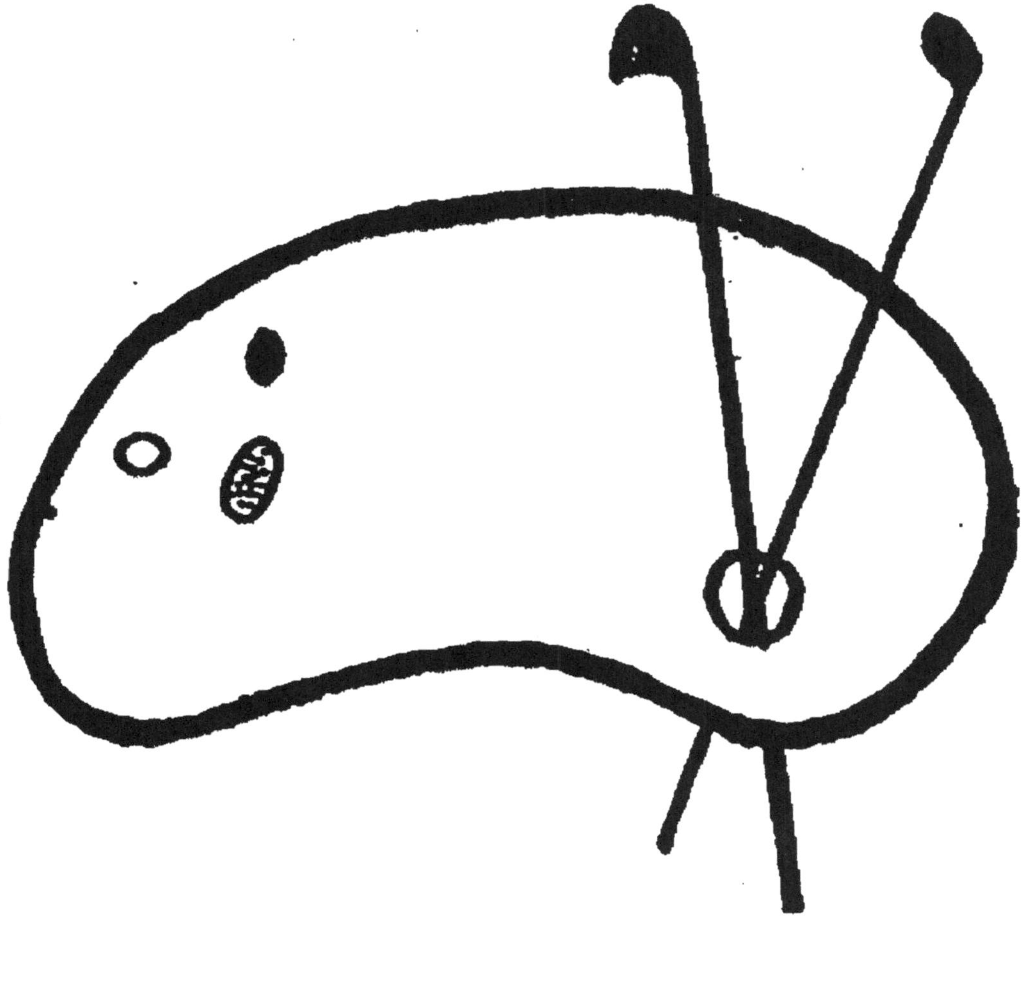

COUVERTURE SUPERIEURE ET INFERIEURE EN COULEUR

HISTOIRE

DE

LA VILLE DE CHARLIEU

HISTOIRE

DE LA

VILLE DE CHARLIEU

Depuis son origine jusqu'en 1789

PAR

J.-B. DESEVELINGES

ROANNE
Chez DURAND, libraire, rue du Collége, 10

LYON
Chez Auguste BRUN, libraire, rue du Plat, 13

1856.

Roanne, Imp. SAUZON, rue Impériale, 70.

AUX SOUSCRIPTEURS

DE L'HISTOIRE DE CHARLIEU.

Messieurs,

La publication de cette histoire est en quelque sorte votre ouvrage, car elle n'aurait pas eu lieu sans votre généreux concours. Aussi ai-je voulu que vos noms fussent intimement rattachés à ce livre, qu'ils en fussent désormais inséparables. J'ai cru que c'était le moyen le plus expressif de vous marquer ma reconnaissance, et je souhaite que vous en soyez satisfaits.

J'ai l'honneur d'être avec une gratitude sincère,

Messieurs,

Votre bien dévoué serviteur,
DESEVELINGES.

Liste des Souscripteurs

Souscripteurs de la ville de Charlieu.

Messieurs

GUINAULT, maire de la ville, chevalier de la Légion-d'Honneur.
HUGAND, adjoint au Maire.
DREUX, adjoint au Maire.
DUPLEX, juge de paix du canton.
CHEVIGNON, curé de la paroisse, chanoine honoraire de la cathédrale de Saint-Jean de Lyon.
CRÉTIN, aumônier de l'hôpital, chanoine honoraire de la cathédrale de Saint-Jean de Lyon.
COTTON, maréchal des logis de la gendarmerie.

AUGUIOT, directeur de la poste aux lettres.
AUROUZE, fabricant de soieries, conseiller municipal.
ALIX fils, Honoré, négociant.
ALESMONIÈRE, François, nég.
ARGOUD cadet, François, chapel.
ALIX, horloger.
BEAUJEU fils, teinturier.
BONNETON aîné, négociant.
BROSSARD, confiseur.
BONNEAU, docteur en médecine.
BONNÉVAY, chef de cuisine.
CHERVIÉ, notaire, conseiller municipal.
CHETARD, recev. de l'enregistr.
CHARTIER, huissier.
CUISENIER fils, fabricant de toile.
COMBE, teneur de livres.
CHENY, propriétaire rentier.
CHARNAY, notaire.
CHAVALLARD, banquier.
CAPONY, négociant.
COMBY, fabricant en soieries.
DUFFUT, docteur en médecine.
DÉCHAVANNE, ex-directeur de mines.
DUPUIS, pharmacien.
DURAND, Claudius, commis en soieries.
DESSERTINE, Claude-François, fabricant de soieries.

Durand, Noël, corroyeur.
Dussurgey, docteur en médec.
Dolliat fils, négociant.
Daumas, entrepreneur de voitures publiques.
Dessertine, Jean, lieutenant d'infanterie en retraite, chevalier de la Légion-d'Honneur.
Dulieu (le comte), rentier, pour deux exemplaires.
Finat, fabricant de soieries.
Foriat, dr en médecine, conseiller municipal.
Fenouillet, géomètre.
Favre, propriétaire-rentier, conseiller municipal.
Gobet, Benoît, dit Auguste, nég.
Jolivet, J.-M., fab. de soieries.
Larue fils, Jean-Baptiste, nég.
Lessieux, Étienne, fab. de soier.
Lessieux-Cannard, id.
Moncorger, Antoine, rentier.
Moreau, notaire.
Monvenoux, secrét. de la Mairie.
Menu, vicaire de la paroisse.
Nobis, huissier.
Paradis fils, employé à l'octroi.
Popelin, mécanicien.
Peyrard, percepteur de la ville.
Pierra, docteur en médecine, conseiller municipal.
Rivollier, Grégoire, dit Méry, fabr. de soieries, con. mun.
Ray, propr.-rentier, con. mun.
Sauthier père, nég., con. mun.
Soleillant, ex-greffier de la justice de paix.
Turret aîné, fabricant de soieries, conseiller municipal.
Thevenet, aumônier des religieuses Ursulines.
Trotin fils, Georges, fabricant de soieries.
Trouillet, Alexandre, propriétaire-rentier, conseiller mun.
Tigny (Tillard de), propriétaire-rentier, conseiller municipal, pour deux exemplaires.
Villard, propriétaire et entrepreneur de travaux publics, conseiller municipal.
Valorge, Jean-Louis, fabricant de soieries.
Verchère, géomètre.
Viverieux, capitaine en retraite, chevalier de la Légion-d'Honneur.
Vadon, Jules, fils, négociant.
Vadon, François, banquier.
Vissaguet, greffier de la justice de paix.
Vadon, Joseph, prêtre.

Souscripteurs du canton de Charlieu.

Bourganel, curé à Saint-Hilaire.
Cucherat, maire de Saint-Nizier.
Chevalier fils, Pierre, propriétaire à Saint-Pierre.
Cruzille, vicaire à St-Nizier.
Captier, maire à Nandax.
Favre, ex-architecte à Chandon, membre honoraire de la société académique d'archit. de Lyon.
Millot, Pierre, fabricant de soieries à Boyé.
Petit, Antonin, propriétaire-rentier à Pouilly.
Pinchon, curé de Chandon.
Ribolet, propriétaire à St-Nizier.
Ray fils, propriétaire-cultivateur, adjoint au maire de Vougy.
Vougy (le comte de) propriétaire et maire à Vougy, pour quatre exemplaires.

Souscripteurs de Roanne.

Messieurs

LORETTE, Sous-Préfet de l'arrondissement, chevalier de la Légion-d'Honneur.
DU MARAIS, membre du Corps législatif, chevalier de la Légion-d'Honneur.
CLERJON, Maire, officier de la Légion-d'Honneur.
DUBOST, curé de la paroisse St-Etienne, chanoine honoraire de l'église cathédrale de Saint-Jean de Lyon.
BOUILLIER, Président du tribunal de commerce, adjoint au Maire.
DARLEMPDE, receveur particulier de l'arrondissement.

AULOGE, médecin-vétérinaire.
AUGAGNEUR, bibliothécaire.
BARGE fils, négociant.
BRISON fils, négociant.
BRISSAC, Frédéric, négociant.
CHAVERONDIER, Auguste, rentier
COSTE fils, négociant.
CRÉPET, employé à la Recette particulière.
DE ST-THOMAS (le chevalier de), propr. ex-officier supérieur.
DE VIRY, docteur-médecin, chevalier de la Légion-d'Honneur.
DUSAUZEY fils, notaire.
FAURE, employé à la Mairie.
FOUJOLS fils, employé à la poste.
GEOFFRAY, avocat.
GIBOUDEAU, empl. à la Recette.
GORMIER fils, négociant.
JEANNEZ fils, rentier.
LESCORNEL, directeur de l'école de dessin.
MAGNIEN, architecte-voyer.
M' ROS, propriétaire au château de Chervé.
MARET, Alain, rentier à Perreux.
MICHAUD, architecte.
NOURRISSON, Félix, employé à la Recette.
POCHIN, propriétaire, ex-adjoint.
PION, huissier.
VADON, Rémy, avocat.

Souscripteurs de Lyon.

ASSIER (d') de Valenche.
BAUDRIER, Henri-Louis, juge d'instruction.
BARRICAND, doyen de la Faculté de théologie.
BOUÉ, curé de la par. d'Ainay.

Breton, professeur d'histoire à la Faculté de théologie.
Boussand, Victor, avocat.
Bourdin, Charles, missionnaire de la société des Chartreux.
Bajard, curé de la paroisse St-Joseph, à la Demi-Lune.
Brun, Auguste, libraire, rue du Plat, pour 12 exemplaires.
Chevallard, missionnaire de la société des Chartreux.
Desgrange, rentier.
Durand (l'abbé) professeur au collége des Minimes.
Gatelier (de), Vital, propriétaire-rentier, pour 2 exemplaires.
Gatelier (de), Charles, id.
Gauthier, archiviste du dépt. du Rhône.
Gautier fils, Charles (de Ressin) propriétaire-rentier.
Giraud, restaurateur.
Livet, Alexandre, prop.-rentier, ex-avoué à la cour impériale.
Morel de Voleine, homme de lettres.
Martinet, marchand de fournitures ecclésiastiques.
Nicolas, employé chez M. Pion, fabricant d'eau gazeuse.
Pras, ancien magistrat, pour deux exemplaires.
Place, employé chez MM. de Bouvand et Ce.
Pion, J., fabr. d'eau gazeuse.
Place, commis en soieries.
Randin, confiseur.
Routier, vicaire de la paroisse de St-Polycarpe.
Roux, Victor, négociant.
Thiollière, directeur de l'Assurance mutuelle.
Valons (de), Vital.
Valansot, fabricant de soieries.

Souscripteurs divers.

Amadieu, inspecteur de l'enregistrement à St-Etienne.
Bernard, Auguste, historien à Paris.
Balmondière (de la) à Fontaine, près Lyon.
Brye (de), docteur en médecine à Vienne.
Bétancourt, à Rive-de-Gier.
Berthelier, François, propriétaire-rentier à Chauffailles.
Cucherat, aumônier de l'hôpital de Paray-le-Monial.
Dupont, chef de bataillon en retraite, chevalier de la Légion-d'Honneur, propriétaire à Fleury-la-Montagne, pour deux exemplaires.
Livet, propriétaire à Fleury-la-Montagne.
Martin, Nicolas, à Amplepuis.
Magnin, Charles, propriétaire à St-Bonnet-de-Cray.
Nicolas, Louis, négociant à St-Étienne.
Proton, curé de la Bénissons-Dieu.
Simon, vicaire général du diocèse de St-Flour.
Sage, curé à Anse.
Terrebasse (de), Alfred, au Péage-de-Roussillon.
Testenoire-Lafayette, notaire à St-Etienne.
Villard, adjoint au maire de Chauffailles.

AUX HABITANTS DE CHARLIEU.

Mes chers Concitoyens,

Voici l'histoire de votre ville, je l'ai écrite principalement pour vous, je suis entré dans certains détails, j'ai donné quelques explications tout exprès pour les lecteurs de Charlieu.

Moins heureuse que beaucoup d'autres, votre cité n'a jamais eu d'historien, et les écrivains que leur sujet menait à en parler, n'en ont dit que fort peu de chose. Charlieu ne vaut cependant pas moins que d'autres villes qui ont depuis longtemps leur annaliste; j'ai voulu lui procurer le même avantage. La chose n'était pas sans difficulté: les archives de l'abbaye, les seules où l'on eût pu trouver réunies toutes les pièces nécessaires pour écrire l'histoire de la ville, furent brûlées dans les premières années de la révolution. Il a donc fallu recueillir çà et là les documents perdus de vos annales ; j'y ai mis plus de vingt ans ; j'en ai demandé aux archives et aux bibliothèques publiques et particulières de Paris, de Lyon, de Dijon, de Mâcon, de Montbrison, de Roanne, de Charlieu : j'ai glané aussi quelques pièces dans des papiers de famille. Avant de me mettre à écrire, j'ai attendu longtemps, afin de pouvoir être plus complet : je ne me suis mis à l'œuvre que quand j'ai eu perdu tout espoir de recueillir d'autres matériaux. Désormais, ce volume renferme, je crois, tout ce qu'il est possible de savoir sur Charlieu.

Ce n'est pas à dire pour cela qu'il contienne tout ce qu'on pourrait désirer de savoir; loin de là, il y a des lacunes sur plusieurs points, car mes recherches, quelque actives qu'elles aient été, n'ont pu réunir un nombre de pièces suffisant pour tout compléter et tout éclaircir. Elles ne pouvaient suppléer entièrement les archives de l'abbaye. Le lecteur saura donc que, lorsque mon récit n'est pas aussi entier, aussi explicite qu'il pourrait le souhaiter, il n'y a nullement de ma faute.

Je ne voudrais pas non plus qu'il s'attendît à trouver dans cette histoire ce qui ne saurait y être, de grands évènements, des guerres, des siéges mémorables, une suite continue de faits éclatants formant un corps d'histoire comme celui d'un royaume et racontés de la même manière. Ceci ne se rencoutre jamais, même dans les annales des villes beaucoup plus importantes que Charlieu. Ces annales se composent toujours de faits de deux espèces : les uns ont rapport aux événements généraux, les autres ne concernent que la cité considérée en elle-même, dans sa vie propre et indépendante des autres parties de l'Etat. Les premiers sont toujours détachés et sans liaison entre eux. Ils forment de loin en loin des groupes de nature mixte, c'est-à-dire qui ont au moins autant, ou même plus de rapports à l'histoire du pays qu'à celle de la ville. Les seconds ont fait la vie intérieure de la cité, son état aux diverses époques de son existence, son gouvernement particulier, ses coutumes ; ils lui sont seuls exclusivement propres ; seuls ils composent ses annales proprement dites, et ils en sont toujours la partie la plus attrayante. Il est quelquefois possible d'en former un enchaînement continu ; mais comme ils sont de natures très diverses, il y a presque toujours des inconvénients à en faire marcher la narration parallèlement, à rapprocher des choses aussi disparates. Il paraît donc plus rationnel de traiter séparément chaque sujet, de conserver à chacun une place à part, de former l'histoire générale de la ville, des histoires particulières et distinctes de chacune de ses institutions civiles et religieuses, de chacun de ses établissements publics. Cette méthode est assurément la plus claire ; elle est aussi la plus agréable, car l'esprit ne rompt jamais sans déplaisir le fil d'une idée ; il n'aime pas à mêler, à voir ensemble des choses qui n'ont de rapport que par l'identité du lieu où elles se sont passées.

Pour ce qui concerne Charlieu en particulier, je crois qu'il eût été impossible de suivre un autre système sans tout embrouiller.

C'est en conséquence de ces principes que j'ai divisé cette histoire en deux parties, subdivisées elles-mêmes en autant d'autres parties qu'il y a de sujets dans chacune des deux grandes sections. J'ai commencé par la partie ecclésiastique, parce que l'abbaye, qui en forme le sujet principal, a précédé tout le reste, qu'elle a donné naissance à la ville, qu'elle en a été le noyau. Un ordre différent eût été moins naturel et n'eût pas mis autant de clarté dans la narration.

Du reste, j'ai écrit cette histoire consciencieusement et avec la même exactitude que si les petits faits, les petits évènements dont elle se compose avaient une grande importance. Tout ce que je dis est basé sur des pièces ou des écrits que j'ai eu soin de citer. Quand une chose était, ou m'a paru douteuse, je l'ai donnée pour telle, j'ai évité plusieurs erreurs traditionnelles ou écrites.

Entre les choses remarquables de cette histoire, quelques-unes me semblent surtout dignes de vous être signalées. Quoique l'ancien régime fût si peu favorable à la roture, plusieurs de vos ancêtres sont parvenus cependant, par leur travail, leur économie, leurs talents et leur conduite, à une position élevée. Ils ont occupé des seigneuries et conquis une espèce de noblesse. D'autres ont rempli avec honneur les fonctions de la magistrature. La plupart se sont enrichis par le commerce et l'industrie, et ils ont fait leur ville l'une des plus florissantes de la contrée ; prenons garde de ne pas dégénérer.

Vous allez apprendre quels furent les vœux de vos pères pour l'amélioration de leur sort aux différentes époques de leur histoire ; à peine en ont-ils vu réaliser quelques-uns, et vous êtes assez heureux pour les voir s'accomplir presque tous.

Ainsi ils ont désiré d'être délivrés du joug seigneurial des moines. Ce joug a été inconnu à la plupart d'entre vous, et vous n'avez pas à en craindre le retour.

Ils ont désiré des tribunaux présentant des garanties suffisantes de lumière et d'impartialité ; vous les avez.

Ils ont désiré une administration communale exercée par des mandataires élus ; vous avez cette administration.

Ils ont désiré l'établissement d'un octroi pour diminuer le fardeau des dépenses communales ; vous l'avez.

Ils ont désiré des routes pour transporter leurs marchandises et faciliter le commerce, vous en avez plus qu'ils n'en eussent jamais osé espérer.

Ils ont désiré plus d'aisance, plus de bien-être, et vous en avez beaucoup plus qu'ils n'en eurent, même au dernier siècle, où l'état général s'était pourtant beaucoup amélioré.

Vous êtes donc plus heureux que vos pères, et s'il leur était donné de revenir au milieu de vous et de connaître le peu de satisfaction que vous éprouvez de votre sort, ils vous diraient : Comparez votre situation à la nôtre, et vous apprécierez votre bonheur ; vos maisons les plus ordinaires eussent été pour nous comme des palais; votre ameublement, le service de vos tables, vos vêtements nous eussent semblé d'un luxe inouï. Douteriez-vous de notre parole? Regardez ces vieux bâtiments, témoins des âges passés, et que vous vous hâtez de démolir comme peu dignes de vous. Tout était chez nous en harmonie avec ces tristes logements dont vous ne voulez plus.

Charlieu, le 1er mars 1856.

DESEVELINGES.

INTRODUCTION.

Charlieu ne remonte, d'une manière bien certaine, que jusqu'à la seconde moitié du IXe siècle. C'était une époque de désordre et de confusion politiques. Il y avait à peine cent cinquante ans que Charlemagne avait formé ce vaste empire, qui l'a rendu si célèbre dans les annales des peuples, et déjà cet empire était en pleine dissolution. Les descendants du fameux potentat l'avaient partagé, divisé; ils se faisaient entre eux des guerres continuelles, et les comtes et ducs, jusque là amovibles, profitaient du désordre pour se rendre immuables dans leurs charges. L'autorité royale déclinait au profit des autorités particulières et locales, qui se rendaient indépendantes. C'était le commencement de la féodalité ou de la puissance des seigneurs. Aux malheurs inséparables d'une telle situation vinrent se joindre les incursions des Normands, ou hommes du Nord, derniers venus de ces barbares qui avaient envahi et écrasé l'Empire romain.

Cependant la misère du temps avait redoublé l'ardeur pour la vie cénobitique, à laquelle les hommes étaient, du reste, entraînés par le zèle religieux de l'époque. Il y avait quatre siècles que saint Benoît, abbé du mont Cassin, avait fondé l'Ordre célèbre qui a porté son nom. Un autre saint Benoît, français d'origine, abbé d'Aniane, et qui vivait sous Charlemagne, avait contribué beaucoup à propager chez ses compatriotes l'institution de son prédécesseur et l'amour de sa règle. Vers l'an 850, cette discipline monastique était pour ainsi dire unique dans l'Occident. Aussi n'y en avait-il pas de plus propre à la mission sociale que la religion était alors appelée à remplir, celle de relever le monde affaissé sous le poids des désordres de toute espèce ; car elle portait unis en elle les deux principes civilisateurs, alors dédaignés, le travail manuel et le travail de l'esprit. Elle voulait que le religieux cultivât les lettres, les sciences et les arts et qu'il pourvût cependant de ses propres mains à tous ses besoins. Les monastères de l'Ordre de Saint-Benoît étaient à la fois un refuge contre les maux du temps, et un modèle opposé à ses vices.

D'après leur règle, qui était uniforme en France, depuis le concile d'Aix-la-Chapelle de 817, les moines bénédictins travaillaient eux-mêmes, sans en excepter l'abbé, à la cuisine, à la boulangerie, et à tous les autres services de la maison. La journée était partagée entre la lecture, la méditation et le travail, dans l'intérieur, ou aux champs. En cas de besoin, on récitait l'office dans la campagne même. On ne mangeait pas de viande dans les couvents de l'Ordre. Chacun y avait, par jour, une livre de pain, un demi-setier de vin (1), et une certaine quantité de pitance maigre. Outre le carême, qui était très-rigoureux,

(1) Un quart de litre environ.

il y avait jeûne les mercredis et vendredis pendant une partie de l'année, et on ne faisait alors qu'un seul repas par jour.

L'habillement était grossier et consistait en une chemise de serge, une tunique et une cuculle, ou scapulaire sans manches. Lorsque le religieux était en tenue, il y ajoutait une chape. La chaussure était de cuir en été, de bois en hiver.

Tels étaient les cénobites qui vinrent à Charlieu en 870, ou environ. Le roi de France régnant était Charles, dit le Chauve. Ce prince était tout occupé à faire rentrer sous son autorité les diverses parties de son royaume qui de toute part s'en détachaient. Vains efforts ; un génie plus grand que le sien n'eût pu suffire à la tâche, et l'homme même, qui avait alors toute sa confiance, devait bientôt se faire donner la souveraineté séparée de plusieurs provinces. Issu d'une famille obscure et qui s'était élevée promptement, Boson, fils de Bavin, duc d'Ardenne et d'une sœur de la reine de Lorraine, s'était attaché à la fortune de Charles-le-Chauve. Il lui avait fait épouser, en secondes noces, sa sœur Richilde. Lui-même fut assez heureux pour obtenir la main d'une princesse du sang royal, Ermengarde, fille de l'empereur Louis IIe ; et, ce qui est plus encore, il parvint à la royauté. La Provence avait été érigée en royaume pour Charles, fils de Lothaire, l'un des descendants de Charlemagne. Ce royaume comprenait alors non-seulement la contrée qui porte encore ce nom aujourd'hui, mais aussi le Dauphiné, le Lyonnais, et, suivant toute apparence, la partie de la Bourgogne la plus rapprochée du Lyonnais, le Mâconnais, dans lequel fut fondée l'abbaye de Charlieu. Charles mourut en 863 ; ses deux fils Louis et Lothaire se partagèrent son royaume.

Charles-le-Chauve voulut le conquérir, mais il ne put s'emparer que de Vienne, de Lyon et des pays voisins; il en donna le gouvernement au duc Boson, son beau-frère. Les guerres que se firent tant de compétiteurs jetèrent la contrée dans l'anarchie; et, pour en sortir, vingt-trois évêques, assemblés à Mantaille, dans le Viennois, élirent, en 879, Boson, roi de Provence, comme le plus capable de porter la couronne et de rétablir l'ordre.

Tel était l'état des affaires publiques de la France, et en particulier de la contrée où fut fondée l'abbaye de Charlieu, vers le milieu du IX⁰ siècle. Boson eut des relations avec l'abbaye. Son père, ou lui, eut, dit-on, des possessions dans les environs. Son frère Richard était duc de Bourgogne, province limitrophe et qui comprenait le Mâconnais, dans lequel fut établi le monastère. Mais, soit que Boson eût réuni cette partie de la Bourgogne à son royaume de Provence, soit que son frère lui en laissât prendre la souveraineté par connivence, il paraît y avoir exercé toute l'autorité; ce qui explique ses rapports avec le couvent des Bénédictins.

L'abbaye fut probablement le berceau de la ville; celle-ci n'existait pas auparavant. A la vérité, d'après Danville (1), Charlieu aurait été cité par le géographe Ptolémée et serait ainsi d'origine romaine. Mais cette opinion est combattue par le baron Walkenaer (2), sur le motif que Charlieu ne se trouve pas dans le texte grec de Ptolémée, mais seulement dans le texte latin, qui paraît avoir subi de nombreuses altérations au moyen-âge. Cependant il y a à Charlieu, ou aux environs, quelques monuments qui

(1) *Notice de l'ancienne Gaule.* Paris, 1760, p. 203.
(2) *Géographie ancienne des Gaules*, p. 33.

semblent déposer en faveur de l'opinion de Danville ; c'est le vieux pont, jeté sur la rivière de Sornin, près de Tigny, qui est mentionné dans les plus vieux titres, et dont la construction est évidemment romaine. C'est un tombeau du IVe siècle, ou environ, avec inscription latine et païenne. Une autre présomption se tire du passage d'une voie romaine par Charlieu. Suivant un écrit récent (1), cette route était pour la communication directe entre les Ségusiaves et les Eduens, et elle faisait suite à celle de Feurs à Roanne. Dans l'*Almanach du Lyonnais de* 1754, il est dit que la grande route de Paris à Lyon avait passé à Charlieu et n'avait cessé d'y passer que depuis 400 ans ; qu'on en voit encore des traces dans le faubourg Chevalier. Cette prétendue route de Paris à Lyon était probablement la voie romaine ; toute autre n'aurait pas si bien résisté à l'action du temps. Toutefois, je ne dissimulerai pas l'objection résultant des termes du concile de Pont-sur-Yonne, où fut confirmée la fondation de l'abbaye. Il y est dit que c'est le fondateur lui-même qui a donné le nom à l'endroit : *Carilocum vocari voluit, eo quod minus gratum,* il voulut qu'il fût appelé Charlieu, parce qu'il était peu agréable. On ajoute que ce lieu est situé dans le pays de Mâcon, sur la rivière de Sornin, non loin de la Loire. S'il y avait eu tout près de là, une ville ou un bourg, n'en aurait-on pas fait mention aussi ? Il est donc à présumer qu'il n'y avait alors ni l'un ni l'autre, mais seulement peut-être quelques maisons. Néanmois il serait possible qu'une voie romaine y eût passé, puisqu'elle ne suppose point l'existence de la ville absolument.

(1) *Recherches sur le Forum Segusiavorum*, par M. l'abbé Roux, p. 94.

HISTOIRE DE LA VILLE DE CHARLIEU

Première Partie

HISTOIRE ECCLÉSIASTIQUE

CHAPITRE PREMIER

Histoire de l'Abbaye, depuis son origine jusqu'au XIIIe siècle.

Au IXe siècle, le pays où est situé Charlieu avait un aspect bien différent de ce qu'il est aujourd'hui. Les plaines et les collines étaient couvertes de forêts, et ne présentaient nulle part les cultures variées que nous y voyons maintenant. Il en était de même des lieux circonvoisins, soit en deçà, soit au-delà de la Loire. Roanne, la ville la plus rapprochée, était en partie ruinée par les guerres incessantes de l'époque. La plupart des monastères qui s'élevèrent depuis n'existaient pas encore. Dans la campagne, il n'y avait d'autres habitations que celles abritées par les murs de quelques châteaux forts, construits dans la plaine, au milieu des marécages ou sur les cimes les plus élevées des côteaux. C'était le temps où la féodalité commençait, comme je l'ai dit dans l'introduction. La guerre et l'anarchie avaient ruiné les campagnes et n'avaient laissé debout que les châteaux.

La vallée où est aujourd'hui Charlieu, n'était qu'un marais, alimenté par les eaux de Sornin, entouré et entrecoupé de bois; on l'appelait la *Vallée noire* (1). L'emplacement et les alentours de la ville appartenaient à Ratbert, évêque de Valence, et à son frère Edouard (2). L'endroit était si peu agréable que, par ironie, ils lui donnèrent le nom de *Cherlieu* (3). Les possesseurs de Cherlieu y fondèrent un monastère de Bénédictins, en 872, sous le patronage de saint Etienne et de saint Fortuné, martyrs. Le premier abbé fut Gausmar, qui était très avancé dans les bonnes grâces du roi Charles (4). Peu de temps après, Edouard, l'un des fondateurs, mourut. Mais Ratbert soutint l'œuvre commencée; et pour lui donner plus de stabilité, il voulut la faire confirmer par le concile de Pont-sur-Yonne, qui fut tenu en 876, pour les affaires spirituelles et temporelles du royaume. Lui-même en faisait partie comme évêque de Valence (5). La confirmation de l'établissement par une assemblée de cette importance était une précaution fort utile dans ces temps de désordre, où le droit était méconnu, où le plus fort envahissait le bien du plus faible, et où la religion seule avait conservé quelque autorité. Le concile

---

(1) *Almanach de Lyon*, de 1754.
(2) Severt, *Chron. Hist. archiantistitum Lugd. archiepiscopatus*, 1628, p. 186.
(3) *Id. id.*
(4) *Ann. Ord. St Bened.* auctore Mabillon, t. 3, p. 183, édit. de 1706.
(5) Severt, ouvrage cité, mêmes pages.

accorde au seul fondateur les droits de patronage pendant sa vie. Il fait défense à ses proches, ou à qui que ce soit, d'y prétendre quelques droits après lui, et de troubler en aucune manière les moines dans l'exercice de leur règle et dans leur propriété. Suivant le pouvoir qu'il a reçu de Jésus-Christ de lier et de délier, il voue à la damnation éternelle quiconque aurait l'audace d'enfreindre ses prescriptions, et il l'exclut du séjour des bienheureux, avec tous ses complices, à moins qu'ils ne fassent réparation. Il conjure les évêques et abbés, à qui on donnera connaissance des lettres de confirmation, d'en favoriser l'exécution et d'y apposer leurs signatures, s'ils en sont priés.

Ces solennelles déclarations n'arrêtèrent point le duc Boson, beau-frère de Charles-le-Chauve, dont j'ai raconté la fortune extraordinaire dans l'introduction. Lui ou sa famille avait, dit-on, un château et des possessions près de Charlieu. Devenu gouverneur du Lyonnais et du Mâconnais, il s'empara de plusieurs abbayes de ces pays, ou du moins il prétendit jouir, à titre de bénéficier, des terres en dépendant (1). L'abbaye de Charlieu fut de ce nombre; et il la tenait encore, sur la fin de 879, après qu'il eut été élu roi de Provence, comme je l'ai expliqué. Mais étant venu à Charlieu, il y tomba dangereusement malade; et craignant de mourir, il donna au monastère la déclaration suivante, sous forme de testament : « La cupidité des séculiers est tellement insatiable,
» qu'elle ne peut être contenue que par l'amour de la
» patrie éternelle, ou la crainte du jugement futur;
» en sorte qu'ils ont l'audace de s'emparer, non-seule-

---

(1) *Les Bosonides*, par M. de Gingins-la-Sarra, p. 64.

» ment du bien des pauvres, mais aussi de ceux des
» églises, ce que, moi Boson, pécheur, je confesse avoir
» fait. Revenant à moi et prenant en considération la
» sévérité du souverain Juge, je désire rendre à l'abbaye
» de Charlieu tout ce que je lui ai enlevé et lui donner
» de mon bien pour les besoins de la maison. Je prie
» mes héritiers d'observer ce testament, daté de l'an pre-
» mier de mon règne et fait publiquement à Charlieu. »

Par ce testament, comme il l'appelle, Boson renonce à ses possessions illégitimes. Par un autre acte, du même jour ou du lendemain, il satisfait au désir qu'il avait manifesté de réparer le mal qu'il avait fait par une libéralité; il donne au monastère une petite abbaye sous le vocable de saint Martin avec toutes ses dépendances. Il est dit, dans cette donation, qu'elle est faite pour la prospérité du seigneur Charles, empereur, pour le salut de l'âme du donateur et de son épouse (1). Cette abbaye n'était point, comme l'avait conjecturé un historien, celle d'Ambierle, qui fut toujours indépendante du monastère de Charlieu, mais bien celle de Régny, à laquelle convenait, pour son peu d'importance, le titre de petite qui lui est donné dans la charte de Boson. Elle était dédiée à saint Martin et elle est mentionnée dans la charte de Philippe-Auguste de 1189 dont je parlerai ci-après, comme ayant été donnée par Boson.

Pour cette libéralité, et pour d'autres, peut-être ignorées aujourd'hui, Boson a toujours été regardé comme un des principaux bienfaiteurs de l'abbaye. Sa mémoire y a été honorée, à l'égal de celle des fondateurs eux-mêmes, et plus tard, on mit dans le réfectoire et sur

(1) Baluze, *Appendice ad capitularia*, col. 1506, t. 2, édit. de Paris, 1780.

le portail de l'église son effigie, avec les attributs de fondateur.

En 987, il se tint à Châlons-sur-Saône un synode (1), composé des archevêques de Lyon et de Vienne et de six évêques. Ingelar, second abbé de Charlieu (2), s'y présenta pour prier l'assemblée de sanctionner de son autorité les propriétés de son couvent, ce qui lui fut accordé. Le synode défendit aussi qu'après sa mort, nul ne le remplaçât que celui qui aurait été élu par les frères, suivant la règle de saint Benoît et sans fraude ; le tout sous les mêmes menaces et les mêmes peines que celles portées au concile de Pont-sur-Yonne.

Il y eut, au monastère même de Charlieu, en 916, un synode où assistèrent Anchéric, archevêque de Lyon, Gérard, évêque de Mâcon, et Odelard, évêque de Saint-Jean-de-Maurienne. Le but de leur réunion était, suivant le procès-verbal, de *rétablir les églises et les lieux saints désolés par la cupidité perverse de certains hommes*. Ils décrétèrent la restitution de dix églises enlevées au monastère en différents lieux ; entre lesquelles celles de Saint-Martin-de-Cublize, de Saint-Pierre-de-Thizy, et de Saint-Sulpice-de-Montagny (3). Ces églises furent probablement rendues à l'abbaye, puisque plus tard on les retrouve sous sa dépendance.

Les causes qui donnèrent lieu à ce synode, nous rappellent que, lorsqu'il fut tenu, la désorganisation de la société était arrivée à son plus haut point. Le règne de Charles-le-Simple mettait le comble à l'avilissement de la

---

(1) *Gallia christiana*, t. 4, col. 1111.
(2) Mabillon, *Annales*, t. 3, p. 183, édit. de 1706.
(3) *Consilia antiqua Galliæ*, t. 3, p. 579.

royauté ; et l'autorité publique était anéantie par la féodalité devenue dominante.

Pendant que l'abbaye se soutenait à peine, au milieu des désordres du temps, conservant tout au plus ses possessions, loin de les augmenter, un autre monastère du même Ordre s'était élevé, presque dans la même contrée, qui était appelé, quoique récent, à de bien plus hautes destinées ; je veux parler de celui de Cluny, fondé en 909, par Guillaume, duc d'Aquitaine. A peine avait-il un demi-siècle d'existence, que déjà il n'y avait presque point, dans les pays environnants, d'abbaye qui ne s'y rattachât et ne le reconnût comme centre de l'Ordre. Cette suprématie, Cluny la dut surtout aux vertus d'Odon, son deuxième abbé. C'est lui qui, le premier, commença à introduire, entre les monastères de saint Benoit, cette hiérarchie qui les liait les uns aux autres et qui maintenait l'unité de la règle par l'unité d'autorité, en leur donnant Cluny pour centre et pour chef. Il n'adjoignit d'abord à son abbaye que les communautés nouvelles qu'il érigeait, ou les anciennes qu'il parvenait à réformer. Quelques-unes s'unirent, volontairement sans doute, et d'autres furent soumises par l'autorité ecclésiastique et civile. L'abbaye de Charlieu fut du nombre de ces dernières.

Hugues, comte de Vienne, de la famille de Boson roi de Provence, homme intrigant et avide, avait fini par s'emparer de ce royaume improvisé, au préjudice des descendants de Boson. Il avait étendu son ambition jusque au-delà des Alpes, et il s'était fait proclamer et couronner roi d'Italie, en 926. Maître de l'Italie, il ne l'était pas de Rome, où dominait Albéric-le-Jeune, fils de la fameuse Marozie ; et, pour s'en emparer, il lui fit une guerre longue et acharnée dont le pays eut beaucoup à souffrir. Pour y mettre fin, le pape Léon VII eut recours à Odon, abbé de Cluny, qui avait du crédit sur l'esprit du roi Hugues. Odon fit en Italie plusieurs voyages, pour tâcher de conclure la paix, et c'est dans un de ces voyages qu'il obtint la réunion de l'abbaye de Charlieu à Cluny (1). Le pape dit, dans sa bulle, qu'il a ordonné cette réunion sur les instances du roi Hugues ; et il paraît que celui-ci y donna son assentiment, comme autorité civile (2).

Vers le même temps où ce prince dépouillait la postérité de Boson de la Provence, un autre Hugues, dit le Grand, le Blanc, ou l'Abbé, comte de Paris et duc de France, s'emparait du pouvoir royal dans le reste de la France, au préjudice de Louis IV, dit d'Outre-Mer, descendant de Charlemagne. A la suite d'une bataille qu'il livra aux seigneurs rebelles à son autorité et où il fut vaincu, Louis fut retenu prisonnier, pendant un an, par Hugues. Rendu à la liberté en 946, il donna, la même année, une charte en faveur de Cluny, par laquelle il concède à ce chef d'Ordre l'abbaye de Charlieu et le petit monastère de Régny qui en dépendait. D'après les termes de la charte, elle fut accordée à la prière de Hugues, l'ennemi même du roi, d'un autre Hugues, duc de Bourgogne, et de Leutalde, comte de Mâcon. La supériorité du roi était encore reconnue en droit par ceux mêmes qui voulaient l'anéantir en fait. Toutefois, indépendamment de son pouvoir général de monarque, il y avait une raison particulière de demander à Louis IV la concession de l'abbaye de Charlieu pour Cluny. Le Mâconnais dépendait alors de la couronne (3), en ce

---

(1) Gingins-Lasarra, *Hugonides*, p. 71.
(2) *Id. Id.* p. 71.
(3) Gingins-Lasarra, *Hug.*, p. 215-6.

sens que Leutalde ou Léotalde, qui en était comte, reconnaissait la suzeraineté du roi, dont il était un des partisans, et Charlieu était en Mâconnais. Voici les passages les plus remarquables de la charte royale : « Au nom
» de la sainte et indivisible Trinité, Louis, par la clémence
» divine, roi des Français. Accéder aux prières des servi-
» teurs de Dieu, pour la stabilité de la sainte Eglise de
» Dieu et pour leurs besoins, c'est certainement le moyen
» de conserver la dignité royale...... C'est pourquoi nous
» faisons savoir à tous les fidèles de la sainte Eglise de
» Dieu et aux nôtres, présents et futurs, que les trois
» illustres princes de notre royaume, savoir : Hugues,
» duc des Francs, et autre Hugues, duc des Burgondes,
» et encore le comte Leutalde se sont approchés de l'ex-
» cellence de notre sérénité royale, nous priant de con-
» céder, par notre ordonnance royale, au monastère de
» Cluny, consacré aux apôtres saint Pierre et saint Paul,
» un certain monastère, dédié à saint Etienne, surnommé
» Charlieu, avec la petite abbaye de Régny, de sa dépen-
» dance, qui est en l'honneur de saint Martin, et aussi
» l'église sous le vocable de saint Martin de Tours, située
» dans le faubourg de Mâcon, qui lui appartient. Nous
» concédons, en leur entier, tous les lieux ci-dessus
» dénommés, situés dans le pays de Mâcon, avec toutes
» leurs dépendances, savoir : les églises, les maisons, les
» esclaves des deux sexes, les vignes, les champs......
» Nous l'avons fait volontairement pour l'amour de Dieu
» et des bienheureux apôtres, pour nous et pour la sta-
» bilité de notre règne, pour le salut de nos princes et de
» tous les fidèles du Christ, à la demande desquels nous
» avons librement accédé. Nous ordonnons donc que dé-
» sormais, par notre autorité, lesdits témoins du Christ,

» Pierre et Paul, leur abbé, ou les moines, consacrés au
» service desdits apôtres du Christ, tiennent et possèdent
» lesdites choses de droit assuré, qu'ils en puissent faire
» et disposer suivant leur volonté; qu'ils en puissent
» jouir en toute liberté suivant ce qu'ils auront résolu.
» Pour que l'autorité de notre sublimité demeure plus
» ferme, et se maintienne mieux dans les temps à venir,
» nous l'avons fait sceller de notre sceau. » Signé, LOUIS
roi.

» Le chancelier Rorigue l'a contresigné à la place d'A-
» chard.

» Fait à (1)..... aux Kalendes de juin, l'an IIe du règne
» du roi Louis, quand il recouvra la France (2). »

Il est remarquable que, dans cette charte, le roi déclare à deux reprises, agir *volontairement*, *librement*, comme s'il craignait qu'on ne le crût contraint par les seigneurs qui avaient sollicité la concession; ce qui prouve qu'alors même qu'il se disait indépendant, il ne l'était pas absolument.

Trois ans après cette charte royale, en 949, le pape Agapet confirma la concession faite à Cluny de l'abbaye de Charlieu, soit par son prédécesseur, soit par le roi de France. Cette concession est comprise dans les priviléges qu'il accorda alors à Cluny (3).

La protection du Roi, réunie à celle du Pape, n'était pas capable de contenir, en ce temps-là, la rapacité des seigneurs. Malgré la sauvegarde qu'ils avaient donnée à l'abbaye; malgré le titre émané tout récemment de Rome, un

---

(1) *Caprintacovilla*, suivant Dom Bouquet, *Historiens de France*, t. 9e, p. 603, et *Capriacovilla*, suivant les manuscrits restés à Cluny.

(2) Dom Bouquet, *id. id.*

(3) *Bibliotheca clun.*, col. 274.

certain Sebon ou Sobon, dont on ignore la qualité, s'en mit en possession et en prit les revenus. Cependant quelques années après, en 953, les remords l'agitèrent ; et repentant, mu *par la crainte du jugement inévitable de la colère divine*, il reconnut sa faute. Dans une déclaration, faite par acte authentique, en présence de Mainbod, évêque de Mâcon, et sous le sceau d'Aschéric, son fils, et de six autres personnages, il avoua son injustice et rendit intégralement, pour le salut de son âme, à Aymard, abbé de Cluny, l'abbaye de Charlieu (1).

Dans ces siècles, où la France était en quelque sorte sans pouvoir général et sans loi, les monastères étaient continuellement en butte aux entreprises des seigneurs, et c'était une des grandes occupations des abbés de travailler à préserver leurs possessions. Après la restitution de Sebon, Aymard, abbé de Cluny, s'était fait confirmer la possession de Cluny par le roi Lothaire, fils de Louis d'Outre-Mer, en 954, première année de son règne. Comme celle de son père, la charte est donnée à la prière du duc Hugues de France, et de Léotalde, qualifié cette fois de comte de Bourgogne ; elle était donc donnée pour ainsi dire sous la garantie de ces deux personnages. Cependant, au concile tenu à Anse, près de Lyon, en 994, il y eut de grandes plaintes portées contre les déprédations des hommes d'armes. Saint Odilon, depuis peu abbé de Cluny, y exposa lui-même les griefs de son Ordre contre un voisin de Charlieu, qui n'est ni nommé ni désigné d'une manière précise. Le concile déféra à la demande d'Odilon et lui accorda des lettres de sauvegarde pour son abbaye et tous les monastères de sa dépendance. Charlieu et Régny y sont mention-

(1) Severt, *Chronol. dioc. matisc.*, p. 68-9.

nés, comme plus particulièrement exposés aux vexations des séculiers. Ces lettres font connaître qu'il y avait alors à Charlieu, outre le monastère et la ville, un bourg et un château, ou fort, dont le maître maltraitait les religieux et dont les soldats pillaient les propriétés de l'abbaye, favorisés ou aidés quelquefois par les habitants mêmes de la ville, qui appartenait cependant au monastère. Ils s'entendaient suivant les termes du concile, pour faire passer du dedans au dehors, et du dehors au dedans des bœufs, vaches, porcs, chevaux ou autres; et cependant il ne convenait pas que les saints cénobites, habitants de ce lieu, fussent molestés par les hommes méchants ou superbes (1).

On peut conjecturer que le seigneur, dont l'abbaye avait à se plaindre, et qui n'est pas nommé par le concile, sans doute dans l'intention de le ménager, était un comte de Mâcon, successeur, et descendant peut-être de ce Leutalde qui, moins d'un demi-siècle auparavant, sollicitait du roi de France, de concert avec les ducs de France et de Bourgogne, la concession pour Cluny de l'abbaye de Charlieu. Car lorsque Louis IX eut acheté le comté de Mâcon, il établit sa justice royale de Charlieu dans un château voisin de la ville, et qui avait été, suivant toute apparence, la propriété des comtes de Mâcon. Ce château était dans un faubourg, appelé depuis faubourg Chevalier, et qui prit sans doute son nom de la présence de nombreux soldats ou chevaliers dans son enceinte (*Burgus militum*).

Les monastères ne se lassaient pas de demander et d'obtenir des lettres de concession, de sauvegarde et autres, des conciles, des papes, des rois. Ainsi, à la prière

(1) Dom Martenne, *Thesaurus anecd.* t. 4, p. 74.

d'Othon, le pape Grégoire V confirma, en 996, ou environ, à son *cher fils Odilon*, abbé de Cluny, tous les monastères de sa dépendance, et notamment Charlieu, qui déjà lui était assuré à tant de titres. Cependant, ces chartes de protection, si recherchées, étaient loin de présenter des garanties inviolables. Ainsi, malgré toutes celles si nombreuses, et si soigneusement renouvelées, qui auraient dû mettre le monastère de Charlieu hors de toute atteinte, un simple chevalier nommé Girard se mit à *lever des redevances, non-seulement sur les réserves et les provisions de bouche du monastère, mais encore sur les terres environnantes et les maisons de campagne des religieux*. Ce Girard, qui n'a pas d'autre qualité que celle de chevalier, était probablement le propriétaire ou le gouverneur du château près de la ville, dont le voisinage avait déjà donné lieu précédemment à des plaintes. Odolric, archevêque de Lyon, étant venu à Charlieu, le fit renoncer à ses injustices et *il se dessaisit sur l'autel de saint Etienne* de tous ses droits illégitimes. Il en donna sa déclaration écrite, en présence d'*Odolric, archevêque de Lyon, et de plusieurs nobles, clercs et laïcs de la contrée*, qui la signèrent comme témoins (1).

Cet acte, qui ne porte pas de date, est nécessairement de 1041 à 1045, qui est la durée de l'épiscopat d'Odolric. Il est à remarquer que Girard y déclare qu'il se dessaisit *en faveur* des moines de Cluny et de *Robert, prieur de Charlieu*. Ce titre, donné pour la première fois au supérieur de notre monastère, fait voir qu'il avait été réduit en prieuré et qu'il était dans une dépendance plus étroite du chef-lieu de l'Ordre. Il n'avait plus d'abbé, mais seulement

(1) Severt, *Chron. lugd.*, p. 206.

un prieur amovible, soumis directement aux ordres de l'abbé de Cluny, qui pouvait le révoquer. De plus, la hiérarchie, qui avait commencé à s'introduire depuis longtemps entre les maisons de l'Ordre, s'était complétée et fortifiée. Ainsi, de même que le couvent de Charlieu relevait de celui de Cluny, d'autres relevaient aussi de celui de Charlieu. Tels étaient ceux de Thizy, de Régny et de Saint-Nizier-de-Lestra. Par cette hiérarchie, les monastères de l'Ordre étaient reliés entre eux, et à Cluny comme centre.

Saint Odilon, abbé de Cluny, sous lequel l'abbaye fut réduite en prieuré, fit construire ou réparer le monastère (1). On peut rapporter à son époque, c'est-à-dire à la première moitié du XIe siècle, le réfectoire, aujourd'hui démoli, sinon tout entier, au moins le mur du fond, avec les peintures qu'on y voit encore et qui avaient été recouvertes par d'autres, dont je parlerai ci-après. Il en est de même de la chaire, qui était placée dans un angle du même réfectoire, et dont la face, remarquable par ses sculptures, a été incrustée dans le tympan de la porte de la chapelle des religieuses Ursulines de Charlieu. Le corps de l'église, détruit au commencement de ce siècle, devait être de la même époque, ainsi que cette haute tour ronde qui s'élevait, il y a quelques années, à l'angle des bâtiments claustraux. Il faut y joindre le vieux cloître, dont on aperçoit des arcades dans le mur oriental de celui plus récent qui existe encore maintenant.

Ces bâtiments étaient, je crois, les seuls qui existassent alors ; en sorte que les dispositions du monastère étaient à peu près celles-ci : au midi, un grand édifice carré-long, au rez-de-chaussée duquel étaient le réfectoire et les cui-

---

(1) *Bibl. clun.*, col. 1820.

sines, et au-dessus les cellules ; à l'angle occidental une tour ronde d'une grande hauteur; au nord, l'église, séparée des autres bâtiments par un cloître, dit le grand cloître (1), qui était à la place du plus nouveau qui existe encore; à l'est, un autre cloître plus petit, appelé cloître des Infirmes (2) ; et à la suite le cimetière. Au milieu de ce cimetière, il y avait une construction en pierre, fort élevée, disposée de manière à recevoir une lampe à son sommet, où l'on montait par des degrés. Cette lampe était allumée toutes les nuits en l'honneur des fidèles ensevelis en ce lieu (3). Au commencement du XVIII° siècle (4), il restait encore des traces de cette espèce de pyramide, dont l'usage avait cessé depuis longtemps sans doute.

Enfin l'abbaye était probablement entourée de murs et de fossés remplis d'eau, car à cette époque, il n'y avait de sûreté que dans une enceinte fortifiée.

L'église avait près de 150 pieds de longueur, de la porte jusqu'au fond du chœur, et 54 de largeur. Elle formait une croix, dont les bras n'avaient que 15 pieds de saillie sur les bas côtés, en sorte que le transept n'avait que 84 pieds de longueur. Autour du chœur il y avait cinq chapelles, dont celle du milieu, plus grande que les autres, était consacrée à la Vierge. On y comptait cinq clochers, un au milieu du transept ouvert en coupole au dedans de l'église, et deux à chaque extrémité du transept. Le style de l'édifice, dont on peut juger en ce moment par ce qui reste des deux bas côtés, était le roman secondaire. Le beau vestibule qui a échappé à la destruction et vient d'être si.

(1) *Bibl. clun.*, col. 1327.
(2) *Id. id.*
(3) *Bibl. clun.*, col. 1327.
(4) Mémoire manuscrit des Bénédictins contre le curé Dupont.

heureusement restauré, n'était point encore construit; et le portail qu'on voit dans l'intérieur était alors au dehors et terminait l'église. C'est à peu près tout ce qu'on peut savoir aujourd'hui, de l'architecture de cet édifice dont on ne connaît ni dessin ni description.

Cette église fut consacrée, en 1094, sous le vocable de saint Fortuné, par les archevêques de Lyon et de Bourges, et l'évêque de Mâcon, en présence du légat du Saint-Siége, de l'archevêque de Tolède, de l'évêque de Saint-Jacques et d'autres prélats qui assistèrent à la cérémonie, pour la rendre plus solennelle (1).

A droite de l'autel de sainte Madeleine (tableau des fondations, XVIIIe siècle), il y avait un tombeau, composé d'une pierre en forme de croix, de longueur et de largeur extraordinaires (2), que les Bénédictins prétendaient être celui de Boson, roi de Provence, et d'Ermengarde, sa femme. Cette prétention a été contestée. L'église de Vienne en Dauphiné se disait aussi posséder le tombeau de Boson. Peut-être le Boson enseveli à Charlieu n'était-il que le père du roi qui portait le même nom, et qu'un historien prétend avoir eu un château et des propriétés dans le voisinage (3). La similitude des noms aurait avec le temps donné lieu à la confusion. Quoi qu'il en soit, il est certain que les religieux de Charlieu faisaient encore, peu de temps avant la révolution, des prières sur le tombeau en question, pour le roi Boson et sa femme, comme y étant tous deux ensevelis (4).

(1) Mémoire manuscrit des Bénédictins contre le curé Dupont, p. 3.
(2) Papire Masson, *Descriptio flum. Galliæ.*
(3) Severt, *Episcop. matisc.*, p. 46.
(4) Tableau manuscrit des fondations et anniversaires du prieuré.

Après le XIe siècle, les liens qui rattachaient Charlieu à Cluny deviennent de plus en plus étroits. Une bulle du pape Paschal II confirme, en 1100, l'union déjà tant de fois confirmée par ses prédécesseurs. Dix ans après, il la confirme encore; mais cette seconde bulle a cela de remarquable, qu'il y fait défense à qui que ce soit d'ordonner un abbé dans les maisons qui n'en ont point eu pendant la vie de Hugues, abbé de Cluny, prédécesseur de Ponce, à qui ses lettres de privilège sont adressées. Ces défenses supposent que quelques-uns des monastères attachés à Cluny, essayaient de recouvrer quelque indépendance, en se donnant un abbé; et peut-être Charlieu était-il de ce nombre; mais les abbés de Cluny étaient trop puissants pour qu'on pût leur résister; d'ailleurs ils ne négligeaient rien pour assurer leur domination. Louis VI, dit le Gros, le premier de sa race qui commença à donner en France quelque relief à la royauté, étant monté sur le trône, l'abbé de Cluny en obtint, en l'année 1119, célèbre par la bataille de Bremeville, que ce roi livra aux Anglais, des lettres de sauvegarde pour son ordre. Dans ces lettres il sanctionne, en passant, les droits de l'abbé de Cluny sur les autres monastères bénédictins. Il y est dit que les *prieurés appartenant à Cluny ont été acquis par les abbés, ou leur ont été donnés pour le soutien des moines et des pauvres; et que, dès la fondation de l'Ordre, il a été de règle que l'abbé les fit régir par un moine de son choix et qu'il révoquait à volonté, sans égard à aucune élection ou recommandation* (1). Au nombre de ces monastères il met Charlieu. Telle était son étroite dépendance du chef-lieu de l'Ordre.

(1) *Bibliotheca clun.,* col. 575.

L'abbaye de Cluny était arrivée, dès la fin du XIe siècle, à un degré de puissance inouï dans les fastes monastiques. Ses richesses étaient prodigieuses ; les papes et les rois venaient y recevoir l'hospitalité. Elle comptait des princes parmi ses moines ; elle donnait des papes à l'Eglise, et ses abbés étaient consultés sur toutes les affaires importantes de l'Eglise et même de l'Etat. Il s'y tenait des conclaves. Cet éclat était dû à l'habileté, aux talents et aux vertus de ses abbés et principalement de saint Hugues, dit le Grand, qui la gouverna pendant un demi-siècle, de 1049 à 1109. Pierre dit le Vénérable, non moins célèbre pour ses qualités, mit le comble à la grandeur de l'Ordre, quoiqu'il ne fut que peu d'années à sa tête, de 1122 à 1131. Il fut un des grands hommes de son siècle. Il a laissé plusieurs écrits, dont l'un est intitulé *des Miracles*. Il y raconte une vision singulière qu'eut un enfant à Charlieu.

Il y avait alors dans les monastères, outre les moines hommes faits, des enfants voués par leurs parents à la vie religieuse dès leurs premières années. Ils étaient élevés dans la discipline monastique et instruits dans la science ecclésiastique jusqu'à ce qu'ils fussent en âge de faire des vœux. On les appelait *oblats*, parce qu'ils étaient offerts par leurs parents à l'autel du Seigneur pour le servir dans le cloître. C'est un oblat qui eut la vision racontée par Pierre-le-Vénérable. *La veille de Noël, dans la nuit où l'on chante : Qua sanctificamini hodie, cet enfant était couché dans le dortoir avant matines, mais il ne pouvait dormir. Quand la nuit fut un peu avancée, il vit un frère d'une sainte vie, nommé Achard, frère de son père, qui avait été prieur de Charlieu et était décédé depuis quelques années. Il vint et s'assit sur l'escabeau placé devant le lit. Il exhorta son neveu à se lever et à venir jusqu'au cimetière, pour y voir des choses merveilleuses. L'enfant répond qu'il a un surveillant, et qu'il craindrait, si quelqu'un le voyait sortir contre la règle, qu'on ne lui infligeât sévèrement le fouet. Achard lui réplique qu'il ne doit rien craindre et qu'il le ramènera sain et sauf. Rassuré, l'enfant suit son oncle. Ils traversent le grand cloître, puis le cloître des Infirmes et arrivent au cimetière. Ils en trouvent tout le tour garni de siéges innombrables, et sur ces siéges, sont des hommes vêtus de l'habit monastique.* Il y en avait un vide sur lequel Achard prend place. Celui-ci, avant d'entrer, avait averti son neveu qu'il serait obligé de quitter son siége et qu'il fallait qu'il l'occupât pendant qu'il n'y serait pas. *Achard était à peine assis qu'il s'éleva un cri, et un des assistants porta plainte contre lui, de ce qu'il s'était présenté tardivement à l'assemblée de son monastère. Il se lève aussitôt et s'avance au milieu pour faire satisfaction suivant la règle monastique.* L'enfant prend sa place.

Il y avait au milieu du cimetière, comme je l'ai dit ci-devant, une espèce de pyramide, avec une lampe au sommet, qu'on allumait toutes les nuits, en l'honneur des morts. Elle se terminait par une plate-forme, assez large pour tenir plusieurs hommes assis. *Là était le siége d'un grand et redoutable juge,* devant lequel l'enfant vit son oncle prosterné. Il ne put comprendre ni les questions, ni les réponses; *mais il pouvait tout voir, parce que une grande clarté, au-dessus du pouvoir des hommes, s'étendait sur toute cette partie du cimetière.* Après un court espace de temps, Achard revint à sa place que l'enfant lui céda. Bientôt toute l'as-

semblée se leva et se dirigea vers une porte qui conduisait au dehors. Devant cette porte était *un grand feu allumé ;* un grand nombre de ceux qui sortaient *passaient par ce feu ; ils y demeuraient les uns plus, les autres moins.* Enfin l'enfant resta seul avec son oncle, qui le ramena par le chemin qu'ils avaient suivi en venant, jusqu'à son lit, et disparut aussitôt. En terminant, Pierre-le-Vénérable ajoute : « Comme j'ai cru digne de foi cette
» vision, que j'avais apprise d'abord par ouï-dire, et
» ensuite de l'enfant, trop ingénu pour tromper, j'ai
» voulu l'écrire pour l'instruction des lecteurs et de peur
» qu'on ne vint à l'oublier (1). »

Sur la fin du XIIe siècle, quoique l'autorité royale se fût beaucoup accrue en France et que l'ordre commençât à renaître, il y avait encore des seigneurs turbulents et pillards qui commettaient grand nombre d'exactions sur les églises et les maisons religieuses. En 1180, l'un d'eux était très redoutable pour Charlieu par sa puissance et sa proximité ; c'était Humbert IV, seigneur de Beaujeu. Afin de mieux réussir dans ses mauvais desseins, il se ligua avec d'autres seigneurs, et entr'autres avec le comte de Châlons (2). C'est probablement pour l'éloigner de Charlieu, s'il était possible, par la crainte du Roi, que Théobald, abbé de Cluny, et Artaud, prieur de Charlieu, demandèrent à Philippe-Auguste, le roi de France alors régnant, des lettres de sauvegarde. Défenses y sont faites à toute personne quelle qu'elle soit, juge, duc, ou comte, clerc ou laïque, de troubler les moines de Charlieu dans leur tranquillité ou dans leurs possessions, de rien leur

(1) *Bibl. clun.* col. 1327.
(2) *Histoire du Beaujolais*, par le baron de la Roche-la-Carelle, tome 1er, p. 75.

enlever ou usurper. On cite comme leur appartenant Régny et Saint-Nizier-de-Strata, avec leurs dépendances, l'église et le bourg de Thizy. Saint-Nizier-de-Strata, appelé depuis de Lestra, était un prieuré, situé dans la paroisse de Quincié, en Beaujolais, dont il ne restait que des ruines au XVIII° siècle.

Je ne sais si la charte de Philippe-Auguste fut utile à Charlieu; mais ce roi, qui savait faire respecter son autorité, fut obligé, l'année même où il l'avait donnée, de marcher contre le seigneur de Beaujeu et le comte de Châlons, de prendre et d'abattre leurs places et châteaux pour les obliger à cesser les exactions qu'ils commettaient envers les églises de Bourgogne (1).

La fin du XII° siècle, ou le commencement du XIII°, vit s'élever le vestibule de l'église du monastère, la seule partie de l'édifice qui en soit restée intacte. Ce porche ou narthex, en mettant l'étendue à part, n'est pas sans rapport avec celui de Cluny. Au moins la disposition en est-elle la même. L'usage de l'un comme de l'autre me semble avoir été de recevoir, en carême, les pénitents auxquels il n'était pas permis d'entrer dans l'église. Dans les sculptures du portail, si remarquables du reste, on eut soin de mettre les statues de l'évêque Ratbert, fondateur, et du roi Boson, bienfaiteur du monastère, reconnaissables toutes deux à l'édifice qu'elles tiennent entre les mains (2).

Vers le même temps, on fit exécuter sur un mur du réfectoire des peintures à fresque très remarquables, où l'on fit entrer aussi les effigies de l'un et de l'autre avec les mêmes attributs. Des fragments de ces peintures, menacées de destruction, furent envoyés à Paris pour le musée

---

(1) *Histoire du Beaujolais*, par M. de la Roche-la-Carelle, t. 1ᵉʳ, p. 75.
(2) *Annales de Bourgogne*, par Paradin, p. 113.

des Thermes de Cluny, par l'auteur de cet ouvrage, à la demande du Ministre de l'Intérieur, sous le règne de Louis-Philippe.

Vers l'époque dont je parle (le commencement du XIIIe siècle), l'état du monastère devient à peu près définitif. Ses possessions ne s'augmentent pas ou ne s'augmentent que peu. Plus de changements ou de variations importantes. Il ne pouvait en être autrement, puisque l'histoire de Cluny, dont Charlieu n'était que le satellite, finit aussi en quelque sorte à la même époque (1).

Le nombre des moines du prieuré ne fut pas toujours le même. Au moyen-âge il y en eut jusqu'à trente-deux. Au XVIe siècle il n'y en avait plus que vingt-six (2). Au milieu du XVIIe siècle, les prébendes ou places de religieux, officiers ou autres, étaient réduites à neuf (3). Il n'y avait que sept religieux, le prieur compris, en 1730.

Suivant les anciennes règles, on devait dire chaque jour, dans le monastère, trois messes chantées, et une basse pour les défunts, outre celles qui étaient célébrées volontairement ; et, chose extraordinaire, il s'y faisoit une aumône de viande dans le carême (4).

Trois prieurés moins considérables, tous du diocèse de Mâcon, étaient immédiatement soumis à celui de Charlieu. Le prieuré de Saint-Jean-de-Thizy, où il devait y avoir cinq moines, outre le prieur; celui de Saint-Nizier-de-Lestra, où il devait y en avoir quatre, outre le prieur. En 1428, ce prieuré fut réuni à la manse conventuelle de Charlieu, par Odon, abbé de Cluny, à la sollicitation du prieur de

---

(1) *Histoire de Cluny*, par Lorrain, p. 164.
(2) *Bib. clun.* col. 1705.
(3) Bail à ferme des revenus de 1662.
(4) *Bibl. clun.* col. 1705.

Charlieu, Simon de Ronchivol (1). Le troisième prieuré soumis à Charlieu était celui de Saint-Martin-de-Régny, où il devait y avoir cinq moines, non compris le prieur, et où on devait dire tous les jours deux messes, une grande et une basse.

(1) *Gallia christ.* t. 4, col. 1113.

CHAPITRE II.

Droits seigneuriaux, administration spirituelle et temporelle du monastère.

§ I.

Administration spirituelle.

(Les sources de ce paragraphe sont tirées de l'histoire et des statuts de l'Ordre).

L'administration spirituelle du couvent appartenait au prieur. Les prieurs étaient nommés par l'abbé de Cluny et furent d'abord révocables à volonté; mais par la suite ils devinrent inamovibles. Par un abus, devenu très commun depuis les derniers siècles du moyen-âge, les abbayes et les prieurés furent donnés à des ecclésiastiques étrangers à l'Ordre, ou qui étaient déjà en titre dans une autre maison; même à des laïques qui percevaient les revenus, en abandonnaient la plus faible portion, ordinairement un tiers, aux moines, et faisaient leur profit du surplus. Il y eut à Charlieu plusieurs de ces *prieurs commandataires*, la plupart évêques du diocèse d'Autun, dont le siége sembla longtemps avoir le monopole de la place. Quand le monastère était en commande, la direction spirituelle du monastère revenait au prieur claustral, c'est-à-dire résidant dans la maison. Celui-ci était nommé par l'abbé de Cluny; mais sa révocation ne pouvait être prononcée que par le chapitre général.

A défaut du prieur en titre, le prieur claustral était

chargé du maintien de la discipline. Il recevait les religieux à profession, prononçait contre eux des censures, les en absolvait et les condamnait aux peines établies par les règles de l'Ordre, ou par les canons, suivant le cas.

Il y eut, en 1623, une réforme dans l'Ordre de Cluny, où s'étaient, comme dans beaucoup d'autres, introduits le désordre et le relâchement. Rejetée par certains monastères, elle fut admise par d'autres. Les maisons qui la reçurent furent dites de *l'étroite observance* et les autres de *l'ancienne*. Les moines de Charlieu optèrent pour cette dernière. Les uns et les autres reconnaissaient pour leur chef commun l'abbé de Cluny, et prenaient également part aux chapitres généraux.

§ II.

Réception et installation des religieux.

(Les sources de ce paragraphe sont des procès-verbaux, le livre capitulaire et les statuts de l'Ordre. Ce qu'il contient s'applique principalement aux derniers siècles.)

C'était aux religieux, capitulairement assemblés, qu'appartenait le droit d'admettre le postulant d'une manse ou place monacale vacante, du moins dans les six mois de la vacance. Passé ce délai, l'abbé de Cluny pouvait y pourvoir. Le noviciat se faisait dans l'une des maisons désignées par le chapitre général; il était d'un an. On ne recevait que des hommes nés d'une union légitime, d'un corps sain; et avant de les admettre on les faisait visiter par un médecin. On n'était pas admis à la profession avant l'âge de vingt ans. Elle avait lieu sur un ordre de l'abbé supérieur de Cluny, qui commettait ordinairement le prieur titulaire ou claustral pour la recevoir. Les vœux se faisaient, non-seulement de vive voix, mais par écrit. Le papier qui les contenait était déposé au moment de la cérémonie sur l'autel, puis gardé aux archives. Ils étaient conçus en ces termes : « Je promets stabilité, conversion » de mes mœurs et obéissance suivant la règle du saint » père Benoît et les statuts de l'Ordre de Cluny, devant » Dieu et ses saints dont les reliques sont ici. » En les prononçant, le profès mettait ses mains entre celles du religieux officiant, qui les recevait à l'offertoire de la messe dite à cette occasion.

J'ai dit que l'Ordre s'était, à propos de la réforme, partagé en deux observances. Les religieux de la plus étroite ne pouvaient passer dans l'autre qu'avec un bref du Pape, et d'après les statuts de l'Ordre, ils devaient en ce cas recommencer leur noviciat. Il y eut à Charlieu plusieurs prieurs qui avaient permuté ainsi, sous prétexte de leurs infirmités, mais plus réellement, je crois, pour obtenir cet office lucratif. Quelques-uns se procurèrent des dispenses pour les règles à observer en pareil cas ; d'autres, qui occupaient déjà une haute position dans l'Ordre, s'en dispensaient eux-mêmes. Tel fut Dom de Kessel, qui prit possession du prieuré en 1721, et qui était déjà définiteur et visiteur de l'Ordre, vicaire général du prince de la Tour-d'Auvergne, archevêque, comte de Vienne et abbé général de Cluny.

Pour installer le prieur, tout le couvent se rassemblait au-devant de la grande porte de l'église. Le nouvel élu exhibait ses lettres de provision au plus élevé des dignitaires présents et le priait de le mettre en possession de son office. Le dignitaire interpellé le prenait par la main et suivi des autres religieux, l'introduisait dans l'église. Arrivé au bénitier, il l'aspergeait, ensuite il le conduisait au maître-autel. Le prieur à genoux baisait l'autel; ensuite on lui faisait prendre au chœur la place réservée à son office. De là on le menait dans la salle du chapitre, où on le faisait siéger en son rang, et enfin dans le logement qui lui était affecté; le tout au son des cloches, en présence des personnes marquantes de la ville, et des officiers civils de la maison. Procès-verbal en était dressé par un notaire et au livre capitulaire.

L'installation des autres religieux se faisait de la même manière, mais avec moins de solennité.

§ III.

Règle du monastère.

(Même source que les précédents).

Ce que je vais dire de cette règle s'applique seulement aux derniers siècles. Cependant je marquerai, autant que possible, comment ce qui était alors observé différait de l'ancienne discipline. On se rappellera que les moines de Charlieu étaient du nombre de ceux qui n'avaient point adopté la réforme de 1623. Toutefois, les chapitres généraux maintinrent dans les couvents qui l'avaient refusée une partie de l'ancienne discipline et une espèce d'uniformité dans les dérogations, par les décrets qu'ils rendirent et qui formèrent une législation complète.

A Charlieu, les religieux ne faisaient point l'office de nuit prescrit par la règle primitive et ils se bornaient à ceux de jour. Ils retardaient, pour ceux du matin, l'heure fixée par les statuts. Ils se contentaient de psalmodier et ne chantaient, du moins sur la fin du siècle dernier, la messe et les vêpres que le dimanche. Tous devaient y assister et faire, dans les intervalles, des méditations et examens de conscience.

L'ancienne règle défendait de manger de la chair des quadrupèdes et tolérait seulement la volaille et la graisse pour l'apprêt des mets; elle fut mise en oubli. Mais d'après les statuts du XVII° siècle, on dut pratiquer l'abstinence pendant l'avent et tous les mercredis de l'année.

L'ancienne règle prescrivait le jeûne tous les mercredis et vendredis, depuis la Pentecôte jusqu'au 13 septembre, outre celui du carême, qui était très rigoureux. Dans l'un et dans l'autre on ne devait faire qu'un seul repas et très tard. Par suite du relâchement, le jeûne régulier ne fut plus observé que les vendredis, depuis le 14 septembre, jour de l'Exaltation de la Croix, jusqu'à Pâques. Dans les autres jours il ne différait pas du jeûne séculier.

On maintint ce point de manger en commun et dans le même réfectoire, et de faire la lecture pendant le repas. Il était probablement mal observé à Charlieu. Il y eut des temps où les moines eurent pour table comme celle du prieur, qui leur fournissait la nourriture moyennant l'abandon du tiers lot qui leur appartenait sur les revenus du prieuré. Le plus souvent, ils mangeaient à part, et probablement sans souci de la règle, témoin un dignitaire inférieur qui mourut en 1750, laissant une dette de 442 livres pour son cuisinier et de 252 livres pour son domestique. Le fait est consigné au livre capitulaire, dans un procès-verbal de visite.

Les religieux ne pouvaient s'absenter du lieu de leur résidence sans une permission par écrit de leurs supérieurs, sous peine de perdre leur manse. Ils ne devaient ni coucher, ni manger hors de l'enceinte du monastère, ni même en sortir sans la permission des supérieurs. Les portes devaient être fermées la nuit, dès 9 heures en été, dès 8 heures en hiver. Il était défendu de laisser entrer des femmes au monastère. Tous ces articles ne paraissent pas avoir été rigoureusement observés à Charlieu. On ne punissait que les infractions graves, comme celles dont s'était rendu coupable, en 1734, un religieux qui recevait des femmes suspectes dans l'appartement de son office, mangeait avec elles et faisait de fréquentes absences. Il fut consigné au monastère avec défense d'en sortir, sous peine de suspens *ipso facto*.

L'habillement devait être uniforme, mais il variait suivant les lieux. Dans l'église et dans le cloître, il se composait d'une soutane, avec le camail et le scapulaire, pendant des deux côtés jusqu'aux pieds. Au chœur, les dimanches et fêtes, on y ajoutait le froc. En ville, les moines portaient la soutane et le scapulaire seulement, ou l'habit long de couleur noire sans luxe. Toutes ces distinctions n'étaient pas dans la règle primitive, et un moine du moyen-âge n'aurait pu reconnaître ses successeurs à leurs vêtements. Il eût été surtout scandalisé du changement de l'étoffe qui, autrefois de serge, était maintenant de drap fin, de velours ou de soie.

Les maisons des religieux, leurs cellules ou chambres devaient être d'une grande simplicité. Le linge de corps et autre leur était permis. Ceux de Charlieu n'étaient plus en cellule au siècle dernier, et sans doute depuis longtemps, mais ils avaient chacun leur logement séparé et indépendant (1), comme je l'expliquerai ci-après au paragraphe de l'administration temporelle. Ils avaient mis en

(1) *Almanach du Lyonnais* de 1754.

oubli l'ancienne discipline, qui les obligeait à coucher dans un dortoir commun, éclairé la nuit, sur une natte ou une paillasse, avec un drap de serge et sous la surveillance de deux frères restés debout.

On était loin de l'époque où les visiteurs de l'Ordre n'avaient rien trouvé à redire sur la maison, quant à la règle, sinon que les religieux couchaient dans des draps ; *excepto quod monachi jacent in linteaminibus* (1).

La tonsure des religieux devait être trois fois plus grande que celle des prêtres séculiers. La longueur de leurs cheveux ne devait pas dépasser les oreilles. Il leur était défendu de porter des armes, même d'en garder sans permission, de chasser, et de jouer à des jeux de hasard.

§ IV.

Droits seigneuriaux des Bénédictins.

La plus ancienne pièce qui nous fasse connaître ces droits est la charte de priviléges, accordée aux habitants, par les moines, vers le milieu du XIVe siècle. On y trouve 1° la justice, 2° les cens, 3° le droit de reconnaissance, qui était du treizième de la valeur, pour succession, donation ou legs entre personnes autres que parentes, ou mari et femme, et pour vente sur les immeubles seulement, même sur ceux acensés, 4° la banalité de four et de moulin, 5° le banvin, consistant en ce que, pendant le mois de mai, le monastère pouvait empêcher à tout particulier de débiter son vin, tandis que lui-même vendait le sien deux deniers par pot de plus que le vin du pays ne l'avait été

---

(1) Procès-verbal de visite de 1289 aux man. restés à Cluny.

moyennement au mois d'avril précédent. Le faubourg Chevalier, situé à l'ouest de l'abbaye et qui n'existe plus aujourd'hui, était exempt de ce droit. 6° Droits perçus sur les marchandises vendues dans la ville, comme blé, vin, sel. 7° Redevances sur les professions de boucher, charcutier, marchand d'huile, cordonnier, épicier, potier. 8° Redevances sur ceux qui achetaient au marché des chevaux, des vaches, des ânes, de la toile. 9° Les amendes pour injures faites ou dites, pour coups, blessures, pour faux poids et mesures, pour adultère. 10° Le droit de crédit, suivant lequel le prieur avait quinze jours pour le paiement des comestibles à l'usage du monastère. Tous ces droits seront expliqués dans la seconde partie de cette histoire, où je ferai connaitre la charte de priviléges d'où je les ai extraits.

La plupart de ces droits subsistaient encore au XVII° siècle ; mais le droit de crédit était, je crois, tombé en désuétude, aussi bien que la redevance sur les achats de chevaux, vaches et ânes. Dans un bail à ferme général des revenus du prieuré en 1662, on en trouve mentionnés qui ne sont pas dans la charte de priviléges ; les uns existant certainement au moment de cette charte, comme les dîmes, et les autres introduits peut-être depuis, comme le droit d'indemnité. Ce droit frappait les héritages dont les gens de main-morte, sujets du prieuré, faisaient l'acquisition ; il fut exigé de l'hôpital en 1698. On y en trouve d'autres encore, comme le champage, ou champart, et les corvées, qui n'étaient peut-être pas applicables à Charlieu, mais à d'autres paroisses comprises dans le bail.

Quant aux droits sur les professions, celui qui frappait les bouchers et qui consistait (art. 37 de la charte), dans les langues des bestiaux tués à la boucherie, s'était maintenu sous le nom de *droit de langues*. Pour assurer ce droit, le prieur empêchait les bouchers de détailler et d'exposer la viande ailleurs que sous le couvert et sur les bancs à boucherie qui étaient sur la place, au-devant de l'église, à moins de permission spéciale. Au XVIe siècle, sept habitants de la ville y avaient obtenu part avec le prieur, on ne sait comment (1).

Le droit sur la profession de cordonnier s'était aussi maintenu, car sur la fin du XVIIe siècle, le célérier du prieuré réclama aux cordonniers de la ville une paire de souliers, payable annuellement par chacun d'eux, le samedi avant la Saint-Martin d'hiver. Il y eut de grandes contestations, moins sur le droit en lui-même que sur sa quotité ; car il avait été converti en argent, et les cordonniers opposaient un traité anciennement passé avec le prédécesseur du célérier, par lequel la redevance pour la valeur des souliers, avait été fixée à 15, puis à 26 sols. Le célérier soutenait qu'il n'était point lié par ce traité. Le droit fut enfin réglé, en 1686, à trente sols.

Quelques-uns des anciens droits avaient, au XVIIe siècle, changé de nom, ou en avaient pris un. Ainsi, le droit de reconnaissance sur la vente des immeubles s'appelait alors *lods et vente*, ou simplement *lods*. De plus il avait augmenté, à ce qu'il semble, puisqu'il était du sixième denier, au lieu du treizième. Il se percevait sur le prix porté dans le contrat de vente produit par les parties, sinon sur l'estimation à dire d'experts (2).

Les cens ou redevances, dont les héritages roturiers

---

(1) Traité de 1596, entre un boucher réfractaire et les propriétaires du droit.

(2) Jugement de la juridiction de Charlieu de 1709.

étaient chargés envers le seigneur étaient désignés sous le nom de *servis*.

Le droit sur les marchandises vendues en ville s'appelait *laide*, au XVII⁰ siècle.

Le droit de banalité de four n'atteignait que les habitants qui n'avaient pas un four en propriété. Ceux qui en avaient un pouvaient y cuire le pain à leur usage (1).

Conformément à un article de la charte de franchise, donnée, vers le milieu du XIV⁰ siècle, par les Bénédictins aux habitants, ceux-ci avaient entouré la ville de fossés qui, convenablement empoissonnés, pouvaient donner une pêche considérable. Les moines prétendirent qu'elle devait leur appartenir, et ils poursuivirent les bourgeois en justice. Le procès fut porté au châtelet de Paris, devant le prévôt conservateur des priviléges de l'université. Ce n'était pas le juge naturel des parties, mais l'Ordre de Cluny avait alors obtenu la faveur de ne plaider devant un autre tribunal qu'autant qu'il le voulait bien. Plus tard, il eut le privilége, plus exorbitant encore, de faire évoquer au grand conseil les affaires litigieuses où il était intéressé. Le procès, commencé à la fin du XIV⁰ siècle, se termina en 1442, par une transaction où parurent pour la ville 80 bourgeois, qui s'engagèrent à payer au monastère 4 livres parisis de redevances annuelles pour la cession de ses droits de pêche. Les moines, de leur côté, s'engagèrent à faire un étang près de la ville et attenant probablement aux fossés, dans le délai de deux ans. La redevance des 4 livres parisis ne pouvait être exigée que lorsqu'il aurait été achevé. Les dépens du procès étaient compensés. Il est douteux que l'étang ait jamais été fait.

(1) Ordonnance de police de 1686.

Les bourgeois avaient aussi fait faire, à peu près à la même époque que les fossés, des murs pour clore la ville. Les moines avaient fourni seulement la chaux, conformément à l'obligation qu'ils en avaient contractée dans un article de la charte déjà citée. En 1485, le prieur de Charlieu fit percer dans ces murs une porte à son usage, *pour entrer dans la ville ou en sortir à volonté.* Plainte en ayant été portée au bailli de Mâcon, sénéchal de Lyon, celui-ci fit défense au prieur de pratiquer aucune ouverture dans les murs et de les endommager en quelque manière, attendu, est-il dit dans les lettres délivrées à ce sujet, que la *ville de Charlieu fut de toute antiquité une bonne ville marchande, environnée de murs et de fossés, avec des tours, et qu'elle est gardée et défendue pour le roi, comme on a coutume de faire pour les autres bonnes villes du royaume.* (Traduit du latin.)

Toutefois, au XVIIe siècle, le prieur avait repris ses droits sur les fossés et les murs. Les fossés avaient été desséchés en tout ou en partie; et il les donnait à bail emphytéotique. Il concédait, moyennant redevances, le droit d'ouvrir des portes et fenêtres dans les murs, d'y appuyer des constructions, à la charge, toutefois, de les clore en temps de guerre. Pour prévenir les réclamations qui étaient faites sans doute à ce sujet, Gabriel de Roquette, évêque d'Autun, prieur commendataire, accorda aux habitants, en 1687, une somme de 25 livres par an, à prendre sur les abénévis des fossés, comme représentant le revenu qu'ils avaient pu en tirer autrefois, à la condition de les employer aux besoins de la ville.

Outre la seigneurie de Charlieu, les Bénédictins avaient encore celles de Chandon et de Saint-Hilaire en entier, et celle de Saint-Bonnet-de-Cray en partie. Toutefois, dans la paroisse de Chandon, la justice ne leur appartenait pas tout entière; le seigneur de Genouilly en avait une part, et à Saint-Hilaire, elle se partageait entre eux et les seigneurs de Ressins, de Boyé, de Bornat et du Poyet (1).

A Saint-Bonnet, la seigneurie était divisée entre eux, le seigneur de la Motte-Camp et celui de Champrond (2).

A Saint-Denis-de-Cabannes, ils avaient droit de justice avec le seigneur de Château-Neuf (3), et à Saint-Nizier avec le baron de Semur (4).

Enfin ils levaient des dîmes, non-seulement à Charlieu, mais encore à Saint-Germain-la-Montagne, la Chapelle-sous-Dun, Saint-Laurent, Quincié, Chauffailles, Montagny, Cublize, Saint-Denis-de-Cabannes, Saint-Bonnet-de-Cray, Chandon, Saint-Hilaire, Belleroche, Saint-Vincent-de-Boisset, Ouches, Mably, Vougy, Sevelinges (5); à Cours, à Thel, à Vernay (6).

Ces dîmes étaient perçues sur le blé, le vin, le chanvre, l'avoine et même sur le blé noir, ou sarrasin, dans les pays de montagne, comme à Belleroche (7). A Charlieu, au XVe siècle, les moines prétendaient avoir même celle dite de *charnage*, c'est-à-dire du bétail (8). S'ils réussirent dans leurs prétentions, je crois que la dîme tomba ensuite

---

(1) *Almanachs du Lyonnais.*
(2) *Id.*
(3) *Id.*
(4) Traité de 1270.
(5) Etat des revenus de la fin du XVIIIe siècle.
(6) *Histoire du Beaujolais*, par M. de la Roche-la-Carelle, tome ?, p. 87, 209 et 223.
(7) Etat cité du XVIIIe siècle.
(8) Titre en parchemin mais en mauvais état de 1485, où l'on ne peut reconnaître que le sujet de la contestation.

en désuétude. Dans la ville ils prenaient celle des légumes (1).

Toutes ces dîmes étaient ordinairement du treizième ; à Belleroche, elles n'étaient que du vingt-unième, et à Sevelinges du vingt-troisième (2).

Outre ces droits utiles, les moines de Charlieu en avaient de purement honorifiques. Tel était celui de patronage sur l'église paroissiale de la ville. Par suite de ce droit, le curé de la paroisse et les prêtres qui la desservaient n'étaient plus, en quelque sorte, que les délégués des religieux, dont ils étaient obligés de reconnaître la supériorité dans certaines circonstances solennelles, et par des cérémonies humiliantes. Il donna lieu à des procès qui durèrent depuis 1675 environ jusqu'en 1732 et au-delà. J'expliquerai ce droit et les difficultés qu'il fit naître, lorsqu'il sera question de l'église Saint-Philibert.

Les Bénédictins prétendaient aussi qu'à certaines fêtes de l'année, lorsqu'on prêchait au prieuré, il ne pouvait y avoir sermon dans les autres églises; que les autres couvents ne pouvaient faire prêcher publiquement sans leur permission. Les religieuses Ursulines la demandèrent en effet pour la fête de la Conception, en 1680.

Enfin le prieuré avait le droit de nomination ou présentation aux cures d'Arcinges, de Belleroche, de Saint-Bonnet-de-Cray, de Cours, de Cublize, de Saint-Denis-de-Cabannes, de Saint-Germain-la-Montagne, de Saint-Hilaire, de Jonzy, de Lagresle, de Montagny, d'Ouches, de Poules, de Quincié, de Sevelinges, de Thel, de Valins, de Vernay,

---

(1) Bail à ferme des revenus du prieuré du XVIIe siècle.
(2) Etat cité du XVIIIe siècle.

de Saint-Vincent-de-Boisset, de Saint-Vincent-de-Rhins et de Vougy (1).

Ces droits, tant utiles qu'honorifiques, n'étaient pas exercés dans les derniers siècles par le prieur seul, au nom de la communauté ; une partie en était attribuée aux officiers claustraux, comme je vais le dire au paragraphe suivant.

§ V.

Administration temporelle.

Primitivement l'abbé, et ensuite le prieur administrait seul le temporel du monastère. Il en recevait les revenus, pourvoyait aux besoins de la maison et distribuait à chacun ce qui lui était nécessaire, en nature, et jamais en argent. Bien plus, il transigeait, achetait ou aliénait sans le concours des autres religieux.

Plus tard, l'omnipotence du prieur fut restreinte par l'établissement des chapitres, dont le consentement fut déclaré nécessaire, dans les statuts de l'Ordre, pour l'aliénation des biens de la maison, les emprunts et autres actes importants dépassant les limites de l'administration.

Mais si les prieurs perdirent la disposition du fond, ils n'en restèrent pas moins maîtres des revenus, dont ils s'attribuèrent peu-à-peu la plus grosse part; en sorte que l'usage général au XVI° siècle fut qu'ils en eussent les deux tiers. Ils abandonnaient l'autre à la communauté pour les besoins des religieux.

A l'imitation du prieur, les divers dignitaires du couvent, dont les fonctions, d'abord révocables, étaient de

(1) *Almanachs du Lyonnais et actes authentiques de présentation.*

l'aider dans l'administration spirituelle et intérieure de la maison, étant parvenus à se rendre inamovibles, s'arrogèrent aussi, chacun séparément, une part du revenu, dont ils disposaient, comme lui, à leur fantaisie. Comme lui ils voulurent avoir leur logement séparé, et, de plus que lui, ils eurent des dîmes, des cens et servis et autres redevances, même des maisons et des fonds de terre distincts, qu'ils affermaient ou géraient suivant leur bon vouloir (1). Ils jouissaient séparément même de quelques droits de lods (2) (a). On ne tenait plus aucun compte de la règle qui prohibait toute propriété particulière, qui voulait la communauté en tout, dans l'habitation, le dortoir, le réfectoire.

Il y avait à Charlieu, cinq de ces dignités, appelées dans le langage ecclésiastique, *offices claustraux*, savoir : celle de chambrier, celle de célérier, celle d'aumônier, celle de chantre, et celle de sacristain.

Il y en avait eu une sixième, le doyenné, dont les revenus avaient dû suffire à vingt-six moines. Elle fut supprimée et réunie à la manse du prieuré en 1420, par l'abbé de Cluny (3).

(1) Baux authentiques de différentes époques.
(2) Quittance de droits de cette espèce donnée en 1648 par le sacristain, *à cause de son office.*
(a) Cependant il y eut des époques, au XVIIe siècle notamment, comme nous le verrons ci-après (au paragraphe des revenus et charges), où les biens du prieuré, soit ceux de la communauté, soit ceux des offices claustraux, furent affermés tous ensemble et par un seul bail. Cela paraît avoir dépendu beaucoup de la volonté du prieur, de son attention aux affaires de la maison. En tous cas les dignitaires n'en avaient pas moins la jouissance séparée des revenus de leurs offices.
(3) *Gallia christiana*, tom. 4, col. 1113.

Le prieuré de Saint-Nizier-de-Lestra, l'un des trois petits monastères dépendant de celui de Charlieu, fut réuni, en 1428, à la manse conventuelle, comme je l'ai dit ci-devant. On fit de ce prieuré un office claustral qui, à son tour, finit par être réuni à la manse, en 1772, par une bulle du Pape et des lettres patentes du Roi (1).

Des cinq offices claustraux restant, celui de chantre fut encore supprimé et réuni, comme les précédents, vers 1774 ou environ; en sorte qu'il n'en resta plus que quatre.

Le religieux pourvu de l'un de ces offices avait, comme je viens de le dire, des revenus distincts et son logement séparé. Ainsi l'aumônier habitait la partie de bâtiments qui est aujourd'hui occupée par la gendarmerie, au nord du chemin de Saint-Nizier; et le chambrier, ceux qui sont de l'autre côté de ce chemin; et chacun d'eux avait son jardin particulier en face de son habitation (2). On ignore quelle était la partie du prieuré affectée aux autres offices.

Les revenus attribués à leurs offices n'empêchaient pas ces dignitaires de prendre encore part au revenu commun par égale portion entre eux et avec les simples moines, lorsqu'il y en avait.

Cette séparation des revenus et de l'habitation était désapprouvée par les chapitres généraux. Celui de 1676 et tous ceux qui suivirent recommandèrent la vie commune et ordonnèrent qu'elle fût établie dans tous les monastères sans exception. A Charlieu, ces prescriptions restèrent vaines.

Il y avait cependant un procureur-syndic, espèce d'é-

---

(1) Etat des revenus du prieuré de la fin du XVIIIe siècle.
(2) Plan du prieuré et de la ville levé en 1769, par M. Andriot, commissaire à terrier.

conome, élu par la communauté parmi ses membres. Il devait, en se conformant aux décrets du chapitre de 1693, fournir aux religieux les vêtements et tout ce qui leur était nécessaire en nature, et non en argent, afin, y est-il dit, d'éviter toute propriété particulière; rendre au prieur, en présence de la communauté, des comptes trimestriels et un compte général à la fin de l'année; mais sa gestion ne comprenait pas les revenus des offices claustraux.

Le chapitre général de 1732 ordonna la mise en commun de ces offices. Il commanda que les biens en fussent administrés et les revenus perçus par le syndic de la communauté, et qu'à ces fins, les possesseurs des offices lui donnassent leur procuration spéciale. Il prescrivit que les maisons et bâtiments, jusque là affectés à ces offices, fussent occupés indistinctement par les dignitaires et par les simples moines, et qu'on n'en disposât que par un acte capitulaire de la communauté. Trois ans après, ces statuts n'avaient pas encore été mis à exécution à Charlieu. Le prince de la Tour-d'Auvergne, archevêque de Vienne, abbé général de l'Ordre, y vint en 1735, au mois d'août. Il fit donner au syndic de la communauté la procuration nécessaire pour l'administration des biens des offices; mais, à la prière des religieux, il en différa les effets jusqu'au 1er janvier 1736; jusque là les dignitaires conservaient leurs revenus. Ils devaient profiter de ce retard pour l'acquittement de leurs dettes, dont ils justifieraient à la communauté pour le présent et le passé (1).

Cette exception à la règle était peu de chose, en comparaison de la faculté que l'abbé de Cluny leur accorda en même temps de conserver les logements affectés à leur

(1) Procès-verbal au livre capitulaire.

office jusqu'à leur mort ou résignation, et de leur fixer des pensions pour les dédommager des revenus qu'ils allaient perdre. Ces pensions étaient, pour le chambrier, de 800 livres, pour le célérier, de 600 livres, pour l'aumônier de 200 livres, pour le chantre et le sacristain, de 60 livres à chacun. De plus, les droits honorifiques attachés à leurs offices, tels que ceux de présentation ou collation aux cures et autres charges ecclésiastiques, leur étaient réservés. Par ces concessions, qu'il faisait de son autorité privée, et quoiqu'elles fussent personnelles aux officiers alors en titre, le supérieur de l'Ordre maintenait, sous une autre forme, les abus qu'il était chargé d'abolir. Aussi, et sans doute à cause des allègements mêmes qu'il y avait apportés, son ordonnance ne fut pas mieux exécutée que les règlements des chapitres. On se contenta de passer les baux à ferme au nom de la communauté, afin de sauver les apparences. Les offices claustraux ne furent mis définitivement en commun qu'en 1762.

A cette époque, Dom Uchard, alors prieur en titre, fit observer à la communauté qu'elle était presque la seule de l'ancienne observance qui ne se fût pas conformée aux statuts, pour la mise en commun des offices ; et il lui fit nommer un procureur-syndic. Dès-lors, les moines mangèrent tous ensemble chez le prieur, mais les dignitaires continuèrent à loger séparément dans les bâtiments affectés à leurs offices. Cet état de choses fut toléré par les visiteurs sans aucune observation.

Un autre article des statuts, très mal observé à Charlieu, c'est celui qui prohibait la pluralité des manses ou bénéfices dans les mêmes mains. Ainsi, au XVIIIe siècle, le titulaire d'un office du monastère et qui y était résidant, était en même temps prieur de Brevillet; un sacristain était, en même temps, prieur de Saint-Vincent-des-Peintures; et en 1783, l'aumônier réunissait à ce titre celui de prieur de Flacourt.

Les réformes tentées par les chapitres généraux de Cluny n'atteignaient que les prieurs claustraux. Les autres prieurs, les prieurs en titre, continuaient de gérer, sans contrôle, les biens de la maison et de prendre les deux tiers du revenu, qu'ils recevaient directement et sans qu'ils passassent par les mains du procureur-syndic de la communauté. A leur égard, les chapitres généraux décrétèrent seulement, d'une manière générale, qu'ils devaient user de leurs revenus en légitimes dispensateurs; non comme d'un bien qui leur fût propre, mais destiné à orner les temples, à soulager les pauvres, à l'utilité des monastères, et dont le bon emploi devait être justifié aux supérieurs. Je crois que ce dernier point n'était nullement observé.

Le prieur, et les officiers claustraux, même quand ceux-ci eurent des revenus distincts, ne pouvaient rien faire au-delà des limites de la simple administration. Il leur fallait l'assentiment de la communauté pour aliéner, emprunter, transiger; on ne s'écartait pas de cette règle à Charlieu. Ni les uns ni les autres ne pouvaient plaider entre eux, ou contre des séculiers, soit en demandant, soit en défendant, sans l'autorisation du procureur-général de l'Ordre, auquel on présentait, pour l'obtenir, un mémoire explicatif. Quand les offices furent réunis, le procureur-syndic fut assujéti à cette règle, sous peine de déposition.

Aux XVIIe et XVIIIe siècles, les Bénédictins soutinrent plusieurs procès qui durèrent longtemps; j'ignore s'ils y furent autorisés comme ils devaient l'être; mais je dirai en passant qu'ils furent tous instruits et jugés à Paris au grand conseil ; c'était un tribunal d'exception, qui ne jugeait que les causes qui lui étaient spécialement attribuées par les lois, ou qui lui étaient renvoyées par arrêt du conseil du Roi. Il était d'un ordre très élevé et supérieur, à certains égards, au parlement ; car, à la différence de ceux-ci, sa juridiction s'étendait à tout le royaume. Les religieux du prieuré de Charlieu avaient droit d'y faire porter tous les procès auxquels ils étaient intéressés, en vertu des priviléges accordés à l'Ordre de Cluny, par lettres patentes du Roi, remontant à 1645 au moins, et renouvelés depuis à différentes époques. Cela donnait aux moines un grand avantage, quand ils avaient affaire à de simples particuliers, qui ne pouvaient risquer leur fortune à soutenir un procès à Paris.

Les titres seigneuriaux et autres du monastère étaient, depuis longtemps, dans un grand désordre, lorsque en 1762, l'année même où les offices claustraux commencèrent à être réunis, le prieur Dom Uchard, qui avait provoqué cette mesure, voulut aussi faire renouveler les terriers. Il fit prix avec un commissaire feudiste, domicilié à Charlieu, à qui il accorda, outre la nourriture, le logement et le feu pour lui et son clerc, la moitié des cens et servis et autres droits dont il ferait consentir reconnaissance, pendant tout le temps que durerait l'opération. Ce marché reçut son exécution jusqu'à la mort de Dom Uchard, arrivée en 1781. Il fut renouvelé avec son successeur à d'autres conditions. Le commissaire feudiste continuait d'être hébergé par la maison, mais on le payait en argent, savoir : 4,000 livres à la fin du travail, qui devait se terminer en 1789, et 9,000 livres en sept ans. Les frais étaient supportés pour deux tiers par le prieur, et pour un tiers par la communauté qui intervint au traité. On se donnait une peine inutile : l'opération n'était pas encore achevée, quand la révolution vint supprimer les monastères et abolir les redevances féodales. Le peuple, qui détestait ces droits et ne les croyait pas bien abolis tant que les titres subsisteraient, s'empara de force des terriers refaits à neuf, qui formaient un grand nombre de volumes avec des plans à l'appui, et il les brûla sur la place, au-devant de l'église du prieuré, pêle-mêle avec une quantité de vieilles pancartes, dont la conservation nous aurait donné sans doute quelques pages de plus pour cette histoire.

§ VI.

Revenus et Charges.

1° Revenus du Monastère à différentes époques.

Les renseignements sur les revenus du prieuré ne remontent que jusqu'au commencement du XVIIe siècle. En 1625, ils furent affermés 1,203 livres tournois et 5 ras d'avoine, par l'évêque d'Autun, alors prieur commendataire. De cette ferme passée pardevant notaire, il n'y eut d'excepté que ce qui était dû à La Chapelle-sous-Dun, le four banal et la dîme de chanvre à Charlieu. Je crois que les revenus des offices claustraux n'y étaient pas compris non plus, car le bail est fait par le mandataire du prieur seul ; et vers la même époque à peu près, il y a plusieurs exemples de fermes faites par les dignitaires de la maison des revenus de leurs offices, ensemble ou séparément.

En 1658, c'est-à-dire vingt-cinq ans plus tard, les revenus du prieuré furent affermés par M. de Roquette, pour 4,300 livres, outre les charges ordinaires et extraordinaires. Ce prix est de plus du double de celui de 1625, qui n'avait pour charge que 7 livres de pension annuelle à l'abbé de Cluny ; mais il ne se trouve dans le bail aucune des exceptions portées dans le premier à l'universalité de la ferme. Ce bail fut résilié du consentement réciproque des parties, pour des causes qu'on ignore. On pourrait croire que ce fut parce que le prix était trop élevé, si la ferme n'eût été refaite quatre ans après (en 1662), au prix de 4,000 livres, déduction faite de toute charge quelconque, plus 400 livres *de belle-main.*

Ces 4,000 livres étaient la part du prieur, car les parts revenant aux autres religieux, en nature et en argent, sont marquées dans le bail et mises au nombre des charges. Le total des charges, soit en argent, soit en blé, estimé suivant les mercuriales de 1662, monte à 2,829 livres. Le prieuré produisait donc à cette époque plus de 6,857 livres (1), car en sus de cette somme payée par les fermiers, il y avait leurs bénéfices dont on ne peut déterminer la quotité.

En 1689, la ferme était de 4,122 livres d'une part, et de 2,600 livres de l'autre, suivant un règlement de compte authentique, plus 342 mesures de froment et 35 pièces de vin. Evidemment la première somme était pour le prieur et la seconde pour les officiers claustraux. A la fin du XVII° siècle, le prieuré rendait donc aux moines, net 6,722 livres.

En 1758, suivant un procès-verbal des visiteurs de Cluny, inscrit au livre capitulaire, le revenu total de la maison, y compris celui des offices claustraux, et net de toute charge, était de 6,430 livres. A cette époque,

(1) Bail authentique de 1662.

les offices claustraux rendaient 2,880 livres, savoir : celui du chambrier 2,000 livres à lui seul, ceux du célérier et de l'aumônier 400 livres chacun.

En 1779, les revenus des offices claustraux seuls étaient évalués à 3,800 livres (1).

Enfin, en 1789, le total des revenus était net de 7,535 livres, suivant un état manuscrit des revenus et charges du couvent, et de 8,184 livres, suivant les lettres patentes données par le Roi pour la sécularisation ; et l'insuffisance de cette somme allait être le motif ou le prétexte de la suppression du monastère par les deux autorités réunies du Pape et du Roi.

2° Sources des revenus.

J'ai fait connaître, en parlant des droits seigneuriaux, le plus grand nombre des sources du revenu de la maison. C'étaient les dîmes qui produisaient le plus, puis venaient, bien au-dessous, les cens et servis, et ensuite les bois, le moulin de la ville et enfin les fondations.

La dîme la plus forte était celle de Quincié, en Beaujolais ; elle était affermée 2,000 livres en 1782 (2). En la même année, celle de Saint-Bonnet l'était pour 1,800 livres ; celles de Saint-Hilaire et de Saint-Germain-la-Montagne, chacune pour 900 livres ; celles de Cublize et de Chandon, chacune pour 800 livres ; et celle de Montagny pour 710 livres. Charlieu ne produisait que 400 livres de ce genre de revenu (3). Enfin, toujours à la même époque (1782),

(1) Procès-verbal de visite au livre capitulaire.
(2) Bail authentique.
(3) Note manuscrite de la fin du XVIII° siècle.

les dîmes, tant des paroisses que je viens de nommer que des autres, rendaient 10,020 livres.

A la même date, les cens et servis produisaient 1,800 livres, les moulins 700, et la laide, ou droit sur les denrées vendues au marché, était évaluée 720 livres. Le four banal n'était affermé que 80 livres (1).

2° Charges du Monastère.

Les charges du monastère étaient considérables ; les unes étaient annuelles, les autres n'étaient supportées qu'à des époques indéterminées. Entre ces dernières, il faut mettre, en première ligne, les aliénations forcées faites au profit de l'Etat, à la demande du Roi et avec l'autorisation du Saint-Siége. La première contribution de cette espèce, dont il soit resté des traces pour le monastère, est de 1575. Cette année-là, le pape Grégoire XIII permit au roi Henri III l'aliénation des biens ecclésiastiques de la France, jusqu'à concurrence de deux millions de livres. La cote du diocèse de Mâcon fut de 16,450 livres, et celle du prieuré, qui faisait partie de ce diocèse, de 390 livres, outre les frais qui étaient de dix-huit deniers pour livre (2).

Pour payer cette somme, les religieux vendirent des rentes de la paroisse de Fleurye-en-Mâconnais. La vente se fit aux enchères, pardevant le bailli et l'official de Mâcon, en l'auditoire épiscopal, le 16 juillet 1577, en présence du mandataire, du célérier et du prieur commendataire; elle fut ratifiée dans une assemblée capitulaire du couvent (3).

(1) Même note.
(2) Procès-verbal de la vente des biens.
(3) Procès-verbal de la vente des biens.

En 1585, il y eut une autre aliénation des biens du clergé de France, jusqu'à concurrence de cinquante mille écus de rente. La cote du diocèse de Mâcon fut de six mille écus, et celle du prieuré de Charlieu de 1,450 livres en capital.

Une autre charge, non périodique, était le droit dit d'*amortissement* ou de *nouvel acquêt* que les Bénédictins payaient à l'Etat, pour les nouvelles acquisitions qu'ils faisaient. Ce droit, dont j'ignore le tarif, donnait lieu à des vexations. Il n'était pas exercé régulièrement, à ce qu'il paraît, mais de temps à autre, et à des époques indéterminées. On faisait, pour le percevoir, des recherches, en remontant aussi haut que possible, et même à plusieurs siècles, à en juger par les lettres que les Bénédictins de Charlieu obtinrent en 1464 des trésoriers de France. Ces lettres, adressées aux commissaires du Roi sur le fait des francs-fiefs et nouveaux acquêts èz baillage de Mâcon, leur font défense de remonter à plus de cent ans, pour la recherche des acquêts non amortis des immeubles appartenant au prieuré de Charlieu.

La charge annuelle la plus forte était celle des portions congrues. On appelait ainsi la pension que le décimateur était obligé de payer au curé de la paroisse décimée. Cette portion congrue variait de paroisse à paroisse. En 1662, la plus élevée, celle de Charlieu, était de 260 livres, et les plus basses de 60 livres, (1). Une déclaration royale de 1686 en fixa le taux uniforme pour toutes à 300 livres. Cette règle ne fut pas, en apparence du moins, observée par le prieur de Charlieu, qui continua de payer les unes plus, les autres moins. Ainsi, en 1689, trois ans après

(1) Bail général des revenus du prieuré, de 1662.

la déclaration royale, celles de Charlieu et de Montagny étaient de 450 livres ; celles de Chandon, de Saint-Germain-la-Montagne et de Saint-Hilaire de 300 livres ; celle de Saint-Bonnet de 240 ; de Saint-Denis de 190 ; de La Chapelle-sous-Dun de 60, et enfin celle de Saint-Laurent de 87 livres seulement. Toutes les portions congrues montaient, en ladite année (1689), à 2,477 livres (1).

L'inégalité entre les portions congrues était peut-être moins grande qu'elle ne paraît ; parce que le prieuré n'étant tenu de les payer que là où il y avait des dîmes, ces dîmes étaient quelquefois cédées au curé. De plus, il y avait dans certaines paroisses des fonds de terre, ou autres biens, dont les revenus étaient attachés à la cure, et qu'on avait peut-être pris en considération lors de la détermination ancienne ou nouvelle de la portion congrue. Enfin, si je ne me trompe, dans certaines paroisses, le monastère abandonnait au curé les dîmes pour lui tenir lieu de portion congrue, ce qui fait qu'on ne trouve pas ces cures mentionnées parmi celles qui en recevaient.

Par un édit de 1768, la portion congrue des curés fut portée à 500 livres, à la condition d'abandonner les fonds et dîmes, de quelque espèce qu'ils fussent, dont ils se trouvaient en possession, excepté les bâtiments et jardin du presbytère, et le casuel. En même temps celle des vicaires fut portée à 200 livres.

Les portions congrues furent encore augmentées par une déclaration du Roi du 2 septembre 1786. Par suite de cette déclaration, les curés de sept paroisses, Saint-Bonnet, Saint-Denis, Saint-Hilaire, Belleroche, Ouches,

(1) Règlement de compte authentique entre le prieur et son fermier, de 1689.

Vougy et Sevelinges, reçurent 700 livres de portion congrue. Il y eut des vicaires dans quatre de ces paroisses, et quelques-uns, sinon tous, touchèrent 350 livres. Le total des portions s'éleva jusqu'à 6,473 livres (1). Le monastère était, en outre, chargé de l'entretien des églises des paroisses où il payait la portion congrue, et de tout ce qui était nécessaire au service divin. Cette charge allait pour neuf paroisses à 570 livres (2).

Une autre dépense annuelle était celle des décimes, (subvention du clergé envers l'Etat), qui était, en 1662, de 1,000 livres environ (2), et de 1050 en 1787 (3).

Suivant la déclaration donnée à l'assemblée générale du clergé de France, en 1730, les moins de Charlieu distribuaient en aumône annuelle 336 mesures de froment, produit de leur moulin, et quatre pièces de vin du vignoble de Saint-Bonnet. Ils évaluaient la dépense de l'hospitalité donnée aux religieux et prêtres de passage, à 150 livres, et celle du pain et du vin pour la cène du Jeudi-Saint, à 50 livres.

Il fallait encore pourvoir au traitement d'un assez grand nombre d'employés. En 1662, il y avait deux juges, le bailli et le prévôt, l'un pour les affaires civiles, et l'autre pour les causes criminelles, si je ne me trompe, qui recevaient chacun 15 livres en argent, 30 ras d'avoine et deux charretées de foin. Le procureur fiscal avait le même traitement. Le greffier ne touchait que 5 livres. Il y avait, de plus, un médecin attaché à la maison,

(1) Tableau des revenus, charges et dépenses de la communauté, en 1787.
(2) Même tableau.
(3) Bail général des biens du prieuré.
(4) Tableau des revenus, etc.

qui était rétribué comme les juges, et un apothicaire dont les appointements étaient fixés à 25 livres.

J'ai fait voir comment les revenus étaient divisés entre le prieur, les officiers claustraux et la communauté. Les charges l'étaient aussi, mais pas de la même manière : le prieur n'en supportait rien, à ce qu'il me semble ; sa part était toujours nette. Il n'en était pas de même des officiers claustraux. Ceux-ci avaient chacun leur fraction des décimes à payer (1), des redevances et autres dépenses à supporter.

Le célérier avait eu, au moyen-âge, une charge singulière. Il était tenu *de costume ancienne, de payer au recteur de l'Hôtel-Dieu de Charlieu, au temps des rogations et ès deux jours d'icelles, un flan et une tartre, par manière de prébende, pour convertir ladite prébende aux aliments des pauvres, ordinairement affluents audit hôtel.* Il en devait autant, les mêmes jours, à chaque novice ; au barbier, aux religieux prêtres, aux officiers de justice du couvent, aux porteurs de confanons et *au valet de l'aumônier qui fournissait les bâtons de la procession des rogations.* L'usage était qu'il donnât de grands *flans et tartres* aux religieux prêtres, et de petits aux novices et aux autres. En 1559, cette redevance était déjà convertie en argent, et le célérier payait pour la valeur des petits flans et tartres la somme de sept sols et quatre deniers tournois (2).

Anciennement, le célérier était encore chargé envers l'hôpital de certaines fournitures en argent, pain, vin,

(1) Quittances et commandements afin de payement des premières années du XVIIIe siècle.

(2) Sentence rendue par le prieur entre le célérier et le recteur, en 1559.

viande ; elles se faisaient en certains jours de l'année, et étaient, pour chaque jour, *en chair*, d'une *pièce et demie*, et *en vin*, de *une à trois pintes*. Le prieur était aussi chargé de redevances de même espèce, plusieurs fois dans l'année. A en juger par les jours fixés, quelques-unes de ces redevances avaient une origine fort ancienne : *le jour de la fondation du roi Boson, qui est le jeudi après les Rois, trois sols tournois en argent, trois pains de prébende et une pinte de vin.* De même pour le jour de la *fondation de l'évêque Robert, qui est le mardi saint.* Elles avaient lieu, tant celles du célérier que du prieur, dix-huit fois par an. Elles tombèrent en désuétude au XVIIe siècle. J'en parlerai plus au long au chapitre concernant l'hôpital.

L'aumônier était obligé à *une aumône générale*, trois fois par semaine, pendant le carême : le lundi, le mercredi et le vendredi. Elle consistait en *trois quarterons de pain*, environ, à chaque *pauvre de la ville, ou des paroisses dépendant du prieuré, qui se présentait*. Cette aumône commençait le dimanche gras et finissait le jeudi saint, par une aumône extraordinaire de 50 livres, fournie par le prieur et la manse conventuelle. Elle était faite à la porte *de la maison seigneuriale*, et originairement, par les officiers de justice du monastère revêtus de leur robe de palais. Chaque pauvre recevait deux liards (1).

Les charges des offices claustraux tiraient leur origine des revenus de l'office ou de la nature des fonctions. Celui qui touchait le loyer d'un bâtiment, ou qui y demeurait, devait l'entretenir. Celui qui percevait la dîme d'une paroisse était chargé de la portion congrue et de l'entretien

(1) Extrait de la déclaration donnée à l'assemblée générale du clergé 1730.

de l'église. Le sacristain fournissait l'huile de la lampe, la cire, les cordes des cloches de l'église du prieuré ; le chantre fournissait les livres de chœur, missels, etc.

J'ajouterai que, même après la réunion des offices claustraux, on séparait encore, dans les comptes de la maison, les charges et les revenus de chacun de ces offices.

En 1787, les dépenses annuelles, pour l'intérieur de la maison, montaient à 3,667 livres (1).

En 1789, les charges, tant des offices claustraux que de la communauté, étaient évaluées en total à 7,510 livres (2) ; et il paraît qu'elles absorbaient au moins la moitié du revenu qui était de 15,040 livres (3) : on prétendit alors qu'il s'en manquait de 1,034 livres, que le reste fût suffisant pour la nourriture et l'entretien de six moines. C'était pourtant 1,256 livres pour chacun, en partageant par égale portion ; mais le prieur, continuant de prendre les deux tiers, il ne restait que 500 livres à chacun des autres, somme encore bien au-dessus des besoins d'un véritable moine, surtout à cette époque. Toutefois, ce fut cette insuffisance qui motiva la sécularisation du monastère.

(1) État des revenus et charges.
(2) Id. id.
(3) Id. id.

CHAPITRE III.

Fin du monastère.

§ I.

État du Monastère au XVIIIe siècle.

Depuis la fin du XIIe siècle, où cesse l'histoire proprement dite du prieuré, faute de matériaux ou d'évènements, époque que j'ai remplie de mon mieux par le tableau de sa constitution intérieure, le changement le plus important qui y soit survenu, est celui de la règle, de la discipline et des mœurs.

Quelques fondations pieuses faites par les religieux de la maison ou par quelque personne de la ville et des environs, c'est, je crois, tout ce qu'il gagna en richesse.

Quant aux bâtiments, ils reçurent des modifications et des agrandissements en rapport avec le relâchement de la règle monastique. Ce fut, suivant toute apparence, dans les premières années du XVIe siècle que fut bâtie cette espèce de château, devenu aujourd'hui le presbytère de la ville, qui est qualifié de maison seigneuriale dans plusieurs titres. On y voit, en plusieurs endroits, les armes de la maison de la Madelaine, ce qui fait conjecturer qu'il est dû à Jean ou à Claude de la Madelaine, tous deux prieurs commendataires de Charlieu au commencement du XVIe siècle (1). Cet édifice est un témoignage vivant de la cessa-

---

(1) *Gallia christ.* tome 4, col. 1113.

tion de la règle monastique au moment de sa construction. Le prieur se sépare de ses moines, et veut avoir un château pour lui, comme les seigneurs séculiers.

Jean de la Madelaine, l'un des prieurs dont je viens de parler, fit faire la salle du chapitre (1), située entre le cloître et la chapelle de la Vierge qui existe encore, et peut-être aussi cette chapelle et ce cloître. Le cloître primitif, qui était roman, fut en partie démoli, en partie noyé dans les murs des nouveaux bâtiments, où on en voit encore des vestiges dans la galerie à l'est. La grande tour de la prison est probablement de la même époque.

Quant aux bâtiments qui sont au soir du côté des Cordeliers, ils furent partie reconstruits, partie réparés vers le milieu du siècle dernier, et, dans leur nouvel état, ils sont, comme le château, un témoignage des dérogations à la règle qui s'étaient introduites dans le monastère. Ils étaient pour l'usage particulier de deux des officiers claustraux, l'aumônier et le chambrier.

L'église n'avait pas subi de changement. Seulement le clocher avait été atteint de la foudre en 1638 (le clocher central, je pense, car il y en avait cinq), et quatorze cloches avaient été fondues par l'incendie qu'elle alluma (2). Il n'est pas à présumer que le trésor de cette église eût été toujours aussi pauvre qu'il l'était au XVIIIe siècle. Un ciboire en argent doré, un ostensoir, trois calices, deux burettes, un plat d'argent et un calice de vermeil composaient toute l'argenterie de la sacristie en 1758. Les six chandeliers du grand autel n'étaient que de cuivre argenté (3). Il n'y avait que quelques reliques. La plus remarquable était

(1) Tableau des fondations en l'église du prieuré, du XVIIIe siècle.
(2) *Almanach du Lyonnais* de 1754.
(3) Procès-verbal de visite de 1758.

celle de saint Donnat, enchâssée dans un buste de bois doré. Quoiqu'elle fût en grande vénération, elle n'avait d'autre témoignage d'authenticité que cette vénération même qui était fort ancienne, et des mandements d'évêques qui en avaient ordonné l'exposition dans les besoins publics, quand elle était demandée par les habitants (1).

Le chœur avait pour tout ornement une ancienne tapisserie, représentant la vie de saint Fortuné, patron du monastère (2). Elle avait été probablement donnée par Jean de la Madelaine, prieur au commencement du XVII° siècle (3). Les stalles étaient anciennes et bien conservées (4).

Des cinq chapelles qui entouraient le chœur, celle du milieu, plus grande, était consacrée à l'Immaculée Conception. Il s'y trouvait un caveau spécialement destiné aux religieux.

Au moyen-âge, on inhumait près de ces chapelles, au nord, les employés subalternes de la maison, comme le prouvent les inscriptions ou les emblèmes des pierres sépulcrales découvertes il y a quelques années.

Au XVIII° siècle, on inhumait quelquefois dans l'intérieur de l'église les officiers de justice. Quelques personnes de la ville y avaient leur tombeau particulier.

Dans un tableau des fondations du même siècle, où on est étonné de ne pas les trouver plus nombreuses (vingt-sept seulement), il y en a du moins quelques-unes de remarquables. Telles sont les suivantes.

« Janvier, le 7° jour, dans l'octave de l'Epiphanie, se doi-
» vent dire vêpres des Morts, le lendemain un nocturne

(1) Procès-verbal de visite de 1779.
(2) Id. Id.
(3) Tableau du XVIII° siècle, des fondations en l'église du prieuré.
(4) Procès-verb. cité de 1779.

» et laudes, ensuite une grand'messe à l'autel de sainte
» Madelaine, et après icelle, un *Libera me* sur le tombeau de
» pierre de marbre, érigé proche ledit autel pour le repos
» de l'âme du roi Boson et de la reine sa femme, inhumés
» dans ledit tombeau, lequel a fondé ce monastère et
» chargé le prieur de Régny de payer annuellement à ce
» couvent 17 livres pour le droit vulgairement nommé
» *le convoi du Roi.* »

« Mars, le 12e jour, de saint Grégoire, doivent se dire
» vêpres des Morts, le lendemain un nocturne, laudes et
» une grand'messe et le *Libera me*, pour la fondation de
» révérend père en Jésus-Christ Dom Jean de la Madelaine,
» grand prieur de Cluny, prieur de la charité et aupara-
» vant de ce monastère, décédé le 28 avril 1537, qui a
» fait faire la bibliothèque, le chapitre, le parloir, le
» château de Saint-Bonnet et autres bâtiments ; a fondé et
» donné annuellement à ce couvent 10 livres, et encore
» les chapes, tuniques, chasubles et tapisseries de haute
» lice. »

Je doute que de tout cela il restât rien, au XVIIIe siècle, que les bâtiments, quelques vieux livres et papiers et la tapisserie de saint Fortuné qui ornait le chœur de l'église, si, comme je le suppose, elle provenait de cette donation.

Voici une troisième fondation assez curieuse. « Tous les
» jours de l'année, se doivent dire au cloître, à l'issue de
» matines, sur le tombeau qui est vis-à-vis de la porte de
» Saint-Benoît, par le chantre, les novices et autres reli-
» gieux commis par le prieur, les trois *Miserere* du Psau-
» tier, avec l'*Oraison des bienfaiteurs.* » On ne dit point le nom de ce personnage inhumé dans une place insolite, à ce qu'il semble, et assez puissant, pendant sa vie, pour

faire une fondation quotidienne aussi assujétissante. Le chantre touchait une rétribution pour l'acquit de cette fondation. Le bail général des revenus du prieuré de 1662, où les charges furent mises sur le compte du fermier, porte : « Au chantre, pour les *Miserere*, la quantité de vingt mesures de froment. »

Dans le prieuré, qui avait eu jusqu'à trente-deux moines en 1280, on n'en comptait plus que sept, y compris le prieur, à la fin du XVIIIe siècle.

§ II.

Suppression du Monastère.

Les deux branches de l'Ordre de Cluny, celle de l'ancienne et celle de la nouvelle observance, qu'avait produites la réforme du XVIIe siècle, quoique se rattachant à un même centre et n'ayant qu'un même abbé général, n'avaient guère plus rien de commun en réalité que le nom et l'origine. La nouvelle observance grandit, prospéra, devint célèbre par la piété et la science de ses membres. L'ancienne ne fit que déchoir, et bientôt elle ne fut plus à l'autre que comme un membre gangrené à un corps sain. Ses religieux ne l'étaient plus que de nom, et le relâchement dans lequel ils vivaient devenait plus choquant par le contraste que présentait la vie de ceux qui étaient rentrés dans la régularité monastique.

D'un autre côté, le relâchement de l'ancienne observance rendait les revenus des monastères qui l'avaient conservée, de plus en plus insuffisants. Les religieux de cette catégorie ne se seraient pas contentés de ce qui pouvait suffire aux autres. Ils n'entraient pas dans l'Ordre pour se livrer aux austérités, mais pour y trouver le bien-être.

Comme tout se touche, le désordre avait passé du spirituel au temporel. Les biens étaient mal administrés, les titres négligés et en désordre. Enfin une grande partie des redevances avaient, par l'effet du temps, perdu beaucoup de la valeur qu'elles avaient à leur origine. Seuls, les biens-fonds et les dîmes avaient suivi l'accroissement proportionnel du prix des choses. Mais beaucoup de monastères étaient peu riches en terre, et le produit des dîmes était presque anéanti par les portions congrues dont on l'avait chargé, et qui, de 300 livres par paroisse, en 1686, avaient été portées, en 1768, à 500, et en 1786, à 700 livres.

Ce furent sans doute ces raisons qui déterminèrent le Roi et le Pape à supprimer l'ancienne observance de Cluny. Les couvents relâchés furent attaqués, d'abord d'une manière indirecte, par l'autorité civile. Un édit du Roi, du mois de mars 1768, qui semblait avoir trait principalement aux vœux religieux, renfermait des dispositions incidentes d'une grande importance pour l'avenir des monastères de l'ancienne observance. Il ordonnait, par l'article 7, que ces monastères n'eussent pas moins de quinze religieux. Par les articles 4 et 5, les évêques et autres supérieurs étaient invités à les faire réformer. On ne tint d'abord aucun compte de cet édit; mais, au mois de février 1773, il en fut rendu un autre, confirmatif du premier, dont l'exécution se fit encore attendre longtemps. Enfin le 6 mai 1787, le chapitre général de l'Ordre de Cluny prit une délibération, en vertu de laquelle une requête fut présentée au Roi, de la part des religieux de l'ancienne observance, par laquelle ils lui représentaient l'impossibilité où ils étaient de satisfaire au dernier édit pour l'augmentation des portions congrues, et le suppliaient ou de les dispenser de l'exécution de cet édit, ou de permettre que les maisons dont cet édit entraînait la ruine fussent réunies à celles qui pouvaient se maintenir, sans distinction de diocèse; et, dans le cas où il rejetterait l'une ou l'autre de ces demandes, de vouloir bien assurer à chacun d'eux une existence convenable..

Sur cette requête, un arrêt du conseil d'Etat, du 17 octobre 1787, enjoignit aux archevêques et évêques des diocèses où étaient situés les monastères de l'observance, de faire connaître les biens qui en dépendaient, et d'indiquer l'emploi le plus convenable qu'on pourrait en faire. Il fut permis aux religieux de continuer, en attendant, à jouir comme par le passé, à condition de ne plus admettre ni au noviciat, ni à la profession. On leur promet une pension viagère, proportionnée aux revenus de la communauté, aux offices qu'ils ont possédés, à leur âge, à leurs infirmités. On leur demande, pour la fixation de cette pension, les renseignements nécessaires, qui doivent être arrêtés en chapitre conventuel. Liberté leur est laissée de vivre, après la suppression de leur maison, sous la juridiction de l'évêque, ou de se pourvoir en cour de Rome pour obtenir leur sécularisation.

Un autre arrêt du conseil d'Etat, du 27 mars 1788, remet la gestion des biens et la perception des revenus au receveur général du clergé. Les pensions des religieux furent fixées provisoirement dans un tableau annexé à l'arrêt. Celles des moines de Charlieu montaient ensemble à 6,800 livres. Elles variaient, pour chacun d'eux, de 1,000 à 900 livres.

La même année, 1788, le 4 juillet, le souverain Pontife, Pie VI, prononça, dans un bref, la suppression et l'extinction de la vieille observance. Il est dit, dans ce bref, que le roi de France a exposé au Saint-Père qu'on avait fait tout ce qu'on avait pu pour prévenir la dissolution de cette partie de l'Ordre de Cluny ; qu'on y eût pourvu, si cela eût été possible, en réduisant le nombre des monastères, mais qu'il y avait des obstacles insurmontables dans le mauvais état de ces établissements et la diminution des revenus produits par les portions congrues des curés ; que le Roi avait remontré qu'il était bon de dispenser les religieux de la règle de leur institut, et d'employer les biens de la congrégation à d'autres usages pieux, principalement à l'avantage des diocèses de la situation de ces biens, en fixant à chacun des moines dépossédés une pension suffisante à ses besoins.

Déterminé par ces considérations, par le témoignage des évêques et principalement du cardinal de la Rochefoucault, archevêque de Reims, abbé commendataire de l'Ordre ; rassuré sur ce que, par la suppression de l'ancienne observance, l'Ordre ne disparaissait pas tout entier, puisque la nouvelle restait en vigueur et florissante pour en soutenir le nom et l'honneur, le souverain Pontife mandait aux évêques et leur donnait pouvoir de supprimer et éteindre, chacun dans son diocèse, les couvents et manses capitulaires de l'ancienne observance ; lui-même déclare cette observance éteinte, supprimée et abolie, avec toute fonction claustrale et toute conventualité. Il enjoint aux évêques d'exempter les religieux de l'observation de leur règle, en maintenant seulement ce qui est du devoir de prêtre séculier. Il ordonne que les biens des monastères supprimés soient appliqués par les évêques, aux divers instituts ecclésiastiques les plus dépourvus, en les chargeant du paiement des pensions assignées aux religieux.

Le 19 mars 1787, le Roi donna des lettres confirmatives de ce bref, en modifiant les pensions précédemment fixées. Cette fois, on les proportionnait à l'âge et aux revenus du monastère dont le religieux avait fait partie, de manière, toutefois, qu'il restât une somme libre pour les dépenses imprévues ou extraordinaires. La pension la plus forte ne devait pas excéder deux mille livres dans la maison la plus riche; et s'il y avait de surplus, on le reversait sur les maisons moins bien dotées, pour augmenter les pensions des religieux de celles-ci.

Par l'article 2 de ces lettres patentes, la suppression de douze monastères, situés dans le ressort du parlement de Paris, est ordonnée. Au nombre de ces monastères est désigné nominativement *Saint-Fortuné de Charlieu, diocèse de Mâcon*.

Par l'article 5, les religieux de chaque monastère sont divisés, pour la fixation de leur pension, en quatre classes, suivant leur âge; la première, de 21 à 45 ans, la seconde, de 45 à 60, la troisième, de 60 à 72, la quatrième, de 72 et au-dessus. Le religieux, en passant par l'âge d'une classe à l'autre, profitait de l'augmentation de pension.

Par l'article 7, les maisons religieuses sont elles-mêmes divisées en quatre classes; Saint-Fortuné de Charlieu forme à lui seul la seconde. Les pensions des religieux de cette classe étaient, suivant l'âge, de 1,200, 1,400, 1,700 et 1,800 livres. Le monastère d'Ambierle, qui était de la première classe, fournissait à celui de Charlieu un supplément de 800 livres. Les pensions étaient nettes de toute charge, et payables de trois mois en trois mois et d'avance.

Par l'article 10, il est dit qu'indépendamment de leurs pensions, les prieurs claustraux continueraient de jouir de la manse qui leur était payée en cette qualité.

Par l'article 13, les religieux sécularisés sont autorisés à partager entre eux le mobilier de leur maison, à l'exception de la partie consacrée au service divin, à conserver leur logement dans les bâtiments, à la charge des réparations locatives ; et si les établissements auxquels ces maisons seront attribuées veulent déposséder les religieux de leur logement, ils seront tenus de leur payer une indemnité du sixième de la pension viagère.

Par l'article 15, en attendant que l'emploi des biens des monastères supprimés soit déterminé, l'administration en est remise au receveur des décimes des diocèses de la situation de ces biens.

Par l'article 17, la nomination aux cures qui appartenait aux couvents supprimés est remise aux évêques.

Ces lettres patentes se terminent par un tableau des religieux, où se trouvent leurs noms et qualités, le nom, la situation, le revenu net de la maison à laquelle ils appartiennent, le montant des pensions, et le nombre total des religieux.

A Charlieu, le revenu net est évalué à 8,184 livres. Il y a six religieux pensionnés, deux dans la première classe, trois dans la seconde, un dans la troisième et point dans la quatrième. A chacun d'eux est assignée la pension qui lui est attribuée par l'article 7, ci-devant relaté, des lettres patentes. Le total de ces pensions montait à 8,300 livres.

Des six moines pensionnés, quatre n'étaient pas dans la maison, et quelques-uns l'avaient quittée depuis longtemps. L'un d'eux, clerc tonsuré, était détenu à Mâcon pour cause de démence. Un autre, qui n'était que sous-diacre, s'était enfui hors du royaume depuis plus de quatre ans, et un autre, qui était prêtre, s'était retiré de la communauté depuis plus de vingt ans. Un quatrième, également prêtre, était absent, sans qu'on en sache la raison. Il n'y en avait que deux résidant, Dom Barruel, prieur claustral au moment de la suppression, et Dom Samoël. Ce dernier, l'un des plus jeunes (il était né le 16 février 1756), a vécu jusqu'à nos jours aux environs de Charlieu, où il est mort curé de Fleury-la-Montagne, dans un âge fort avancé.

Les lettres patentes du Roi ne reçurent pas, à Charlieu du moins, leur exécution immédiate, et les choses restèrent encore deux ans au même état. Enfin, le 8 mars 1790, les deux moines dont je viens de parler, seuls présents au prieuré, présentèrent une requête à l'évêque de Mâcon, tant pour les autres que pour eux, par laquelle ils lui exprimaient le désir de sortir de cette situation précaire et de profiter des avantages qui leur étaient accordés par le Saint-Père et par le Roi; et ils le priaient de fulminer le bref et les lettres patentes. Au bas de la requête, l'évêque ordonna la communication à son promoteur. Celui-ci requit une information de la commodité ou incommodité et utilité de la sécularisation demandée. L'évêque commit, pour l'information, M. Seguin, curé de Maizilly, archiprêtre de Charlieu. Sur la requête qui lui fut présentée, M. Seguin ordonna la signification des pièces aux parties intéressées, savoir: à celles connues, en leur personne ou domicile, et aux autres, par proclamation et affiches, pendant trois jours fériés consécutifs, avec assignation de comparaître à Charlieu, en la maison de M. Bardet, avocat, le lundi 29 mars, huit heures du matin, et jours suivants, aux mêmes heures, pardevant lui, curé de Maizilly, commis à l'information. Ces formalités remplies et l'information ayant été favorable, le procès-verbal en fut envoyé à l'évêque de Mâcon qui, vu les procurations régulières des moines absents, et sur les conclusions favorables du promoteur, ordonna l'exécution du bref de Rome pour le monastère de Charlieu, et mit les prêtres et les clercs de ce monastère à l'état de prêtres et de clercs séculiers, aux conditions portées dans le bref et les lettres patentes. Cette ordonnance de l'évêque est du 2 avril 1790 (1).

Les deux moines résidant à cette époque au prieuré y conservèrent leur logement, comme ils en avaient la faculté.

Ainsi finit le monastère de Charlieu par les voies légales et pacifiques, au moment où tous les autres allaient être fermés par les violences de la révolution.

Cependant, le commissaire feudiste qui avait été chargé du renouvellement des terriers, comme je l'ai expliqué dans l'un des chapitres précédents, M. Andriot, n'avait pas été payé de son travail; et, pour obtenir ce qui lui était dû, il présentait pétition sur pétition aux différents pouvoirs qui se succédaient dans le monastère. Il faisait monter sa créance à 15,199 livres. Sur ces entrefaites, l'Assemblée nationale avait supprimé les communautés religieuses, et par l'article 2 de son décret du 27 mai 1790, elle avait ordonné que ceux qui se prétendaient créanciers de ces communautés présentassent aux assemblées administratives de leur département leurs titres, sur l'examen desquels il serait pourvu au paiement, s'il y avait lieu. Au mois de mars 1791, M. Andriot renouvelait pour la troisième fois sa requête aux administrateurs du district de Roanne, sans en avoir encore obtenu une décision. A cette époque, les terriers devaient être vendus

(1) Extrait d'une copie de toutes les pièces relatives à la sécularisation, provenant de l'un des moines sécularisés.

aux enchères, la vente en était annoncée par des affiches. Le réclamant insistait auprès du district, en s'appuyant sur cette circonstance, qui allait l'obliger de se dessaisir des terriers, seuls preuves et garants de sa créance, au profit de l'adjudicataire (1). Le district étant encore resté sourd à ses instances, M. Andriot se rendit adjudicataire des terriers avec quatre autres citoyens de Charlieu, moyennant 93,000 livres (2).

Il faut entendre ici par terriers, non pas le papier et parchemin des titres et registres, mais bien les droits qu'ils constataient; car d'une part, l'Assemblée nationale n'avait pas aboli tous les droits féodaux par son décret du 4 août 1789, mais elle les avait, pour la plupart, déclarés rachetables; et, de l'autre, il y a plusieurs exemples d'affranchissements consentis ensuite par les adjudicataires au profit des redevables. Enfin, il ne faut pas oublier que le prix de l'adjudication pouvait être payé en assignat.

Jusque là M. Andriot avait conservé l'usage de l'appartement qui lui avait été donné dans le prieuré, et qui était situé au-dessus du vestibule de l'église, en conformité des traités qu'il avait faits autrefois pour la rénovation des terriers. Les titres, papiers et registres, nécessaires à ses opérations, y avaient été déposés et s'y trouvaient encore; et, comme il était notaire, il y avait joint son protocole et ceux de ses prédécesseurs. Le dimanche 9 septembre 1792, il fut prévenu qu'on avait formé un complot pour brûler, dans l'après-midi, tous ces papiers. N'osant rester aux Archives, il vint à midi chez M. Samoël, l'un des

---

(1) Requêtes de M. Andriot.
(2) Quittance du douzième par le receveur du district de Roanne, du 1ᵉʳ avril 1791.

bénédictins qui avait conservé son logement au prieuré, pour y attendre les suites du complot. Des fenêtres il put voir des gens apostés aux issues et un attroupement se former; bientôt on vint lui dire que la municipalité le demandait, et il s'y rendit sur-le-champ. Il y trouva le maire, lisant à l'assemblée le décret nouvellement rendu pour la destruction des titres de noblesse. Ce magistrat dit à M. Andriot que plusieurs personnes étaient venues le prier de retirer des mains de celui-ci les terriers appartenant à la nation, et que s'il voulait les lui remettre, il lui en donnerait décharge; M. Andriot y consentit.

Mais, en ce moment, une troupe d'hommes, parmi lesquels quelques-uns armés, fit irruption dans la salle. L'un d'eux prenant la parole se plaignit insolemment que la maison commune ne fût pas ouverte à tout le monde, et il réclama la remise des terriers, de gré ou de force, pour les brûler; puis se tournant vers M. Andriot, il l'accabla d'injures. Le maire opposa en vain l'autorité de la loi à ce furieux, qui répondit qu'il se moquait des décrets; et se tournant vers ceux qui le suivaient : « N'est-ce pas que vous voulez avoir les terriers? » Tous s'écrièrent qu'ils le voulaient. Alors quatre de ces hommes, qui étaient armés, saisirent M. Andriot ; les uns l'entraînaient, pendant que les autres le poussaient, la bayonnette aux reins, du côté des Archives, en le menaçant de la mort, s'il ne les leur ouvrait sur-le-champ. Arrivés au pied de l'escalier, comme il voulut faire quelque observation, on le frappa, on se saisit des clefs, et la salle étant ouverte, un grand nombre de personnes qui attendaient y pénétra. On prit les titres et terriers qui étaient rangés dans une armoire, et les faisant passer de main en main, on les jeta par la fenêtre dans la cour au-devant de l'église. Il y en avait d'autres dans une salle contiguë, sur la porte de laquelle les administrateurs du district de Roanne avaient apposé les scellés. Cette porte était fermée à clef; elle fut brisée, et les papiers qui étaient dans cette pièce furent traités comme les autres. Enfin, M. Andriot fut encore emmené de force dans son domicile, en ville, pour livrer les papiers féodaux qui pouvaient s'y trouver. Ces papiers furent apportés dans la cour de l'abbaye, et réunis avec les autres en un monceau auquel on mit le feu, sur les quatre heures du soir, en présence d'une foule de personnes attirées par le bruit et la curiosité. Le feu dura jusqu'à minuit (1). Un très petit nombre de pièces échappa à la destruction, et ce n'étaient pas les plus précieuses.

Ainsi disparurent les derniers vestiges féodaux de l'abbaye; les bâtiments seuls restaient debout, mais le plus précieux, l'église, devait bientôt tomber à son tour sous les suites de la révolution.

(1) Requête de M. Andriot aux administrateurs du district de Roanne, du 10 septembre 1792.

CATALOGUE

Des Abbés et Prieurs de Charlieu.

NOTA. Les noms qui sont dans ce catalogue, de plus que dans la *Gallia christiana*, sont marqués d'un astérisque.

ABBÉS.

Gausmar, premier abbé, paraît au concile de Pont-sur-Yonne, en 876.

Ingelar, successeur du précédent, obtient du concile de Châlon des priviléges pour son monastère, en 887.

PRIEURS.

Robert fut prieur en 1034, environ (*Gallia christiana*). Il l'était encore en 1041, puisqu'il reçut, en cette année, la restitution des choses usurpées par le chevalier Girard, au préjudice du monastère, comme il a été dit dans l'histoire de l'abbaye.

Achard était prieur du temps de Pierre-le-Vénérable, abbé de Cluny (1re moitié du XIIe siècle).

Guillaume, aussi du temps de Pierre-le-Vénérable, mourut en 1145.

Artaud est nommé dans la charte de protection donnée au monastère par Philippe-Auguste, en 1180.

* Humbert comparait, en 1215, comme témoin dans un procès soutenu par le couvent de la Charité contre l'abbaye de Cluny. (Document extrait des manuscrits de l'abbaye restés à Cluny, par M. Chavot.)

* Girard est nommé dans les lettres données par Aymon, évêque de Mâcon, en faveur des Bénédictins de Charlieu, contre les prêtres de l'église Saint-Philibert de la même ville. (Mémoire des Bénédictins contre le curé Dupont, du XVIIe siècle.)

* Guichard et ses religieux abénévisent, en 1259, à *Hugues*, leur maison de Tigny, avec les terres et eaux en dépendant.

* Pierre de Rulet signe un traité avec le baron de Semur, au sujet de leurs limites de la justice de Saint-Nizier, en 1270. (Mémoire de titres par M. Andriot.)

Guillaume de Lespinasse consent, en 1395, une obligation de vingt livres tournois. Suivant la *Gallia christiana*, il était prieur en 1412 et 1420, mais alors il l'aurait donc été avant et après le suivant.

* Etienne Tachon soutient, en 1400, devant le bailli de Mâcon, un procès contre l'official de la même ville, pour trouble apporté dans sa justice de Charlieu. (Mémoire de titres par M. Andriot.)

Simon de Ronchivol obtint, en 1428, de l'abbé de Cluny, la réunion à la manse de Charlieu du prieuré de Saint-Nizier-Lestra. Il était encore en fonctions en 1473, comme on le voit par l'inventaire fait, cette année, des titres de l'hôpital.

* Geoffroy est accusé d'avoir fait enlever les titres et papiers de la châtellenie royale de Charlieu, en 1497, après la mort du fermier, et par lettres patentes, adressées au châtelain, Charles VIII ordonne de les lui faire restituer.

Jean de la Madelaine fut prieur en 1518 environ.

Claude de la Madelaine assista au concile de Lyon, en qualité de prieur de Charlieu, en 1527.

* René de Briague (sic), chevalier de France, prieur commendataire, donne procuration à Jean Dupont, en 1577, pour l'aliénation, en ce qui concerne Charlieu, du temporel ecclésiastique, autorisée par le Roi et le Pape, afin de couvrir la levée de deniers faite sur le clergé.

* Girard de Boyer soutient un procès contre François de Gayand, châtelain royal, pour sa justice de Charlieu, au présidial de Lyon, en 1578. (Mémoire de pièces par Andriot.)

* Messire Loys de la Chambre, abbé, cardinal de Vendosme, grand prieur d'Auvergne, consent, en 1582, à Charlieu même, un abénévis de glandée, dans les bois de Saint-Hilaire; il écrit, dans les premiers jours de 1583, une lettre à son procureur, à Charlieu.

* Claude de la Madelaine, évêque d'Autun, prieur de Charlieu, de 1624 à 1652, année de son décès.

Gabriel de Roquette, conseiller du Roi en ses conseils d'État et privé, vicaire général de Son Altesse monseigneur le prince de Conti, est installé, par procuration, comme prieur de Charlieu, le 26 août 1652, conserve ce titre jusqu'en 1697 qu'il l'échangea, étant évêque d'Autun, contre celui du Val-de-Saint-Benoit, du même Ordre, et situé dans son diocèse.

Bertrand de Senault, en 1697.

Dom de Kessel, docteur en théologie de la faculté de Paris, prêtre religieux profès de la réforme de Cluny, de 1714 à 1745.

Philibert Uchard, licencié de Sorbonne, de 1745 au 31 juillet 1781, époque de sa mort.

Dom François Potignon, prêtre religieux de l'étroite observance de Cluny, de 1782 à 1783.

Dom Albert Robat, religieux de la même observance, prit possession le 15 décembre 1783, et résigna au suivant, en 1788.

Messire François Berthon-Duprat, prêtre du diocèse de Paris, résigna en 1789, à

Joseph Maret de Siochan, qui prit possession le 19 décembre de la même année 1789.

Nota. Suivant une ancienne note sans date, mais que le nom d'un personnage connu, qui y est mentionné, fait reporter à 1213 ou environ, il faudrait placer, avant Humbert et après Artaud, trois prieurs non dénommés dans ce catalogue, dans l'ordre suivant : Jean de Cantarbent, Pierre Nigelle, Ar. Duillone. (Pièce manuscrite de la Bibl. Impériale.)

CHAPITRE IV.

Histoire de l'église et de la paroisse de Saint-Philibert.

§ I.

Paroisse.

Dès les commencements de l'abbaye, il y eut, suivant toute apparence, un ou plusieurs prêtres chargés de l'administration spirituelle des habitants de Charlieu. Le desservant unique, ou placé à la tête des autres, prenait le titre de *Præsul parochiæ* (1). Le service de la paroisse se faisait dans l'église même du prieuré, à l'autel de Sainte-Croix (2).

Au XIIIe siècle, le desservant de la paroisse prenait seulement la qualité de chapelain ; il n'était que le délégué des Bénédictins, à qui seuls appartenaient le titre et les fonctions curiales. C'est au commencement de ce siècle qu'a dû être bâti le corps principal de l'église de Saint-Philibert, c'est-à-dire les trois nefs et le chœur. En 1238, époque à laquelle on commençait probablement à en faire usage, les droits réciproques du monastère et du chapelain

---

(1) Bulle du pape Jean VIII, citée dans le mémoire de 1733 des Bénédictins contre le curé Dupont, mais d'une authenticité douteuse.
(2) Mémoire cité, p. 24.

furent réglés par une charte d'Aymon, évêque de Mâcon, dans le diocèse duquel était situé Charlieu. Ce règlement se fit du consentement de Hugues, abbé de Cluny (Hugues VI), de Girard, prieur de Charlieu, et de Pierre de Léonans, chapelain. Il y est dit que celui qui sera nommé chapelain de l'église Saint-Philibert, prêtera serment de fidélité à celle du monastère; qu'il n'établira ni ne laissera établir dans son église ou dans la ville, un collége de clercs, une congrégation, prébende, ou chanoinie. L'évêque promet lui-même de faire exécuter son ordonnance, sous peine d'excommunication pour quiconque y contreviendrait (1).

Ce règlement n'avait pas tout prévu, et la même année, il s'éleva des difficultés au sujet des oblations (dons faits à l'église par les fidèles). Il y eut transaction, suivant laquelle elles durent se partager, par moitié, entre les religieux et le chapelain, à l'exception de celles de la valeur d'un denier seulement qui furent abandonnées au chapelain. On lui accordait, de plus, une prébende monacale de 45 sols à perpétuité, et les Bénédictins eurent la faculté d'assister aux enterrements (2).

Le règlement de l'évêque de Mâcon proscrivait tout collége de prêtres. Il s'en forma un cependant, dont l'origine est inconnue, mais sans doute avec l'autorisation des Bénédictins, car ceux-ci conservèrent toujours leurs droits utiles et honorifiques sur l'église et la paroisse, et le titre de curés primitifs. Les prêtres associés de Saint-Philibert ne paraissent avoir eu en aucun temps de règle de vie particulière. Ils faisaient en commun le service de l'église et jouissaient aussi en commun de ses revenus. Eux-mêmes

(1) Même mémoire, p. 5.
(2) Même mémoire, p. 9.

recevaient ceux qui désiraient entrer dans la société. Ils n'admettaient aucun bénéficier, personne qui ne fût né dans la ville et baptisé dans l'église paroissiale. Ils agrégeaient à leur société, même des diacres ou des sous-diacres ; mais ceux-ci n'avaient part aux revenus que lorsque, devenus prêtres, ils pouvaient participer au service de la paroisse. Le service se faisait tour-à-tour par chacun pendant une semaine. Le nouvel élu faisait, au profit de la société, une fondation pieuse dans l'église même, de 3 livres de rente au moins dans les derniers siècles, pour messes, matines, vêpres, heures canoniales, bénédiction du Saint-Sacrement, à son choix, mais sans l'approbation de l'évêque. Il donnait anciennement un repas aux sociétaires, mais dans les derniers siècles, on l'avait converti en un présent au profit de l'église, comme missel et livre de chant (1). Le nombre des sociétaires était indéterminé, à ce qu'il semble. En 1520, il y en avait neuf, vingt en 1531, et neuf en 1692. Au XVIII° siècle, ils ne sont ordinairement que cinq, y compris le curé. Je crois qu'il n'y avait d'autre limite que la quantité des revenus.

En formant une société, les prêtres de Saint-Philibert n'en devenaient que plus hardis à contester les droits des Bénédictins sur leur église. Aussi s'éleva-t-il entre eux de fréquentes difficultés au sujet de ces droits. Il y en out, en 1402 et en 1446, qui se terminèrent par des transactions, dont on n'a plus aujourd'hui que la mention. En 1471, il y eut procès porté au parlement de Paris, dans lequel les habitants prirent fait et cause pour les prêtres de leur paroisse. Le parlement prononça contre ces derniers et décida notamment qu'aucun sociétaire ne serait reçu

(1) Pièces diverses et actes notariés relatifs à la société.

dans l'église Saint-Philibert, sans la permission du prieur de Charlieu, et sans avoir préalablement prêté entre ses mains serment de fidélité (1).

Au XVIe siècle, de nouvelles contestations donnèrent lieu à un autre traité. Ce traité, à la date de 1532, est très explicite : le chef des prêtres associés y est qualifié de vicaire perpétuel ; les sociétaires reconnaissent les religieux pour curés primitifs de leur église ; se déclarent astreints à assister à toutes les processions générales et votives du prieuré. Aucune procession ne peut être faite dans la paroisse, aucun prédicateur ne peut prêcher dans l'église Saint-Philibert, sans la permission des Bénédictins, à moins qu'il ne soit envoyé par l'évêque de Mâcon, et alors, il doit leur exhiber sa commission. Le vicaire perpétuel et ses associés sont chargés de l'administration des sacrements et du service divin, sans aucune des prérogatives curiales. Avant d'entrer en fonctions, ils doivent aller humblement en demander la permission au chapitre du monastère et recevoir, en signe de soumission, le surplis des mains du prieur ou de son délégué (2). Ce traité fut suivi d'une longue paix entre les parties contendantes ; elle dura jusqu'en 1661, où les anciennes querelles se renouvelèrent, au sujet de l'assistance des religieux aux enterrements, à ce qu'il paraît. On opposa aux prêtres sociétaires le traité dont je viens de parler, et ils furent obligés de le confirmer, avec promesse de n'y plus contrevenir.

Par suite de la division des droits honorifiques du prieuré entre les officiers claustraux, dont j'ai parlé en

---

(1) Mémoire manuscrit des Bénédictins contre le curé Dupont, p. 10.
(2) Arrêt du parlement de 1682, où cette transaction est relatée.

son lieu, ou pour d'autres causes que j'ignore, le célérier du monastère prétendait, en sa qualité, à un droit de patronage particulier sur l'église paroissiale. Il consistait en une redevance pécuniaire due par le curé, et dans le baise-main donné par celui-ci en signe de soumission, et en une autre redevance de 36 livres due par la société tout entière. En 1600 ou environ, le curé contesta sur la redevance, mais, par arrangement amiable, elle fut fixée à 6 livres (1).

Au XVIIe siècle, on trouve de nombreuses preuves que les droits du prieuré étaient exercés dans leur plénitude et suivant les termes des anciennes transactions. Ce sont des procès-verbaux authentiques de prise de surplis, au monastère, par les agrégés de Saint-Philibert. Ceux-ci se présentaient devant le couvent assemblé, exhibaient les lettres de l'évêque, attestant leur promotion aux ordres, et priaient le prieur, ou celui qui le remplaçait, de leur donner le surplis. Cette cérémonie avait lieu devant le grand autel, au son de la cloche. Celui qui avait reçu le surplis se mettait ensuite à genoux et prêtait serment, entre les mains du prieur et sur les saints Évangiles, de garder et conserver les droits du prieuré, dont il reconnaissait l'église comme l'église-mère, comme la paroisse de la paroisse. Ce n'étaient pas seulement les prêtres, membres effectifs de la société de Saint-Philibert, qui étaient assujétis à la prise de surplis et au serment de fidélité à l'église du prieuré, mais même les simples agrégés, comme les diacres, ou les employés subalternes, comme les enfants de chœur (2).

(1) Arrêt cité.
(2) Procès-verbaux du XVIIe siècle.

Les religieux du prieuré faisaient dresser des procès-verbaux authentiques, chaque fois que les sociétaires leur donnaient satisfaction sur leurs prérogatives, afin de les mieux assurer par ces preuves nombreuses et répétées. Ainsi, des actes notariés de 1670 et 1671, relatifs à leurs priviléges du dimanche des Rameaux, constatent qu'en ces années-là, la bénédiction des rameaux fut faite en l'église du monastère, par le prieur claustral, que la procession, dirigée par lui, s'était ensuite rendue en l'église Saint-Philibert; que lui et les autres religieux y occupèrent les places les plus honorables. Après les chants propres à la solennité, ils découvrirent la croix qu'ils avaient apportée voilée, l'adorèrent, et la firent adorer au peuple. La procession reprit alors le chemin de l'église du prieuré, dans le même ordre qu'elle était venue, mais, cette fois, avec le curé de la paroisse, qui marchait entre eux et leur croix, jusqu'à la petite porte de l'église du prieuré, près du chapitre. Là le curé, ayant l'étole au cou, se mit à genoux devant le prieur et lui demanda sa bénédiction, qui lui fut accordée; puis s'étant levé, il chanta devant toute la procession, arrêtée dans le cloître, et à la même place, l'évangile propre du jour : *Quum appropinquasset Jesus Hyerosolimis*. Ces procès-verbaux sont signés de témoins nombreux, entre lesquels des personnes les plus considérables de la ville.

Cependant, le curé Champfray et ses collègues, dont plusieurs avaient sans doute, comme lui, signé la transaction de 1661, où ils reconnaissaient si positivement les droits prétendus par les moines, et après l'avoir corroborée à plusieurs reprises, en satisfaisant sans protestation aux exigences de leurs adversaires, changèrent tout d'un coup de conduite. En 1680, ils empêchèrent le prédicateur de carême d'aller donner au prieuré un sermon pour la fête de saint Benoît, pour le jour des Rameaux et pour la Passion, suivant l'usage. Ils refusèrent d'assister à la procession des Rameaux, à celle du Mercredi saint et de saint Fortuné, patron du prieuré. Ils firent celles de saint Marc, des Rogations et de l'Ascension, sans y appeler les religieux ; de plus, ils s'opposèrent à ce que ceux-ci fissent la levée du corps d'une dame aux funérailles de laquelle ils voulaient assister. Ces contraventions furent constatées par des procès-verbaux.

Le célérier du monastère prétendait, comme je l'ai dit précédemment, à des droits particuliers de patronage sur l'église de Saint-Philibert. Il s'arrogeait, comme une suite de ce droit, le titre de chef et patron des prêtres sociétaires, et une place particulière entre ceux-ci. La place lui fut refusée, et un procès lui fut intenté pardevant l'official de Mâcon, et à la requête de l'archiprêtre de l'évêché, dans le but de lui faire ôter la qualité qu'il prenait. Cette entreprise contre les prérogatives du célérier, précéda quelque peu et ouvrit, je crois, les hostilités générales des sociétaires contre les moines. Ceux-ci intentèrent à leurs adversaires un procès au grand-conseil, où étaient portées toutes les causes intéressant l'Ordre de Cluny, depuis l'évocation générale qui en avait été faite par l'arrêt du conseil d'Etat du 12 octobre 1674. Le grand-conseil était un tribunal d'exception, mais supérieur, qui ne jugeait que les procès qui lui étaient spécialement déférés par les lois, ou qui lui étaient renvoyés par ordre du Roi, ordinairement sur la demande de quelque plaideur en crédit, qui sollicitait cette faveur. En même temps, les religieux se rendirent et furent reçus appelants comme d'abus de la procédure commencée contre eux à l'officialité de Mâcon. Dans leurs conclusions, je remarque, pour l'explication de ce que j'ai dit de leurs droits sur les prêtres de Saint-Philibert, qu'ils demandent que ceux-ci viennent humblement et en corps au prieuré, avec la croix, prendre les religieux et les accompagner à la procession ; puis qu'ils les reconduisent chez eux dans le même ordre, le jour des Rameaux, le mercredi de la Semaine sainte, le lendemain de la fête de Pâques, le jour de saint Marc, aux Rogations, le jour de l'Ascension, à la fête du Saint-Sacrement, de l'Assomption, aux fêtes de saint Fortuné, patron de l'église du prieuré, de saint Sébastien, de saint Roch, de saint Donnat et de sainte Anne. Ils demandent encore que, le jour de la Fête-Dieu, les sociétaires apportent le Saint-Sacrement en l'église du prieuré, et qu'il soit remis entre les mains du religieux chargé de faire la procession, de l'accompagner aux stations avec les cordeliers, capucins, pénitents blancs et autres confréries, et qu'après la messe dite en l'église Saint-Philibert par l'un des moines, les sociétaires reviennent au prieuré, dans le même ordre et avec le même cérémonial, recevoir le Saint-Sacrement des mains du religieux officiant pour le rapporter ensuite à la paroisse; que toute procession hors de leur église soit interdite aux sociétaires, à l'exception de celles déterminées par la transaction de 1661 ; qu'il leur soit défendu de faire prêcher à Saint-Philibert, les jours fixés pour le sermon au prieuré, et de s'opposer à ce que les moines fissent la levée du corps aux cérémonies funèbres, lorsqu'ils y assisteraient. Les conclusions des Bénédictins comprenaient, en outre, tous les droits honorifiques dont j'ai parlé précédemment, et aussi ceux particuliers au célérier, pour lequel ils réclamaient, ainsi que pour eux tous, les places les plus honorables dans l'église paroissiale (1).

Dans ce procès intervinrent, d'une part, l'Ordre de Cluny, en la personne de son procureur-général, prenant fait et cause pour le prieuré, et, de l'autre, l'évêque de Mâcon, Michel Cassagnet de Tilladet. Ce prélat concluait, particulièrement, à ce que les religieux ne pussent faire, hors de leur cloître, aucune procession sans sa permission ; à ce que défense leur fût faite de s'immiscer dans la réception du prédicateur de la paroisse, ni dans aucun des droits appartenant à l'évêque, comme celui de donner le surplis aux habitués de l'église paroissiale, d'établir dans leur église aucune confrérie sans son approbation, de prendre aucune supériorité sur celles établies et notamment sur celle des Pénitents blancs ; enfin de s'ingérer en aucune manière dans l'administration de l'Hôtel-Dieu (2).

Le grand-conseil condamna les prêtres sociétaires sur tous les points ; accorda aux Bénédictins toutes leurs conclusions, et fit même défense au chef des prêtres de Saint-Philibert de prendre la qualité de curé, mais seulement celle de vicaire perpétuel. Quant aux conclusions particulières de l'évêque de Mâcon, il remit à y faire droit après plus ample informé. L'arrêt, qui est de 1682, maintint le célérier dans son titre de chef des sociétaires, mais il n'y est pas question de ses autres droits utiles et honorifiques dont j'ai parlé ci-devant, entre lesquels le baise-main, qui était peut-être tombé en désuétude.

Au curé Champfray succéda M. Dupont, qui suivit d'abord l'usage établi par les traités et les arrêts ; mais,

(1) Arrêt imprimé de 1682, p. 3 et 4.
(2) Même arrêt, p. 5 et 6.

changeant tout d'un coup d'avis, il fit signifier aux cordeliers, aux capucins et aux pénitents qui assistaient à toutes les processions solennelles, qu'ils eussent à le venir prendre dans l'église paroissiale pour les faire avec lui, et à le reconduire ensuite, avec les honneurs accordés jusque là aux Bénédictins. Aucune de ces communautés ne déféra à la sommation qui leur fut faite pour la procession du Saint-Sacrement ; en 1732, elles se réunirent au prieuré. M. Dupont eut la hardiesse de faire une procession en particulier et où il y eut peu de monde, assisté de deux prêtres sociétaires seulement, parce que le troisième, qui ne partageait pas sans doute ses sentiments, s'était joint à celle du prieuré. De plus, pour empêcher que le prieur ne dît la messe à l'issue de la procession, suivant l'usage, en l'église de Saint-Philibert, qui servait de dernier reposoir, il ne manqua pas d'en dire une lui-même et de se trouver à l'autel à l'heure où la procession du prieuré se présenterait dans son église ; en sorte que cette procession, pour éviter le scandale, fut obligée de s'en retourner au prieuré, où fut dite la grand'messe qui la terminait ordinairement. Comme les intentions de M. Dupont avaient été connues d'avance, les religieux lui avaient dépêché l'aumônier de leur communauté, pour l'inviter, en présence de témoins, à assister à leur procession, et lui offrir, pour éviter tout scandale, d'officier lui-même à la procession, sauf à dresser procès-verbal, où les parties feraient réciproquement réserve de leurs droits. Le curé se refusa à cette mesure. Il avait d'autant plus tort, qu'une déclaration du Roi toute récente (15 janvier 1731), portant règlement entre les curés primitifs et les vicaires perpétuels, contenait cette disposition expresse, article 6 : « N'entendons donner atteinte aux usages des villes et

» autres lieux, où le clergé et le peuple ont accoutumé
» de s'assembler dans les églises des abbayes, prieurés,...
» pour les processions du Saint-Sacrement..... »

Il y eut procès au conseil, qui condamna le curé. Celui-ci, qui était tenace, appela de l'arrêt du grand-conseil au conseil du Roi pour le faire casser. Le conseil du Roi le cassa en effet, et ordonna qu'on plaiderait de nouveau devant lui. Pour soutenir ce procès long et dispendieux, les Bénédictins furent obligés d'emprunter.

En 1733, et pendant que le procès était encore pendant, le curé Dupont et ses collègues firent encore leur procession particulière, pour laquelle *ils revêtirent de chapes des artisans, gens mariés et des filles en vierges* (1), tandis que les religieux faisaient la leur, où assistaient les officiers de justice, les cordeliers, les capucins, les pénitents et *le corps des garçons de la ville sous les armes* (2).

On ne sait comment se termina ce procès; il est fort à croire que ce ne fut point à l'avantage du curé. Quoi qu'il en soit, celui-ci, étant sur le point de mourir, donna, en 1747, sa démission entre les mains de Dom Uchard, prieur, en cette qualité patron et collateur de la cure, qui nomma à sa place M. Duvernay, dernier curé de Charlieu avant la révolution.

On ne sait quels étaient les revenus de la société des prêtres de Saint-Philibert. Ces revenus consistaient principalement en rentes, provenant de fondations pieuses de toute espèce faites dans leur église, comme messes pour les morts, ou en l'honneur des saints, bénédictions du Saint-Sacrement, vêpres et offices divers. La société a eu

(1) Procès-verbal dressé contre lui.
(2) Même procès.

aussi des biens-fonds, et notamment un domaine à Coutouvres, au lieu de Tesche, qu'elle acheta vers 1730 environ, et qu'elle donna à bail perpétuel, en 1736, moyennant 50 livres par an.

Charlieu dépendait, pour le spirituel, du diocèse de Mâcon (1). Depuis 1700 ou environ, il était devenu le chef-lieu d'un archiprêtré, circonscription ecclésiastique en usage avant la révolution de 89. Les fonctions de l'archiprêtre n'étaient pas bien déterminées. Il était, dans son territoire, le correspondant de l'évêque qui l'avait honoré de ce titre, et on le chargeait, de préférence à tout autre, des ordres à transmettre, des commissions à remplir de la part de l'autorité diocésaine.

L'archiprêtre de Charlieu n'était pas toujours, et pas même ordinairement, le curé de la ville, comme on pourrait l'imaginer. Le choix était fait par l'évêque, entre les curés des paroisses composant l'archiprêtré. Le titre a été porté par des curés de Coublanc et de Maizilly.

Avant que Charlieu fût devenu archiprêtré sur la fin du règne de Louis XIV (2), il faisait partie de celui de Beaujeu qui était fort ancien. L'archiprêtré de Charlieu comprenait trente-cinq cures et une annexe, partie dans la généralité de Lyon, partie dans celle de Bourgogne. Les cures situées dans la généralité de Lyon, au nombre de dix-neuf, sont : Saint-Bonnet-de-Cray, Boyer, Chandon, Charlieu, Saint-Denis-de-Cabannes, Saint-Hilaire, Jarnosse, Iguerande, Jonzy, Saint-Julien-de-Cray, Maizilly, Mailly, Mars, Nandax, Saint-Nizier-sous-Charlieu, Saint-Pierre-la-Noaille, Pouilly, Villers et Vougy (3).

(1) *Gallia christiana*, t. 4, col. 1111.
(2) *Topographie ecclésiastique de la France*, par M. J. Desnoyers.
(3) *Almanach du Lyonnais*, de 1759.

§ II.

Eglise.

Aucun document ne nous fait connaître l'époque de la construction de l'église, et, à cet égard, on est obligé de s'en référer aux règles tracées par l'archéologie sur les différents styles d'architecture et le temps où ils ont été en vigueur. D'après ces règles, la majeure partie de l'église, c'est-à-dire la grande nef, les bas côtés et le chœur sont du XIIIe siècle. Les chapelles latérales, à gauche, sont de la fin du XVe, et celles à droite, avec la chapelle dédiée à saint Crépin, de la première moitié du XVIe.

Le clocher ne fut jamais achevé (1) et ne l'était pas encore au moment de la révolution. Avant les guerres de la France avec les Anglais, il s'y trouvait une cloche de dimension extraordinaire, qui fut enlevée par ces insulaires et qu'ils vendirent ou laissèrent à la cathédrale d'Orléans (2), probablement lorsque Jeanne d'Arc les força de lever le siége de cette ville, en 1429.

La chapelle de sainte Catherine fut fondée sous ce vocable, au XVIe siècle, par Catherine Jolly, dame de Gastellier. Il y avait un caveau pour recevoir les corps des membres défunts de cette famille. (Traité de 1617, au sujet de cette chapelle.)

La chapelle, aujourd'hui dédiée à saint Roch, l'était déjà en 1531. Elle paraît avoir été fondée par Jacques de

---

(1) *Almanach du Lyonnais*, de 1754.
(2) Id. id.

Reu, bourgeois de Charlieu. Il y a lieu de croire que c'est la famille de la Ronzière qui a fondé celle sous le vocable, aujourd'hui, de saint Joseph, et originairement de saint Claude. Cette famille y possédait une prébende, dont je parlerai ci-après, et ses armes se voient, je crois, dans la clef de la voûte. On ignore par qui furent fondées les autres chapelles.

Outre ces chapelles, il y avait en plusieurs endroits de l'église, adossés aux murs et aux piliers, des autels dédiés à divers saints, et dont on avait permis l'érection, sans doute pour satisfaire la piété des fidèles qui n'avaient pas d'autres places, ou qui n'étaient pas assez riches pour faire mieux. Jean Seurre, marchand et bourgeois de Charlieu, fit faire, en 1528, dans l'église Saint-Philibert, un autel en l'honneur de sainte Geneviève, et il fonda deux messes à diacre et sous-diacre à dire à cet autel, le lundi et le samedi de chaque semaine. En 1531, Berthet, apothicaire de Charlieu, fonda en *l'honneur de monseigneur Saint-Pierre, une grand'messe en l'aultier dudit Berthet, fondateur, et naguère, de sa part, fait et érigé en l'une des piles d'icelle église, en l'honneur et sous le vocable dudit saint Pierre, et sur lequel est l'image d'icelui saint.*

L'église de Saint-Philibert subit quelque dévastation à la fin du XVIe siècle, attribuée, à ce qu'il semble, aux Huguenots, mal à propos, je crois, car il ne paraît pas qu'ils soient jamais entrés à Charlieu. Les vrais coupables durent être les ligueurs qui s'emparèrent de la ville en 1590, et pillèrent les maisons de plusieurs habitants royalistes (1). Les dégats avaient atteint surtout

(1) Procès-verbal concernant le pillage de la maison de M. Dupont, en 1590.

les autels secondaires dont je viens de parler (1), et la vengeance des ligueurs peut avoir poursuivi les royalistes jusque dans ces autels, qui étaient ordinairement érigés par des particuliers. Les stalles, ornées de peintures, qui garnissent aujourd'hui le chœur, devaient déjà y être depuis longtemps à cette époque, et elles furent respectées, ainsi que les vitraux; les Huguenots ne les auraient pas laissées intactes.

En 1656, noble Gaspard Dupont, seigneur du Liesme, conseiller du Roi, lieutenant en l'élection de Roanne, fit faire le rétable du grand autel qui y est encore aujourd'hui. Un maître menuisier de Charlieu, nommé Jean Alagrolette, dit *Bérichon*, se chargea de l'exécution du travail, *spécifié au dessin tiré et crayonné sur un carton signé des parties*, moyennant deux cents livres et une maison au quartier de la Grenette. Il eut deux ans pour le faire.

Le chœur de l'église était fermé par un jubé qui a été démoli dans les premières années de ce siècle.

Il y avait dans la chapelle, aujourd'hui sous le vocable de saint Joseph, et primitivement de saint Claude, une prébende à la nomination de M. de la Ronzière, dont la famille l'avait probablement fondée, comme je l'ai déjà dit. On entendait par prébende le revenu attaché à une chapelle pour en faire le service, suivant le vœu des fondateurs, qui se réservaient ordinairement la collation, c'est-à-dire le droit de présenter à l'évêque un sujet pour remplir la prébende. On ne sait en quoi consistait le service de la prébende de Saint-Claude, ni quel en était le

dressé en 1618 pour constater qu'il ne pouvait produire un titre qu'on lui demandait

(1) Acte de fondation de 1608.

revenu ; mais seulement qu'une maison située dans la rue, au midi de l'église, était affectée à cet office.

D'autres chapelles, non prébendées, étaient la propriété particulière de certaines familles. Telle était celle de saint Roch qui, fondée comme je l'ai dit ci-devant, par de Reu, bourgeois de Charlieu, au XVIe siècle, avait passé, je ne sais comment, à la famille Dupont au commencement du XVIe. Il semble que ces chapelles, parties intégrantes de l'église, en fussent aussi indépendantes que si elles en avaient été détachées, puisqu'en 1677, Gaspard Dupont, seigneur de Dinnechin, y fonda, *au profit des Cordeliers*, trois messes basses à dire chaque semaine, l'une le lundi, en l'honneur de saint Roch, l'autre le jeudi, pour les trépassés, et la troisième le samedi, en l'honneur de la sainte Vierge. L'entretien de ces chapelles était à la charge des propriétaires, d'autant plus que ceux-ci s'en réservaient la possession exclusive. En 1788, Messire Louis Dupont, seigneur de Dinnechin, Briaille, Egrivay et autres lieux, ancien officier d'infanterie au régiment de Boulonnois, gouverneur de Sa Majesté pour la ville de Charlieu, donna à François Dannière, maître serrurier de Charlieu, 245 livres pour prix et façon d'un grillage en fer, avec *portes et serrures pour clore et fermer* sa chapelle de saint Roch (1).

En 1605, noble François Farge, sieur de Gastellié, donna à Jean Gambin, prêtre, curé de Charlieu, sa chapelle de sainte Catherine avec tous les droits en dépendant ; et en 1626, Matthieu Gambin, bourgeois de Charlieu, neveu et héritier de Jean, donne permission à un habitant de la ville, de ses amis, de mettre *un banc au-devant de ladite chapelle.*

(1) Quittance donnée par l'ouvrier.

Ces chapelles étaient donc comme de petites églises dans la grande.

§ III.

Fabrique.

Quoique les rois eussent prescrit, dès le XVI⁕ siècle, la nomination de marguilliers pour prendre soin des intérêts temporels des églises paroissiales, il n'y en avait point encore à Charlieu au commencement de 1658. Le 10 mars de cette année, qui était un dimanche, Gabriel de Roquette, prieur et seigneur de la ville, rendit une ordonnance publiée par le curé au prône de la paroisse, aux termes de laquelle « les habitants durent s'assembler,
» le même jour, à l'issue des vêpres, au signal qui serait
» donné par le son de la grande cloche, en la salle basse
» de son château à Charlieu, pour élire, pardevant ses
» officiers, un nombre de marguilliers suffisant et selon
» la portée de la ville. »

L'assemblée fut présidée par le lieutenant du juge seigneurial, assisté du procureur fiscal, qui exposa que l'église était, *depuis longues années, en très mauvais ordre, pour être destituée de marguilliers*, et que c'était sur les plaintes qui lui en avaient été portées, que le prieur avait ordonné la convocation des habitants, pour procéder à l'élection de trois personnes capables, qui resteraient en charge pendant trois ans. Il y eut à cette réunion cinquante-trois citoyens de la ville, outre les officiers de justice, M. de Roquette et les autres religieux qui y assistaient. L'assemblée remit au prieur l'honneur de cette première nomination. Son choix tomba sur M. de la Porte, chevalier, seigneur de la Place, noble Gaspard Dupont, sieur du Liesme, lieutenant-général en l'élection de Roanne, et Louis de la Rivoire, docteur en médecine. Procès-verbal en fut dressé par le greffier de la justice, et signé de toutes les personnes présentes.

Quoique les marguilliers nommés ne l'eussent été que pour trois ans, ils ne furent remplacés que dix ans après, lorsque la mort en eut laissé un seul survivant. L'élection eut lieu avec les mêmes formalités que la première fois, et aussi en la salle du château du prieuré. Seulement on réduisit le nombre des marguilliers à deux. M. Dupont, qui seul avait survécu à ses collègues, fut continué dans ses fonctions, et on lui adjoignit M. Hedelin, médecin, toujours pour trois ans.

Il ne reste pas de traces des nominations qui furent faites postérieurement. Les marguilliers furent sans doute élus par les habitants, à la majorité des voix, comme par le passé, le plus souvent sous l'influence des moines. Ceux-ci prétendaient dominer sur les marguilliers, non moins que sur le curé; et, soit qu'ils en eussent ou non le droit, ils assistaient au compte-rendu de leur gestion. En 1683, au moment où ils forçaient le curé de la paroisse à reconnaître leurs prérogatives sur son église, par arrêt du grand-conseil, ils obligèrent aussi à plier sous leur autorité un fabricien qui leur avait contesté leur préséance à l'église, le 20 janvier, jour de la Saint-Sébastien.

On ne sait pas quels étaient les revenus de la fabrique. Au XVIIe siècle, elle en tirait quelque peu des concessions de tombeau dans l'église, dont je parlerai au chapitre des usages religieux.

§ IV.

Confréries.

Il y avait à Charlieu plusieurs confréries de métier. La plus ancienne dont on trouve mention aujourd'hui, est celle de Saint-Cosme et Saint-Damien, composée principalement des barbiers de la ville, à ce qu'il semble. Elle existait avant 1526, année où quelques confrères fondent en l'honneur des patrons, le jour de leur fête, les heures canoniales, c'est-à-dire, les matines, prime, tierce, sexte et none, et assurent, pour cela, aux desservants de la paroisse, 20 sols tournois de rente annuelle.

Il y avait encore la confrérie de Saint-Eloi, pour laquelle on trouve plusieurs fondations en 1527. L'une d'elles est faite par les confrères, au nombre de 25; elle comprend les heures canoniales du jour de la fête, avec grand'messe à diacre et sous-diacre. En 1703, Claude Vedeau, avocat en parlement, domicilié à Charlieu, fit pour cette confrérie une fondation de cinq livres de rente, dont les charges consistaient en une messe à diacre et sous-diacre, et les vêpres des morts à chaque fête de la Conception de Notre-Dame.

La *confrérie de Notre-Dame-de-Septembre, érigée en une chapelle de l'église de Saint-Philibert*, se trouve mentionnée, pour la première fois, dans un acte de 1656, par lequel une dame Barnaud donne 30 livres à la confrérie, pour *l'entretien de la lampe, qui est au-devant de l'effigie de la Vierge Marie, qui est exposée en ladite chapelle*. En 1696, Etienne Perraud, marchand tanneur de Charlieu, constitue une rente perpétuelle de cinquante sols à *messieurs les Bâtonniers* de la confrérie, représentée par M. Dutreyve, marchand de Charlieu, son receveur. Il y a encore d'autres fondations au profit de la même confrérie.

Entre les confréries purement de piété, il y en avait une dont on est surpris de ne retrouver de traces ni dans le siècle dernier, ni dans celui-ci ; c'est celle de l'Immaculée-Conception, à laquelle le pape Innocent X accorda des indulgences plénières par une bulle du 20 octobre 1681 (1). Cette confrérie aurait dû se soutenir et prospérer dans une église où la chapelle de la Vierge (la même que celle de la confrérie de Notre-Dame-de-Septembre) « était en » telle vénération parmi les fidèles, qu'ils venaient de tous » les pays y rendre des vœux, et que sa statue miraculeuse » se portait processionnellement dans les temps de cala- » mité (2). »

La plus remarquable des confréries était celle des Pénitents ; elle était nombreuse, comptait dans ses rangs des personnes marquantes de la ville, et tenait dans toutes les cérémonies, où les corporations religieuses étaient convoquées, le premier rang après les Cordeliers et les Capucins. On ne sait à quelle époque elle fut établie. Ce fut probablement, comme la plupart des sociétés de ce genre, au commencement du XVIIe siècle. Peut-être fut-elle créée à l'instigation des capucins, comme celle de Villefranche, qu'on établit sur leur proposition, en 1621 (3). Mais le temps précis où des religieux de cet Ordre se fixèrent à

---

(1) Arrêt du grand-conseil entre les Bénédictins et les prêtres de Saint-Philibert, en 1682.

(2) *Almanach du Lyonnais*, de 1754.

(3) *Histoire du Beaujolais*, par M. de la Roche-la-Carelle, t. 2, p. 248-9.

Charlieu n'est pas connu non plus. Quoi qu'il en soit, un inventaire des meubles de la chapelle des pénitents, fait en 1648, par le recteur et les conseillers, nous la montre bien pourvue à cette époque de tout ce qui était nécessaire au service religieux de la société; mais il ne donne aucun autre renseignement et ne fait pas même connaître la situation de la chapelle.

Il y avait, en l'église de Saint-Laurent-lès-Grenoble, une confrérie de pénitents fondée en 1631. Elle se fit agréger, en 1679, à l'archiconfrérie du Sacré-Corps de Jésus-Christ, établie à Rome dans l'église de la bienheureuse Marie-sur-Minerve, et devint ainsi participante à ses priviléges et indulgences.

Entre les priviléges qu'elle reçut, était celui de pouvoir s'associer, avec le consentement de l'ordinaire, *dans chaque ville ou lieu, une seule congrégation déjà instituée par l'autorité du Saint-Siége ou de l'ordinaire.* En vertu de ce privilége, et sur sa demande sans doute, la confrérie des Pénitents de Charlieu fut affiliée à celle de Grenoble. On ne sait en quelle année, ni comment cela se fit, mais ce fut nécessairement après 1679, date de l'association de la congrégation de Grenoble à celle de Sainte-Marie-sur-Minerve; et quant au fait de l'affiliation, il me paraît démontré, parce que les anciens livres des pénitents de Charlieu sont tous de ceux imprimés à Grenoble, pour l'usage des confrères de cette ville. La dernière édition de ce livre est de 1735, je crois, et elle porte le titre de *Bréviaire à l'usage de la confrérie des Pénitents blancs de Saint-Laurent-lès-Grenoble, érigée sous le vocable du très auguste et très saint Sacrement de l'hôtel* (sic), *et autres confréries de la province du Dauphiné...* A Grenoble, *chez André Faure, imprimeur ordinaire du Roi.*

Les statuts sont imprimés dans les premières pages de ce bréviaire ; ils font voir que la société était régie par un recteur, un vice-recteur et six conseillers ; qu'elle avait des maîtres des cérémonies, des infirmiers, un secrétaire et un trésorier. Les nouveaux membres étaient reçus par le conseil, à la majorité des voix. L'habit de confrère consistait en un sac de toile blanche commune, sans ornements, avec un capuchon de même toile, une ceinture, un chapelet blanc et un écusson sur le bras gauche. Les infirmiers étaient tenus, non-seulement de visiter les malades, mais de veiller sur la conduite des confrères et de la dénoncer si elle était mauvaise.

Au commencement du XVIIIe siècle, la chapelle de la confrérie était dans la grande rue, près de l'emplacement de la halle actuelle. Je ne sais si les pénitents la possédaient avant 1703, mais ils y firent, du moins, cette année-là, des réparations considérables qui durent la rendre comme neuve, si elle ne l'était pas. Un inventaire de cette même année, fait en vue de la visite prochaine de l'évêque de Mâcon, indique un mobilier considérable et en bon état. Il y est dit que la société est sous le patronage de saint Louis ; il fait connaître qu'il y avait des femmes affiliées en grand nombre, puisqu'elles occupaient dix bancs dans le chœur à leur usage particulier. Les hommes avaient aussi le leur, avec leur vestiaire ou sacristie attenant à la chapelle.

Le service religieux était fait, au XVIIIe siècle, par les capucins, auxquels on donnait le titre de chapelains de la confrérie. On leur adjoignait quelquefois, avec le même titre, un des prêtres sociétaires de l'église paroissiale. Ils recevaient un traitement annuel déterminé pour le service de la confrérie et l'acquit des fondations, et dix sols en sus pour les messes qui n'étaient pas de fondation (1).

On ignore si la société avait des revenus autres que ceux provenant de la cotisation de ses membres. Elle avait eu quelque propriété, puisque, en 1691, elle devait au prieur de Charlieu plusieurs années de servis, qu'il lui abandonna moyennant une messe annuelle dans la chapelle, à dire pour lui pendant sa vie et après son trépas.

Le trésorier de la société ne payait que sur mandat délivré par le recteur et un ou deux des conseillers. Parmi ces mandats, il en est quelques-uns de curieux. L'un, de 1705, ordonne le paiement de 30 sols au sieur Boisselet, *pour avoir joué du violon, pendant les vêpres du dimanche de Lætare, dans la chapelle, et pendant la procession dudit jour.*

Un autre, de la même année, porte 15 sols au *marillier*, pour avoir *sonné et carillonné pendant la procession*, le dimanche de l'octave du Saint-Sacrement. Ce sonneur était sans doute celui de l'église Saint-Philibert.

Un troisième mandat, de 1704, prescrit le paiement au boucher d'une longe de veau qu'il a fournie aux révérends Pères Capucins qui ont prêché en l'église des Pénitents le Jeudi saint.

Enfin on trouve, à la date de 1722, un mandat de 20 sols *au marillier qui a sonné la procession, le sermon et le carillon.*

En tous les temps la confrérie compta dans ses rangs et parmi ses directeurs les citoyens les plus distingués de la ville. Ainsi, en 1648, M. de Marcengy en était recteur, et M. Tallebard, un des plus riches bourgeois de Charlieu,

---

(1) Quittances diverses données à la société par les prêtres desservants pendant le XVIIIe siècle.

conseiller. En 1691, c'est M. Tallebard qui est recteur ; M. Deshayes, notaire, est du nombre des conseillers. En 1703, le rectorat est occupé par M. Perraud, docteur en médecine. Parmi les conseillers, on compte le procureur fiscal, et le greffier de la châtellenie. Les fonctions de maître de chœur sont remplies par un avocat en parlement.

En 1759, la congrégation était composée de 80 confrères et de 40 sœurs (1).

§ V.

Cimetière.

Avant le XVIIe siècle, on enterrait les morts dans le cimetière situé par côté de l'église, au nord, à la place de la rue actuelle et peut-être des maisons. (Donation de la chapelle Sainte-Catherine par Farge à Gambin, en 1605.) On les enterrait aussi sur la place, au-devant de la façade, comme l'attestent les nombreux ossements découverts par les fouilles faites, depuis quelques années, pour niveler le sol. On les inhumait également dans l'église même de la paroisse et dans celles des Bénédictins, des Cordeliers, des Capucins, suivant que les défunts avaient élu leur sépulture dans l'une ou dans l'autre, et pourvu que la redevance fixée en pareil cas fût acquittée sur leurs biens ou par leurs familles. Dans tous les temps antérieurs à la révolution de 89, le désir des chrétiens fut constamment de reposer, après leur mort, dans les murs, ou au moins près de l'église où ils venaient prier pendant leur vie. Aussi le sol intérieur de l'édifice paroissial de Charlieu

---

(1) *Almanach du Lyonnais*, de 1759.

n'était-il qu'un cimetière dans toute son étendue ; car, outre les caveaux particuliers de quelques familles dans les chapelles, outre ceux qui paraissent avoir été réservés aux prêtres dans le chœur, et d'autres qui étaient communs, on y creusait encore, comme dans un champ mortuaire, des fosses pour recevoir les corps de ceux qui s'y étaient assuré une place, moyennant rétribution. Le droit de tombeau n'était pas personnel, il passait aux héritiers de celui qui l'avait acquis ; il se donnait et se vendait. Très souvent l'emplacement de ce tombeau était recouvert par le banc, également commun à la famille, pour l'assistance aux offices. On occupait vivant, à l'église, la même place qu'on devait y tenir après sa mort ; on priait pour soi ou pour ses ancêtres sur leur cendre même. Au XVII° siècle, les sépultures de ce genre étaient si rapprochées, le terrain si bien occupé dans l'église Saint-Philibert, que dans les actes contenant concession, donation ou cession de droit de tombeau, on était obligé de les limiter les uns par les autres, comme un fonds de terre (1), quoiqu'ils n'eussent pas plus de six pieds sur deux. A la fin du XVII° siècle, il y eut un tel empressement à obtenir un banc et un tombeau dans l'église paroissiale, que le juge fut obligé de rendre, à plusieurs reprises, des ordonnances de police pour défendre l'envahissement ; et plusieurs habitants furent condamnés à l'amende pour contravention (2). A cette époque, la redevance pour ces sortes de sépultures était de dix sols par an. Comme la place n'était pas assez grande pour tenir deux corps à la fois, on devait être embarrassé lorsque deux membres de la même fa-

---

(1) Actes divers dont je citerai des passages aux usages religieux.
(2) Pièces citées dans un *récépissé* de pièces donné aux héritiers d'un fabricien.

mille mouraient à des époques rapprochées. Les possesseurs du tombeau étaient obligés *de l'entretenir pavé* (1). Dans un autre acte de concession de 1722, les fabriciens se réservent la liberté *de faire faire des voûtes dans ladite église, pour servir de tombeau et sépulture ; auquel cas* le concessionnaire et les siens auront également *la liberté* de s'y faire *enterrer* pour la *susdite somme de sept sols de pension annuelle*. Il y a, en effet, dans les nefs de l'église, plusieurs caveaux faits avant ou depuis cette réserve ; et on voit, par ce passage, que les corps n'y étaient reçus que moyennant redevance égale à celle des droits de fosse particulière.

Ceux à qui appartenaient les chapelles, y avaient ordinairement leur tombeau. Les possesseurs de la chapelle Sainte-Catherine y avaient le leur ; la famille Dupont avait le sien dans la chapelle de saint Roch, et la famille la Ronzière aussi le sien, probablement dans la chapelle de saint Claude, dont la prébende était à sa nomination, comme je l'ai dit ci-devant.

En 1676, dans une assemblée où furent réunis les prêtres sociétaires, les marguilliers, les consuls et les habitants, on résolut d'établir un cimetière hors de la ville. Comme le procès-verbal de l'assemblée n'est pas venu jusqu'à nous, on ne peut que présumer les motifs de cette résolution qui furent, sans doute, le défaut d'espace suffisant dans l'église et autour de ses murs, à cause de l'accroissement de la population, ou l'inconvénient qui en résultait pour la salubrité publique. L'évêque de Mâcon ayant approuvé la résolution, une autre assemblée eut lieu, en 1677, où l'on choisit, pour l'emplacement du nou-

(1) Acte de concession de 1722.

veau cimetière, une terre donnée à l'Hôtel-Dieu, depuis plusieurs années, par Antoine Clesle, marchand de Charlieu. Elle était située près du couvent des Capucins, à droite du chemin qu'on suivait pour y aller de la ville. Ce choix reçut l'approbation des Bénédictins, qui était nécessaire, à cause de leurs droits de seigneurs du territoire. Toutes les autres formalités avaient été remplies et on allait commencer la clôture, lorsque la libéralité de Henri Donguy vint changer toutes ces dispositions. Bourgeois de Lyon, mais originaire de Charlieu, et propriétaire de la terre de Malfaras, il était resté affectionné à sa ville natale, comme il le prouva par plusieurs services qu'il lui rendit, et particulièrement par la donation qu'il lui fit, le 24 février 1679, de 600 livres pour établir le cimetière et y construire une chapelle. Il y mit pour condition qu'on célèbrerait, chaque année, douze messes dans la chapelle, qu'on mettrait ses armes dans la voûte et sur le frontispice de l'édifice et sur le piédestal de la croix du nouveau champ mortuaire. Il se réservait le choix de l'emplacement, pour lequel il s'en rapportait à François Donguy, son frère aîné, aussi bourgeois de Lyon, et aux révérends Pères Capucins de Charlieu. Ceux-ci donnèrent la préférence à un terrain, situé presque en face de la porte Chanteloup, occupé alors par deux jardins et aujourd'hui par le marché aux bœufs, à cause du peu de distance et de la facilité qu'il y avait d'y venir de l'église. Ce choix ayant été approuvé par toutes les autorités de la ville et par les habitants, les deux marguilliers en charge achetèrent les deux jardins, moyennant la somme de vingt-cinq livres et une pistole d'étrennes, par acte du 19 mai 1679. Les Bénédictins présents à l'acquisition l'approuvèrent avec la construction de la chapelle, et permirent l'apposition des armes du fondateur en l'endroit qu'il lui plairait, et même la litre quand le cas y écherrait. La litre consistait en une bande de velours noir, portant les armes du fondateur d'un édifice religieux, qu'on suspendait autour des murs dans l'intérieur, lors de ses obsèques, ou en signe de deuil après son décès. Cette espèce de ceinture funèbre se mettait aussi quelquefois en dehors, mais en peinture, sur les revêtements de la maçonnerie. Les murs furent construits à la toise à raison de 4 livres, tant pour matériaux que pour main-d'œuvre. Les dimensions de la chapelle, qui se terminait en demi-cercle, furent de douze pieds de largeur, de vingt-quatre pieds de longueur et autant de hauteur sous la clef de voûte. On y adjoignit une sacristie et on creusa dans le sol un caveau. Il y eut un escalier pour y descendre et un support de sept pieds sur trois pour recevoir les corps.

La somme de 600 livres, donnée par Henri Donguy, pour l'achat du cimetière et la construction de la chapelle, s'étant trouvée insuffisante, il s'engagea de nouveau, par acte authentique, à fournir tout ce qui manquerait; et l'un et l'autre furent achevés en 1680 ou environ.

Quoique le nouveau cimetière fût parfaitement approprié à sa destination, et que les morts y reposassent à l'ombre d'un édifice religieux, où la messe était célébrée, au moins une fois par mois, suivant les conditions faites par le fondateur, néanmoins, il ne reçut que le commun des habitants. Tous ceux qui le purent conservèrent leur tombeau et se firent ensevelir dans l'église de la paroisse. Ainsi nous avons vu, dans une concession de droit de sépulture dans cette église, faite en 1722, longtemps après l'achèvement du cimetière, les fabriciens se réserver le droit de creuser un caveau dans la place concédée. En

1747, M. de Tigny ayant perdu sa belle-mère, écrivit à M. Dupont : « Les caveaux de la paroisse sont si pleins, » qu'il n'y a de la place que pour M. Duris, qui est » aussi décédé. Vous obligeriez infiniment mon épouse » et moi, si vous vouliez bien nous permettre de faire » inhumer Mademoiselle Pérard dans le caveau de Saint-» Roch, *sans quoi il faudra la porter au cimetière.* »

Evidemment on ne laissait alors ensevelir soi ou les siens dans le champ commun des morts, que lorsqu'on ne pouvait se procurer une place à l'église, et ce sentiment, dans lequel on persista sans doute jusqu'à la révolution, était moitié pieux, moitié mondain ; on le regardait comme une distinction.

CHAPITRE V.

Cordeliers.

Les Cordeliers s'établirent, au XIII° siècle, dans leur couvent situé hors de la ville, sur les limites de Charlieu et de Saint-Nizier. Un bourgeois de Charlieu, appelé Jean Marechal, qui l'avait fait bâtir à ses frais, s'y fit recevoir religieux, en devint même gardien, c'est-à-dire supérieur, et y mourut (1). Il avait été marié et laissa plusieurs enfants. On trouvera, dans la suite de cet ouvrage, l'histoire remarquable du dernier de ses descendants.

Au commencement du XVI° siècle, Hugues de Châtelus, seigneur de Château-Morand, leur donna le château qu'il avait tout près de leur couvent. Ils le démolirent pour faire leur jardin, dans les murs duquel on voyait encore les vestiges du château, il y a quelques années. Il fit faire aussi le cloître encore existant (2) ; ses armes y furent mises en plusieurs endroits. Quoiqu'elles aient été martelées, on peut encore les reconnaître à l'angle, en face de la grande porte extérieure. Elles étaient de gueules à trois lions d'argent, deux et un armés, lampassés et couronnés d'or. Ce cloître en remplaça un autre plus ancien, dont on a découvert des arcades dans le mur de la galerie à l'est,

(1) *Almanach du Lyonnais*, de 1754.
(2) Id. id.

et qui était sans doute le cloître primitif, car il me paraît porter les caractères du XIII° siècle.

En reconnaissance de la générosité du seigneur de Château-Morand, on lui éleva dans le chœur de l'église, à gauche du grand autel, dans un enfoncement pratiqué pour cela et qu'on voit encore aujourd'hui, un tombeau où, suivant l'usage du temps, il était représenté couché, la tête sur un coussin. On mit à côté de lui, dans la même position, l'effigie de sa femme, dame de Tiange, qui avait peut-être participé à ses libéralités. Aux pieds du mari était un lion, aux pieds de la dame une levrette (1). Ces deux statues sont maintenant au musée de Roanne.

Au milieu du dernier siècle, on ouvrit, je ne sais pour quelle cause, le tombeau, et on y trouva, dit-on, le corps du seigneur de Châtelus intact, quoiqu'il y eût été mis depuis plus de deux siècles (2). Cette conservation extraordinaire, si elle était réelle, ne peut s'attribuer, je pense, qu'à l'humidité du sol. Comme le vulgaire croit que le corps des saints n'est pas sujet à la corruption, c'est sans doute à cette circonstance qu'il faut attribuer la tradition, suivant laquelle un saint repose dans l'église des Cordeliers.

D'autres personnages ont été ensevelis dans cette église à différentes époques, mais probablement sans aucune marque distinctive, et en quelque sorte, par humilité, comme cela devait être chez les frères Mineurs. Telle fut Marguerite de Poitiers, épouse de Guichard, de la famille des sires de Beaujeu, qui « fit de grands biens aux reli-
» gieux et de belles fondations dans leur église, où elle fut

---

(1) *Almanach du Lyonnais*, de 1754.
(2) Id. id.

» inhumée. Son fils Edouard (qui devint ensuite seigneur
» de Beaujeu), confirma ces donations le 13 juin 1393 (1).»
Telle fut encore la femme d'André de la Porte, seigneur de
Cerbuet, dans la paroisse de Civignon, qui y fit aussi élection de sépulture par son testament de 1536 (2).

A la fin du XVI° siècle, le nombre des Cordeliers au couvent de Charlieu était très petit. Les désordres qui s'y étaient introduits en étaient peut-être la cause. La vie en commun n'y était pas observée. En recevant un religieux en 1576, « *on lui assigne, pour son habitation, le*
» *corps de logis à côté de l'entrée du couvent, y com-*
» *pris la cave au-dessous, appelée la cave du couvent,*
» *avec le jardin joignant* ; lequel corps de logis il entre-
» tiendra en réparation, y *prenant toutes ses commodi-*
» *tés* (3). »

Le désordre qu'annonce un tel état de choses alla croissant. Les religieux dilapidaient et dissipaient les biens de la maison. Renonçant à l'esprit monastique, ils se regardaient comme maîtres et propriétaires du couvent, et finirent par se mettre en rébellion ouverte avec leurs supérieurs. Gabriel Castagna, provincial de la province de Saint-Bonaventure, dans laquelle était Charlieu, résolut de ramener la maison à un état plus régulier, et ne trouva pas d'autres moyens que d'expulser les religieux insubordonnés, et de leur en substituer d'autres. Il donna mission pour cela à Claude Garret, gardien des Cordeliers du Puy. Celui-ci, qui prévoyait de la résistance, se présenta à la

---

(1) *Histoire du Beaujolais*, par le baron de la Roche-la-Carelle, t. 1, p. 149.

(2) *Mazures de l'Ile-Barbe*, par Le Laboureur, t. 2, p. 488.

(3) Procès-verbal de réception, de 1576.

porte du couvent, avec un notaire et deux témoins, pour faire dresser procès-verbal au cas où l'on refuserait d'ouvrir ou d'obéir. Frère Annibal, procureur du couvent, à qui il fit part de sa commission par le guichet (car il refusa de le laisser entrer), répondit qu'il ne reconnaissait pas ses pouvoirs.

Le Père Garet était soutenu, à ce qu'il paraît, dans l'exécution de sa mission, par les habitants de Charlieu. Ceux-ci trouvèrent moyen d'entrer dans le couvent, quoique les religieux récalcitrants en eussent fermé toutes les portes. Ils y introduisirent le commissaire avec les deux cordeliers qu'il avait amenés pour prendre possession de la maison à la place des autres, et ils les suivirent dans l'intérieur. Cette précaution était utile, car le frère Annibal, avec une ardeur digne de son nom, avait armé ses confrères. Lui-même s'était mis à leur tête, l'épée à la main, et faisait mine de maltraiter les nouveaux venus. Mais les personnes qui les avaient accompagnés, intervinrent pour empêcher les voies de fait, et Annibal et ses compagnons, jugeant la résistance inutile, se soumirent en leur abandonnant la place. Ceci se passait sur la fin de 1603 (1).

Les nouveaux Cordeliers et leurs successeurs furent plus fidèles à l'esprit de leur Ordre. Vers le milieu du XVIIe siècle, ils furent jusqu'au nombre de neuf, dont sept prêtres et deux frères. Leurs revenus provenaient principalement des rentes pour fondations faites dans leur église, qui ont dû être très nombreuses ; des rétributions pour la prédication, à laquelle ils s'adonnaient d'une manière particulière, des produits d'un domaine ou vigneronnage situé en la commune de Boyer, au lieu dit du Marpin ;

---

(1) Procès-verbal du 23 octobre 1603.

et de ce qu'ils recevaient pour les fondations qu'ils acquittaient et le service religieux qu'ils faisaient hors de leur église. Ils devaient dire, en effet, en la chapelle du château de Gatelier, vingt-quatre messes par an, qui y avaient été fondées, en 1648, par Monchanin de la Garde, seigneur de cette terre, et Antoinette de Gayan, sa femme; et trois messes par semaine en la chapelle de saint Roch de l'église paroissiale, fondées en 1677, par Gaspard Dupont. Au XVIIIe siècle, ils furent quelquefois chargés du service religieux de l'hôpital, alors qu'il n'y avait pas encore d'aumônier.

Il paraît singulier qu'on ait soutenu publiquement dans leur couvent, des thèses de philosophie, annoncées d'avance par des affiches. Rien n'est plus vrai cependant. Un placard imprimé est arrivé jusqu'à nous, où Jean-Louis Duvernay, de Charlieu, annonce en latin les différents points d'une thèse de ce genre qu'il se propose de soutenir dans le couvent des frères Mineurs conventuels de Saint-François de Charlieu (*in sacris ædibus F.F. Minorum conventualium sancti Francisci urbis Cariloci*), le 15 septembre 1720, de une heure après midi jusqu'à quatre, sous la direction de révérend Père, maître Denis Cluzel, docteur en théologie, définiteur perpétuel, et professeur de philosophie.

CHAPITRE VI.

Ursulines.

Les premières religieuses de Sainte-Ursule, à Charlieu, y vinrent de Mâcon, où il y avait une maison de cet Ordre. Elles obtinrent, en 1632, de Claude de la Madelaine, évêque d'Autun, prieur commendataire et seigneur de Charlieu, la permission d'établir un monastère dans cette ville. Les lettres que leur donna ce prélat portent qu'elles peuvent choisir la place qui leur conviendra le mieux; qu'il permet à ses sujets de Charlieu de leur vendre les fonds et héritages nécessaires à leur établissement, en traitant de gré à gré et à la charge, par elles, de les indemniser, le tout sous la réserve de ses droits et des devoirs féodaux et seigneuriaux. Il dit qu'il accorde la permission, sur les *prières à lui faites par la plus grande et saine partie des notables bourgeois et habitants de la ville.* Il y met pour condition expresse qu'elles *ne mendieront et n'incommoderont les habitants et sujets en quelque façon que ce soit.* Ces lettres sont du 16 décembre 1632.

Quelques jours après (le 24 du même mois), une fondation charitable était faite par Messire Pontus de Cyberand, chevalier, seigneur de Boyé, Jarnosse et la Montagne, enseigne d'une compagnie de cent hommes des ordonnances du Roi, qui n'avait pas d'enfants et dont la famille était originaire de Charlieu. Il donnait une maison à Charlieu, deux domaines aux environs, des vignes à Saint-

Bonnet, et des pensions et servis pour l'établissement d'un hospice, destiné à recevoir six pauvres vieillards, dont cinq de Charlieu et un de Boyé. Favorisées par les habitants qui désiraient avoir des religieuses pour l'éducation des filles, les Ursulines firent changer les dispositions du seigneur de Boyé, et obtinrent pour elles ce qui était destiné aux pauvres. Le 7 février 1633, par acte passé au parloir de la maison-mère de Mâcon, elles reçurent en donation une maison à Charlieu, rue des Moulins, les domaines de Montoisy et de Ruillequartier, avec le bétail et autres immeubles par destination, des vignes à la Gâtille et à Saint-Bonnet pour 35 œuvrées, et enfin toutes les pensions, tous les cens et servis appartenant au donateur dans la paroisse de Charlieu, à quelque somme qu'ils pussent monter. Le seigneur de Boyé réserva, tant pour lui que pour sa femme, Anne de Chandon, dame de la Montagne-de-Marri, Monjoux, Monceau et Saint-Honoré, l'usufruit de tous les biens donnés, excepté de la maison, dont il céda immédiatement la possession aux religieuses. Il y mit pour condition qu'il aurait la qualité, les honneurs et priviléges de fondateur de la maison; que la dame de Chandon, sa femme, en aurait toujours *l'entrée libre*, et que leurs armes seraient placées dans l'église, au lieu le plus apparent; qu'au décès de l'un et de l'autre, les religieuses feraient célébrer une grand'messe pour le repos de l'âme du défunt, qu'elles y feraient une communion générale et réciteraient dans la journée le rosaire en entier. L'anniversaire devait être célébré de la même manière. Enfin on retint pour Charles Darcy, écuyer, seigneur de La Varenne et de Coutouvres, la faculté de mettre deux de ses filles au couvent, moyennant 60 livres de pension annuelle, jusqu'à ce qu'elles eussent été reçues novices, ou que l'usufruit réservé eût cessé ; et gratuitement ensuite.

Les Ursulines habitèrent, peut-être d'abord, la maison qui leur avait été donnée dans la rue des Moulins, puisque la possession immédiate en avait été stipulée à leur profit ; mais elles n'y demeurèrent pas, et vinrent s'établir dans la rue appelée alors et encore au siècle dernier, rue Purcherie (1), dans un quartier au sud de l'église paroissiale. Ce quartier, qui leur appartenait tout entier à la fin du XVIIe siècle, s'étendait des murs de la ville, au midi, à la rue Chanteloup, au nord, et de la rue Cul-de-Sac à l'orient, à la petite rue de l'autre côté, à l'occident. Il se composait de bâtiments, de prés, de terres (2) qu'elles avaient acquis peu à peu dans le dessein d'y établir leur couvent. Mais plusieurs y étant mortes ou tombées malades, ce qu'elles attribuèrent à l'insalubrité du local, elles résolurent de le quitter (3). Elles demandèrent et obtinrent des lettres patentes du Roi, en 1682, pour bâtir leur monastère là où on le voit encore aujourd'hui, au lieu appelé alors la *Croix-Chazeul* (4). L'évêque de Mâcon ayant approuvé le projet, elles firent bâtir le couvent sur un plan vaste et bien ordonné, dans le style du siècle de Louis XIV. Il fut achevé en 1689, et les religieuses s'y installèrent sur la fin de la même année.

Le feu prit dans la nouvelle maison, le 14 janvier 1705, et il y causa des dommages assez grands pour obliger les Ursulines à la quitter momentanément. En attendant que les réparations fussent faites, elles se retirèrent chez leurs

---

(1) *Almanach du Lyonnais*, de 1754.
(2) **Plan de ville de 1769.**
(3) *Almanach du Lyonnais*, de 1754.
(4) **Lettres de permission de l'évêque de Mâcon.**

parents ou dans d'autres communautés. Elles ne rentrèrent dans leur couvent qu'en 1714 (1); il n'était pourtant pas entièrement réparé. L'aile droite des bâtiments était inachevée et resta dans cet état.

Les Ursulines de Charlieu devinrent fort riches; car, outre les deux domaines de Montoisy et de Ruillequartier, qu'elles tenaient de leur fondateur, elles en avaient un autre à Fleury-la-Montagne, appelé *Corbet*, et deux à Saint-Bonnet-de-Cray, l'un du nom de *Charier*, et l'autre du nom de *Buisson* (2). C'étaient, en tout, cinq domaines très vastes. Elles avaient, en outre, des bois considérables, détachés ou faisant partie de ces domaines, savoir : les bois *Vernoges* et *Brûlé*, de 47 arpents, à Saint-Denis; le bois *Maréchal*, à Saint-Denis et Chandon, de 10 arpents; le bois *Echo*, de 16 arpents, à Chandon; le bois *Morland*, de 15 arpents, à Saint-Nizier; le bois *Devens*, de 12 arpents, à Saint-Bonnet-de-Cray; et celui de la *Fredelière*, à Saint-Hilaire, de six arpents, en tout 106 arpents, ou près de mille mesures du pays (3).

---

(1) *Almanach du Lyonnais*, de 1754.
(2) Baux à ferme du XVIIIe siècle.
(3) Procès-verbaux du maître des eaux et forêts.

CHAPITRE VII.

Capucins.

On ne sait pas positivement à quelle époque les Capucins s'établirent à Charlieu. Ils y furent appelés par les habitants, dans le XVI° siècle, et on les logea dans la ville jusqu'à ce qu'on leur eût fait construire le couvent qu'ils possédèrent depuis, est-il dit dans un ancien livre (1). Ce couvent fut bâti à la place d'une ancienne chapelle dédiée à saint Roch (2). Suivant toute apparence, il ne l'était pas encore en 1623, puisque, cette année-là, les consuls de la ville fournirent ce qui était nécessaire *pour la nourriture et entretènement de deux Pères Capucins ; l'un desquels avait prêché le carême en ladite année* (3).

(1) *Almanach du Lyonnais*, de 1754.
(2) Id. id.
(3) Règlement du compte des tailles en l'assemblée des habitants du 23 juillet 1623.

CHAPITRE VIII.

Usages religieux (a).

Au nombre des anciens usages religieux, qui ont presque entièrement cessé dans le siècle où nous sommes, il faut mettre les fondations de messes pour les morts, et autres offices dans les églises. Elles furent nombreuses à Charlieu, soit dans les couvents, soit à la paroisse. Parmi ces dernières, plusieurs du XVI° siècle, qui sont parvenues jusqu'à nous, présentent des détails curieux qui peignent l'époque. On y voit que nos bons ancêtres avaient un goût prononcé pour les offices et les cérémonies ecclésiastiques.

Ainsi, en 1527, les membres de la confrérie de Saint-Eloi, au nombre de 25, fondent en l'église paroissiale « toutes les heures canoniales, avec les leçons du jour de » la fête de saint Eloi, prime, tierce, sexte et none, et » une grand'messe à diacre et sous-diacre. »

En 1528, Jean Seurre, bourgeois et marchand de Charlieu, fonda en l'église de Saint-Philibert « deux messes » des trépassés, qui seront célébrées et dites hautes, à » diacre et sous-diacre..... en la manière suivante, assa- » voir ladite messe d'un chacun lundi, avant que lesdits » curé et desservants célèbrent ladite messe, la feront

---

(a) Dans ce chapitre, je parle des usages dont j'ai trouvé des restiges à Charlieu, soit qu'ils fussent ou non particuliers à cette ville.

» sonner des deux grosses cloches de ladite église, *en mode*
» *de procession*, et à icelle messe seront tenus et devront
» assister et assisteront tous les prêtres habitués et des-
» servants d'icelle église, lesquels avant que dire ladite
» messe, iront tous par ensemble et en ordre, avec la
» croix, à l'entour de ladite église, disant et chantant :
» *Libera me, Tremens factus sum*, *Requiem*, et autres
» répons et versets des trépassés jusque sur le tombeau
« d'icelui Seurre (dans l'église)..... et illec, icelui desdits
» desservants qui sera préparé pour célébrer et dire
» ladite messe et habillé de son aube, dira une absolution
» avec les suffrages en tel cas accoutumés ; et ce fait, ladite
» messe commencée et avant l'évangile, en quelque temps
» que ce soit, sera dit une des proses des trépassés,
» assavoir : *Dies*, ou *Lux æterna*, et sera tenu ledit des-
» servant qui célèbrera ladite messe, à l'heure que les
» autres desservants tenent chœur et chantent l'offerte,
» de soi retourner devers le peuple, en manière d'offerte,
» et dire un *De profundis*, avec une oraison à sa dévotion
» pour les trépassés ; et à l'élévation du Saint-Sacrement
» de l'autel sera chanté par deux desdits desservants
» tenant chœur : *Redemptor animarum*, et, à la fin de
» ladite messe, tous lesdits desservants seront tenus avec
» leurs surplis ou aubes, aller et assister sur le tombeau
» dudit fondateur, et illec chanter les répons et versets
» des trépassés et dire une absolution..... »

En 1530, un cordonnier de Charlieu et sa femme fondèrent l'office de la fête de *Monseigneur saint Laurent*, dont la femme portait le nom, est-il dit dans l'acte (elle s'appelait *Laurence*). Les prêtres de la paroisse sont tenus de dire les premières vêpres, matine, none, tierce, sexte, la grand'messe du jour, et « au partir d'icelle, avec la

» croix et l'eau bénite, aller dire un *Libera me* sur le
» tombeau des fondateurs, plus les secondes vêpres. »

Il y a bien d'autres fondations semblables ou analogues aux trois que je viens de citer.

Outre l'énumération minutieuse de toutes les parties de l'office à dire, ce qu'il y a de remarquable dans ces fondations, c'est la méfiance manifestée par les fondateurs sur l'exactitude des prêtres à y assister, et les précautions qui sont prises pour les y obliger. Elles étaient toutes passées pardevant notaire, et dans l'un de ces actes il est dit : que les prêtres « seront tenus de assister en chœur et
» dévotement chanter, *sans eux promener ni sortir* sans
» excuse légitime; dans un autre « qu'ils assisteront et
» chanteront et ne sortiront puis le commencement jusqu'à
» la fin; » et que la redevance stipulée sera distribuée « *aux*
» *présents et assistants*, et que les absents n'y auront
» rien, ni pareillement ceux qui ne se trouveront et n'as-
» sisteront à matines, s'ils ne sont mal disposés de leurs
» personnes. »

Une autre fondation porte que « si un ou deux dama-
» diers (hebdomadiers, prêtres de semaine), au plus,
» faillaient de assister à la messe depuis l'épître dite; les
» premiers des autres habitués, non domadier, qui pre-
» mier voudront venir pour aider, au lieu de celui ou ceux
» qui se seront absentés, seront payés au lieu des dé-
» faillants, combien que les défaillants vinssent après. »

Dans la plupart des fondations on règle tout jusqu'à la sonnerie. Dans l'une il est dit : « Les desservants feront
» sonner comme l'on fait les jours de fête solennelle; »
dans l'autre : « Sera sonné à double carillon, comme l'on
» fait en jours de fête solennelle. »

Les actes dont je viens de parler sont du XVIe siècle;

voici quelques passages du testament d'un curé de Charlieu, du commencement du XVII°, qui prouvent que les anciens sentiments se maintenaient : « Je fonde un anni-
» versaire qui se célèbrera, tous les ans, par les susdits
» sieurs curé et sociétaires, le lendemain du jour susdit,
» fête Monsieur saint Jean ; et se dira la messe pour les
» trépassés à haute voix, avec la prose *Languentibus in*
» *purgatorio*, et après ladite messe : *Quando Deus* à deux
» parties, le tout avec l'oraison des prêtres décédés ; pour
» le payement duquel je donne aux présents, et rien aux
» absents, deux pensions à moi dues, etc...... »

« Item je donne et lègue au marguillier de ladite église
» Saint-Philibert et à ses successeurs, la pension foncière
» de douze sols tournois,...... pour assister audit service,
» ensemble et sonner un glas la veille dudit jour Saint-
» Jean, et le lendemain un autre glas avant ladite grand-
» messe, et après ladite grand'messe, lorsque on chan-
» tera : *Quando Deus*, un autre glas qui font trois glas
» en nombre. »

On trouve, dans le même testament, une autre disposition extraordinaire : « Et sera ladite pension de cinq livres
» distribuée, comme s'ensuit, à l'Hôtel-Dieu de Charlieu ;
» savoir vingt sols à vingt pauvres femmes veuves, les-
» quelles seront tenues dire un *Pater* et un *Ave Maria* et
» autres prières à leur volonté, pour le salut de mon âme,
» dans la chapelle ou au-devant d'icelle ; et la somme de
» cinquante sols à deux cents pauvres, à chacun desdits
» pauvres trois deniers, tous lesquels pauvres seront
» tenus de dire un *Pater* et un *Ave Maria* pour le salut
» de mon âme, devant ou dedans ladite chapelle. » Avec
de telles conditions, l'aumône ne paraissait plus gratuite, mais vendue pour des prières.

J'ai dit, en parlant de l'église Saint-Philibert, que les chapelles qui y furent bâties latéralement, ne suffisant plus à la piété des fidèles, qui désiraient manifester par des signes ostensibles leur dévotion pour les saints, on établit des chapelles secondaires, ou autels, dans les places qui restaient le long des murs, et même contre les colonnes des nefs : on faisait aussi des fondations à ces autels. En 1531, Pierre Berthet, apothicaire, bourgeois de Charlieu, en fit une « à l'honneur et révérence de Monsei-
» gneur saint Pierre, d'une grand'messe en l'aultier du-
» dit Berthet, fondateur, et naguère de sa part, fait et
» érigé en l'une des piles d'icelle église (de Saint-Philibert),
» en l'honneur et sous le vocable dudit saint Pierre, et
» sur lequel est l'image d'icelui saint. »

Les actes contenant ces fondations étaient toujours notariés, et ordinairement passés au *chœur de l'église*, présents les desservants assemblés.

Les dispositions testamentaires étaient toujours précédées de formules pieuses, conçues, sauf quelques variantes, comme les suivantes, qui sont du XVII⁰ siècle : « Con-
» sidérant l'état et fragilité de ce monde et qu'il n'y a rien
» de si certain que la mort et rien de si incertain que
» l'heure d'icelle, craignant de décéder ab intestat, fais
» mon testament nuncupatif et ordonnance de dernière
» volonté, comme s'ensuit :
» Premièrement, faisant le signe de la croix devant ma
» face, j'ai dit : *In nomine Patris et Filii et Spiritûs*
» *Sancti, Amen ;* ai recommandé mon âme à Dieu le
» créateur, le priant de me faire miséricorde, pardonner
» mes péchés et recevoir mon âme en son paradis ; quand

» il lui plaira la séparer d'avec mon corps, duquel j'élis
» la sépulture en l'église parochiale dudit Charlieu. »

Comme on enterrait autrefois dans toutes les églises de la ville, il était ordinaire de faire, par testament, comme on le voit ici, ce qu'on appelait *élection de sépulture*, c'est-à-dire d'indiquer celle de ces églises où l'on désirait reposer après sa mort. En même temps le testateur réglait quelquefois minutieusement les cérémonies de ses funérailles ; en voici deux exemples : le premier est tiré du testament d'un bourgeois de Charlieu, de 1531.

« Item, son luminaire veut être fait de quatre livres
» cire. Item veut et ordonne être convoqué, le jour de son
» *obit*, Messeigneurs les religieux du prieuré dudit Char-
» lieu et les gardiens et couvent des Frères Mineurs dudit
» lieu, pour accompagner son corps et célébrer les
» messes et suffrages en la manière accoutumée, et pour
» ce, et pour aumône, veut être payé pour une fois, à
» savoir auxdits desservants, etc. »

Dans son testament de 1555, Philiberte des Hourges, dame Despait, « élit sa sépulture en l'église du prieuré
» conventuel de Charlieu, devant l'autel où est l'image de
» Madame sainte Geneviève, suppliant Messieurs les vénéra-
» bles prieur, sous-prieur et religieux la vouloir-recevoir
» et accepter, jaçoit qu'elle soit indigne et ne le mérite ;
» ordonne que au jour de ses enterrement, quarantaine
» et an révolu, les trois croix dudit prieuré, de Saint-Phi-
» libert et des vénérables gardien et religieux Saint-
» François soient assemblés en ladite église du prieuré,
» et à un chacun prêtre, à chacune fois, distribué six
» blancs pour leur messe et prier Dieu pour le salut de
» son âme. Item, ordonne son luminaire de douze tor-
» ches, chacune de demi-livre, et de six cierges, chacun

» de demi-livre ; lesquelles douze torches, le jour de son
» enterrement, elle veut être portées par douze pauvres
» filles, qui seront choisies par l'exécuteur de son testa-
» ment, et à chacune desquelles elle veut être donnée, en
» aumône, de petit drap, deux aunes, et demi-aune de
» toile commune pour porter son deuil. »

Certaines familles avaient des caveaux réservés dans l'une des églises de la ville. Quand le défunt n'était pas de l'une de ces familles, on mettait son corps dans le sol même, pourvu qu'il eût élu sa sépulture dans l'église en lui faisant certains avantages, comme la dame Despait, du testament de laquelle je viens de citer un extrait. Dans l'église paroissiale, ceux qui avaient de ces autels ou petites chapelles dont j'ai parlé, élevés dans les places restées libres contre les murs, ou contre les piliers, se faisaient ensevelir tout près de ces monuments de leur piété, afin de reposer après leur mort sous la protection du saint qu'ils avaient honoré pendant leur vie. Dans la même église, plusieurs avaient acheté, pour eux et leur famille, le droit de tombeau, qui n'était que le droit à une *fosse* (1) particulière de *six pieds sur deux* (2), ce qui devait causer de l'embarras lorsque deux personnes de la famille mouraient en peu de temps. Sur le tombeau même, ou à côté, était le banc où le défunt s'était assis, où il avait adressé ses prières à Dieu. Les générations occupaient, après leur mort, la même place dans l'église qu'elles y avaient tenue pendant leur vie.

Les tombeaux et les bancs se transmettaient et se don-

---

(1) Donation d'un *tombeau ou fosse*, de 1657.
(2) Ledit tombeau étant *de six pieds de long et deux de large*. Reconnaissance directe au profit de la fabrique, de 1722.

naient comme toute autre propriété. En 1603, Jean Charbel, capitaine de la ville de Charlieu, fait donation entre vifs à honorable Claude Constantin, bourgeois de Charlieu, son cousin germain, « du banc et tombeau des Char-
» bel, situé en l'église Saint-Philibert de Charlieu, près
» la chaire cathédrale dudit lieu, pour par ledit Constan-
» tin et les siens, en jouir en toute propriété, après le
» décès dudit donateur, qui retient sa sépulture en la
» tombe au-dessous ledit banc. »

Dès le commencement du XVII° siècle, les tombeaux de ce genre étaient si nombreux et si rapprochés, qu'on fut obligé de les confiner les uns par les autres comme les fonds de terre, pour bien en marquer la position. En 1622, noble Jacques du Rozand, l'un des chevau-légers de la garde du Roi, donna à sa sœur, femme de Guillaume Barnaud, marchand à Charlieu, le tombeau qui lui venait de sa famille dans l'église Saint-Philibert, sur lequel il y avait « une couverture de pierre, joignant le tombeau de Jean
» Patin, notaire royal; de midi, le tombeau des héritiers
» de Philibert Janin; de matin et bise celui des sociétai-
» res de Saint-Philibert; sauf les autres meilleurs confins,
» si aucun y en a. » Cette désignation par la contiguité devint de plus en plus nécessaire par la multiplication des droits de sépulture; et elle se retrouve dans tous les actes postérieurs jusqu'à la révolution.

—

Un autre usage, éteint comme tant d'autres, par la révolution, celui des lettres monitoires, était à la fois civil et religieux. Les lettres monitoires étaient basées sur la force du sentiment chrétien, et tiraient sans doute leur origine de la terreur qu'avait inspirée au moyen-âge l'excommunication ; mais on les employait le plus souvent dans un but purement civil. Quand un crime, un délit quelconque avait été commis, et qu'on ne pouvait en découvrir les auteurs par les voies ordinaires de la justice, si on avait des raisons de penser que le crime ou le délit avait eu des témoins qui ne le dénonçaient pas à la justice, la partie lésée présentait requête au juge, pour lui demander la permission d'obtenir des lettres monitoires de l'autorité ecclésiastique. Sur son ordonnance conforme, une autre requête était adressée à l'évêque du diocèse, au bas de laquelle l'official permettait *le cours monitoire requis*. Puis un grand-vicaire donnait les *lettres monitoires*, par lesquelles il mandait à *tous prêtres, curés et vicaires de la juridiction épiscopale, d'admonester canoniquement les malfaiteurs, agents, consentants et non révélants, de déclarer au vrai lesdits maléfices dans huit jours prochains ; sinon les huit jours passés, de les dénoncer publiquement excommuniés.* Le curé de la paroisse publiait ces lettres à l'église, un jour de dimanche ou de fête, au moment où les fidèles étaient réunis pour l'office, et il certifiait cette publication au bas des lettres.

En 1685, le couvent des religieuses Ursulines, qui était encore dans la ville à cette époque, fût incendié, et des voleurs profitèrent du désordre qui s'ensuivit pour enlever du linge. Comme les preuves manquaient, on eut recours aux lettres monitoires : je ne sais quel en fut l'effet.

—

La loi civile prenait autrefois sous sa protection la plupart des observances religieuses. A Charlieu, l'abstinence, en temps de carême, était soutenue par les règlements de

police. En 1671, sur la représentation qui fut faite par le procureur d'office « au juge et bailli de la ville et police
» de Charlieu, que, contre les constitutions des saints
» canons, édits et règlements des Rois, les bouchers de
» la ville vendaient et distribuaient, pendant le carême,
» de la viande à ceux qui leur en demandaient, sans
» prendre ni attestation, ni permission, ni du juge, ni du
» curé; le bailli fait défense auxdits bouchers de la ville
» et des faubourgs de tuer et vendre aucune chair, sans
» la permission dudit bailli, et avant d'avoir prêté ser-
» ment de n'en distribuer qu'aux personnes qui auront
» attestation d'un médecin et permission du curé, à peine
» de confiscation de la viande et de vingt-cinq livres d'a-
» mende; ordonne que ce règlement soit publié et affiché
» à la boucherie de la ville; fait également défense aux
» hôteliers, et autres, de distribuer ou débiter de la
» viande, pendant ledit temps de carême, sous les mêmes
» peines de confiscation de la viande et de 25 livres d'a-
» mende. »

Les confiscations revenaient, pour la totalité, et les amendes, pour moitié, à l'hôpital : l'autre moitié de l'amende était perçue par le prieur, seigneur de la ville.

Sur la fin du XVIII⁰ siècle, cent ans environ après ce règlement, le droit de vendre de la viande pendant le carême était changé. Il appartenait exclusivement à l'hôpital, qui ne l'exerçait pas lui-même, mais le faisait mettre aux enchères et adjuger au plus offrant. Le châtelain royal fixait chaque année le prix de la viande de carême.

—

Certains ordres religieux avaient reçu des Papes la faculté de s'agréger spirituellement des laïques et de les

faire participer aux prières et aux bonnes œuvres de leur congrégation. En témoignage de la communication accordée, ils délivraient des diplômes imprimés pour plus de facilité, où il n'y avait à mettre que le nom et les qualités de la personne qui le recevait, et la signature du religieux qui avait pouvoir de le remettre. En 1707, « frère Jérôme
» de Bourg, provincial de la province de Saint-Bonaven-
» ture des Frères Mineurs de Saint-François, surnommés
» *Capucins*, selon la puissance et faculté concédées à son
» office par feu d'heureuse mémoire Urbain V, pape, et
» autres souverains pontifes, reçoit pour enfants spiri-
» tuels de sa religion M. Jacques Buinan, receveur au
» grenier à sel de Charlieu, dame Françoise Chabot, sa
» femme, eux et leurs enfants présents et à venir ; et,
» pour l'affection qu'ils ont à l'Ordre, les fait participants,
» tant en la vie qu'en la mort, de toutes les messes, offi-
» ces, oraisons, prédications, jeûnes, veilles, discipli-
» nes, mortifications, austérités ; et généralement de
» toutes les autres bonnes œuvres qui se font en ladite
» religion. » Ce brevet est daté de Charlieu, où le provincial était venu sans doute pour visiter la communauté.

—

Au commencement du XVIIe siècle, et probablement longtemps avant, le carême était prêché dans l'église paroissiale par un prêtre étranger à cette église et qui recevait une rétribution pour cela. Cette rétribution était comprise dans les dépenses communales ; en 1603, elle fut de trente écus, tant pour salaire que pour nourriture ; en 1623, de 100 livres ; et en 1629 de 90 livres pour salaire et de 90 livres pour nourriture. Au XVIIIe siècle, un bourgeois de Charlieu donna une rente perpétuelle pour le paiement du prédicateur de carême. Il en avait chargé l'hôpital à qui il avait fait une donation sous cette condition. Elle était tombée dans l'oubli au moment de la révolution.

—

Quoique Notre-Dame de Charlieu soit toujours en grande vénération, on ne la porte plus processionnellement dans la ville, comme on faisait autrefois dans les temps de calamité (1).

—

Quand l'évêque de Mâcon, dans le diocèse duquel était Charlieu, y venait, on le recevait en grande cérémonie. En 1670, on alla au-devant de lui jusqu'à Tigny. Toute le milice, composée de 500 hommes environ, s'était mise sous les armes. Elle était commandée par M. Frédéric Dupont, juge bailli de Charlieu, qui harangua le prélat (2).

—

Pour les évènements heureux, on chantait, dans l'église du prieuré, un *Te Deum*, où assistaient les cordeliers, les capucins, les pénitents et les officiers de justice. Il en fut ainsi en 1725, pour le mariage de Louis XV, sur une ordonnance de l'évêque de Mâcon (3).

—

Dans le carême, les Bénédictins faisaient des aumônes extraordinaires ; ils donnaient tous les lundi, mercredi et

(1) *Almanach du Lyonnais*, de 1759.
(2) Livre capitulaire de l'abbaye, p. 15.
(3) Livre capitulaire du prieuré, p. 89.

vendredi, un morceau de pain à tout mendiant qui se présentait. Ils donnaient de plus deux liards le Dimanche gras et autant le Jeudi saint.

Dans la Semaine sainte, ils faisaient laver avec du vin les autels de leur église (1). Le Jeudi saint, ils convoquaient pour la sainte cène *douze apôtres et septante-deux disciples*, qui recevaient chacun une livre de pain, plus une distribution de vin et d'argent (2).

(1) Bail à ferme des biens du prieuré, de 1662.
(2) Déclaration des Bénédictins à l'assemblée du clergé, de 1730.

HISTOIRE DE LA VILLE DE CHARLIEU

Deuxième Partie

HISTOIRE CIVILE

CHAPITRE PREMIER.

Histoire de la Bourgeoisie et de la ville depuis leur origine jusqu'au XVIe siècle.

SECTION PREMIÈRE.

Affranchissement de la ville par les Bénédictins.

Tout le monde sait comment se forma la féodalité, ou domination des seigneurs. L'autorité royale s'étant relâchée, les gouverneurs des villes et des provinces se firent d'abord immuables dans leurs charges, puis ils les rendirent héréditaires, et enfin ils exercèrent en leurs noms tous les droits qu'ils n'avaient eus d'abord que par transmission et délégation du pouvoir central de la royauté. Originairement aux ordres du souverain et révocables à sa volonté, ils se firent souverains eux-mêmes, chacun dans l'étendue de son gouvernement ; et les rois furent impuissants à les faire rentrer dans la soumission. A l'exemple des gouverneurs et officiers royaux, les grands propriétaires terriens s'attribuèrent, autant qu'ils purent, les droits régaliens dans leur domaine, et ils en obtinrent, suivant les circonstances, une portion plus ou moins grande. Ces usurpations partielles de la souveraineté, qui nous paraissent si extraordinaires aujourd'hui, se firent facilement alors, parce qu'elles correspondaient à un mouvement social analogue. La société, loin d'être une et compacte, comme elle est maintenant, renfermait des germes de dissolution qui la portaient à se diviser, à se fractionner. Par suite des invasions multipliées et successives des barbares, elle était composée d'éléments trop divers. Loin de s'assimiler, ces éléments nombreux s'étaient, en quelque sorte, cantonnés et préparés à un gouvernement distinct. L'état des personnes, à cette époque, facilitait singulièrement ce mouvement de dissolution universelle. Il y avait très peu d'hommes libres, les autres étaient tous dans une dépendance plus ou moins étroite des propriétaires terriens. Habitués à leur obéir et n'ayant pas de rapports avec le gouvernement royal auquel ils étaient étrangers en quelque sorte, l'usurpation des droits de la souveraineté, par ceux qu'ils regardaient comme leurs maîtres, les touchaient peu, et ils étaient prêts à reconnaître à cet égard un pouvoir déjà si étendu sur leurs personnes.

Les monastères existant, tel que celui de Charlieu, à l'époque où la féodalité se forma, entrèrent comme grands propriétaires terriens dans le mouvement général de la société. Ils s'attribuèrent, autant qu'ils purent, la souveraineté dans leurs possessions, et ils devinrent seigneurs féodaux. Seulement, un grand nombre d'entre eux reçut par des concessions les droits seigneuriaux tout établis. En ce qui concerne celui de Charlieu, il est indubitable que les donations qui lui furent faites par son fondateur Ratbert et par le roi Boson, comprenaient tous les privilèges féodaux qui commençaient à se former, et qui furent sans doute complétés ou étendus par les moines eux-mêmes, au moyen de leur influence religieuse. Du reste, à cet égard, on ne peut que faire des conjectures par ce qui se passa généralement; car les documents historiques manquent pour Charlieu à cette époque, comme presque partout ailleurs.

L'origine de la ville de Charlieu remonte, comme celle de l'abbaye, au temps où la féodalité se formait. Comme beaucoup d'autres, elle est née et s'est agrandie à l'ombre du monastère de son voisinage, auquel sa population fut pleinement assujétie dans les commencements. Alors les hommes n'étaient pas tous libres, comme aujourd'hui. Les uns n'avaient que la libre disposition de leur personne et non de leurs biens, et d'autres n'avaient ni l'une ni l'autre, et ne différaient des esclaves de l'antiquité que par l'adoucissement que le christianisme avait apporté dans leur condition. Ceux mêmes qui avaient conservé leur liberté, ne pouvant attendre aucune protection du pouvoir central de la royauté, réduit presque à néant, aimèrent mieux perdre une partie de leurs droits, pour mettre les autres sous la sauvegarde d'un patron qui leur accordait son appui à des conditions plus ou moins onéreuses. En ces temps-là, la dépendance était aussi générale que la liberté l'est aujourd'hui; et comme dans chaque lieu, le pouvoir était absolu et sans contrôle, il s'ensuivit de grands abus et parfois une oppression intolérable. Pendant longtemps, et jusqu'à ce que la royauté eut repris un peu d'empire sur le pays, la domination seigneuriale n'eut d'autre frein que la religion, les usages et la tradition de quelques lois.

Plus fidèles à l'esprit religieux, les seigneurs ecclésiastiques traitèrent, en général, leurs sujets mieux que les seigneurs laïques. « Ils virent augmenter le nombre de
» leurs tenanciers, parce qu'ils leur assuraient des droits
» plus étendus et mieux garantis que ne le faisaient les
» seigneurs laïques (1). » Un monastère bénédictin présentait de plus aux habitants qui se groupaient autour de lui, l'avantage d'être pour eux comme une école permanente de travaux de toute espèce. « D'après la règle de
» saint Benoît, il devait être construit de telle sorte, que
» l'eau, les moulins, le jardinage, la paneterie, se trouvassent, et tous les autres métiers pussent être exercés
» dans son intérieur. Une abbaye de Bénédictins n'était pas
» seulement un lieu de prière et de méditation ; le moine
» de cet Ordre était tour-à-tour un contemplateur religieux, un laboureur, un artisan, un lettré. Il passait
» de l'église à l'atelier, de la culture des champs à l'étude
» des lettres. Le refuge des livres et du savoir abritait des
» ateliers de tout genre, et ses dépendances formaient ce
» que, aujourd'hui, nous appelons une ferme modèle. Il y
» avait là des exemples d'industrie et d'activité pour le
» laboureur, l'ouvrier, le propriétaire (2). »

(1) *Histoire des Classes agricoles*, par M. Dareste de la Chavanne, p. 143.
(2) *Essai sur l'histoire du Tiers-État*, par A. Thierry ; édition Furne, p. 8, et Mémoire de M. Mignet, cité par lui.

En même temps qu'à Charlieu, ces exemples profitèrent dans beaucoup d'autres villes. Alors le nombre et la richesse des habitants leur inspira des sentiments d'indépendance; et il en résulta, dans la société, un mouvement général vers la liberté, vers l'affranchissement des droits seigneuriaux les plus exorbitants. Ces tendances se manifestèrent dès le XII° siècle. Elles occasionnèrent des querelles et quelquefois des guerres entre les seigneurs et leurs sujets. Parfois les seigneurs cédèrent à la force, parfois aussi ils renoncèrent de plein gré à leurs prérogatives injustes. Volontaires ou forcées, leurs concessions furent consignées dans des chartes, ou écrits rendus solennellement authentiques, suivant les formes du temps, et où les droits et les devoirs respectifs étaient minutieusement réglés, comme dans un traité.

Les habitants de Charlieu ne furent pas des premiers à réclamer leur affranchissement. Ils ne se mirent en devoir de l'obtenir que vers le milieu du XIII° siècle; du moins, il ne reste pas de traces de tentatives antérieures, s'il y en eut. Ils se constituèrent en commune, firent faire un sceau, et résistèrent par la force aux moines qui voulaient les en empêcher. A défaut de détails sur ce conflit, on pourra conjecturer ce qui se passa alors par ce qui était arrivé à Lyon, en occurrence semblable, un demi-siècle auparavant. « Les Lyonnais, sans en communiquer à l'ar-
» chevêque ni au chapitre, comme le devoir, toutefois,
» semblait le requérir, vû qu'ils étaient seigneurs tempo-
» rels de la ville, ils commencèrent d'eux-mêmes de
» dresser entre eux un corps commun composé de cin-
» quante des principaux bourgeois de la ville, pour
» veiller à leur conservation et sûreté et donner ordre
» à leurs affaires communs; ils font provision d'armes;

» ils s'assurent de l'assistance de bon nombre de leurs
» voisins de Dauphiné et de Bresse; ils se saisissent de
» deux tours, qui lors étaient ez deux descentes du pont
» de Saône; et en l'une d'icelle ils mirent une cloche pour
» convoquer le peuple, quand il serait de besoin; ils desti-
» narent un lieu où se devaient assembler les cinquante
» bourgeois, pour traiter et délibérer des affaires com-
» muns; ils distribuèrent les quartiers où le peuple devait
» se rendre en cas d'effroi. Et parce que jusqu'alors ils
» n'avaient point eu de scel commun, ils en firent graver
» un de cuivre, qui d'un côté avait un lion rampant, leur
» enseigne et devise ancienne, et de l'autre côté y était
» gravé le plan du pont de Saône, avec ses deux tours,
» le tout semé de fleurs de lys pardedans. Autour de ce
» scel étaient gravés ces mots : *Sigillum commune uni-*
» *versitatis Jugdunensis.* Il y avait aussi le contre-scel où
» était écrit *S. Secreti universitatis lugdunensis.* Ce-
» pendant, l'archevêque et le chapitre, irrités de ces voies
» de fait, et ne voulant souffrir tous ces préparatifs, faits
» sans leur congé et aveu, par gens qu'ils tenaient être
» leurs sujets, comme ils le témoignèrent puis, par la
» plainte qu'ils firent au Roi, des guerres que leur firent
» ceux de Lyon, commencèrent aussi de leur part à venir
» à la voie de fait et se fortifier de leurs parents et du
» reste de leurs sujets, faisant, eux et leurs officiers du
» pis qu'ils pouvaient à ceux de Lyon (1). »

Les conjonctures étant les mêmes, les évènements de Charlieu ne furent sans doute qu'un diminutif de ceux de Lyon; mais les suites en furent différentes. Les

---

(1) *Histoire de Lyon*, par Rubis, p. 271 2.

Lyonnais soutinrent, contre l'archevêque et le chapitre, une lutte à main armée qui dura plus de deux siècles, interrompue de loin en loin par quelques trèves. Presque toujours vainqueurs, ils finirent par triompher. Ils obtinrent leur affranchissement et le droit de s'administrer eux-mêmes, c'est-à-dire de s'ériger en commune. Les habitants de Charlieu, au contraire, ne soutinrent pas leur entreprise contre les Bénédictins; ils n'obtinrent que les franchises que ceux-ci leur accordèrent volontairement, beaucoup plus tard, comme nous le verrons, et ils n'eurent jamais l'administration de la ville. Cependant, les deux cités eurent encore cela de commun, que le roi de France intervint pour l'une et pour l'autre dans le différend entre les habitants et leurs seigneurs, avec des intentions évidemment favorables aux premiers, et cette intervention eut lieu d'abord à Charlieu. Saint Louis avait acheté, en 1238, le comté de Mâcon, dans le territoire duquel était situé Charlieu. Le bailli qu'il y établit, fort de l'autorité qui commençait à revenir à la couronne, étendait autant qu'il pouvait sa juridiction et cherchait à la faire prédominer sur celles des seigneurs, par les appels. L'appel au juge royal était généralement regardé par les justiciables des seigneurs, comme une sauvegarde contre les injustices de ceux-ci. Les officiers royaux leur étaient ordinairement favorables, soit parce que, plus haut placés et désintéressés dans les questions, ils avaient moins de partialité, soit parce qu'ils étaient portés à abaisser les seigneurs pour donner plus de force à la royauté, dont ils étaient les représentants. Cette tendance avait d'ailleurs passé en système dans tous les monarques qui s'étaient succédé depuis Louis-le-Gros. Tous s'étaient efforcés d'élever le peuple, le tiers-état, comme on l'appela ensuite, au préjudice des seigneurs ; et cette politique fit leur grandeur et le bien de la France.

Soit de son propre mouvement, soit qu'il y eût été sollicité, saint Louis envoya à Charlieu, en 1260, son bailli de Mâcon, qui était alors Henri de Cousances, « pour pa-
» cifier le différent survenu entre vénérable en Dieu,
» père Yve, par la grâce de Dieu abbé de Cluny, le prieur
» et le couvent de Charlieu d'une part et les bourgeois de
» la même ville de Charlieu d'autre part, sur ce que les-
» dits abbé, prieur et couvent disoient que les susdits
» bourgeois de Charlieu avoient fait un nouveau scel, des
» agressions et violences, et autres délits, au grand pré-
» judice et détriment des abbé, prieur et couvent ; et ils
» demandaient que réformation fût faite par les bour-
» geois (1). » C'est ainsi que le bailli s'exprime dans la charte par laquelle il régla le différend. Il faut remarquer ici la qualification de bourgeois, donnée aux citoyens de Charlieu, qui suppose une considération et des droits supérieurs à ceux des simples manants et habitants. Néanmoins, leurs réclamations ne sont pas relatées comme celles des moines, sans doute parce que le bailli était disposé à faire pencher la balance en faveur de ceux-ci. Il s'était fait assister de Dalmace, abbé de Saint-Rigaud, dont l'arbitrage était aussi accepté des parties (2). Ils condamnent ensemble les bourgeois à six cents livres d'amende, mais c'était une amende illusoire ; car il est dit dans la charte même que remise en a été faite sur-le-champ aux bourgeois, savoir : pour un sixième, par l'abbé de Cluny, et pour le surplus par le prieur et le cou-

---

(1) Charte de ce bailli, dans la *Bibliotheca clun.*, col. 1521.
(2) Même charte.

vent. Quant au nouveau scel, ils se le firent apporter et il fut brisé en leur présence (1).

Ce sceau existait dans l'année avant celle où fut rendue cette sentence arbitrale. Dans un procès qu'ils avaient avec les moines au parlement de Paris, les bourgeois produisirent une procuration scellée de ce sceau. Le procureur des religieux demanda qu'elle fût déclarée insuffisante, parce que ce sceau n'était pas valable, qu'il était nouveau, et que la ville ne pouvait en faire un, parce que le couvent y avait tout droit de justice. Il concluait aussi à ce que les bourgeois fussent mis à l'amende et condamnés par défaut. Ce dernier article est accordé par le parlement : quant à l'amende, il renvoye les moines à leur *propre cour* pour l'exiger. (Olim, anno 1259.)

Neuf ans après la sentence dont nous avons parlé, en 1269, le même Yves, abbé de Cluny, que nous y avons vu figurer comme partie, était appelé à Lyon par Louis IX et le légat du Pape, en qualité d'arbitre, pour régler, de concert avec le bailli de Berry et un autre personnage laïque, les droits réciproques des bourgeois de Lyon, du chapitre et de l'archevêque, seigneurs de la ville. Il y eut également sentence solennelle d'arbitrage, mais elle ne mit pas fin à la lutte comme à Charlieu.

S'il ne fut pas donné aux habitants de cette dernière ville de s'ériger en commune, c'est-à-dire d'avoir une administration particulière, d'élire des délégués ou conseillers municipaux connus alors sous le nom de *consuls* ou *échevins*, avec un chef appelé, comme aujourd'hui, *maire*, pour diriger les affaires de la communauté, ils reçurent du moins, de même que beaucoup d'autres cités,

(1) Id. id.

des libertés et franchises, solennellement et authentiquement consignées dans une charte. Ce titre précieux pour nos ancêtres est arrivé jusqu'à nous, dans un état qui laisse beaucoup à désirer. Des mots ont été effacés sur le parchemin par des matières corrosives, par le temps ou le frottement. La main de l'homme ou la dent des animaux rongeurs y ont fait des déchirures. De plus, il n'est pas entier ; la partie finale manque et avec elle la date qu'il n'est pas possible de déterminer exactement. A la vérité, on trouve en tête de la charte le nom de Hugues, abbé de Cluny, comme donnant son consentement, qui était nécessaire, puisque les moines seigneurs de Charlieu étaient sous sa dépendance. Mais il y en a deux à qui la charte est applicable : Hugues VI, qui gouverna l'Ordre de Cluny, de 1236 à 1245, et Hugues VII, de 1347 à 1351. Dans l'incertitude, je l'ai rapportée à ce dernier, parce qu'il est à présumer que le démêlé entre les habitants et le monastère dont j'ai parlé tout à l'heure, n'avait pas seulement pour objet l'érection en commune après l'affranchissement obtenu, mais, au contraire, cet affranchissement dont l'érection en commune n'était que le moyen.

Les chartes de franchise furent très fréquentes aux XIIIe et XIVe siècles. La plupart des villes voisines de Charlieu en obtinrent dans ce période de temps, notamment Saint-Haon-le-Châtel, Saint-Germain-Laval, Montbrison, Villefranche et Lyon. Ordinairement elles ne permettent point aux citoyens de s'ériger en commune et d'administrer eux-mêmes les affaires de la cité. Le caractère général de ces titres est de donner aux habitants des libertés qu'ils n'avaient pas, en restreignant ou abolissant les droits excessifs des seigneurs sur leurs personnes et sur leurs biens ; et de régler l'usage de ceux qui étaient maintenus, comme plus conformes à la justice, de manière à prévenir les abus. Le roi de France régnant ne fut pas étranger à la charte dite de *priviléges*, qui fut concédée à Charlieu par les Bénédictins ; car il y est dit qu'elle le fut en présence de Pierre de Roceys, spécialement dépêché pour cela par le monarque.

Le premier article porte que la ville « est libre et fran-
» che et que ni sur elle, ni sur les habitants, il ne peut
» être fait aucune exaction, imposé aucune taille, intro-
» duit aucune nouvelle redevance. » Pour comprendre en quoi consistait cette liberté et franchise, il faut savoir quelle était en France, au moyen-âge, la condition sociale des personnes. Il y en avait de trois sortes : les serfs proprement dits, les mainmortables et les tenanciers libres. Les premiers étaient comme des esclaves ; « le pouvoir absolu
» des maîtres sur eux n'avait de limites que celles de
» l'humanité et de la charité chrétienne (1). »

« Les mainmortables étaient libres, et ne devaient
» que leurs cens et leurs rentes (redevances seigneuriales).
» Toutefois, leur liberté subissait encore des restrictions,
» et entre autres les deux suivantes : il leur était interdit
» de quitter la seigneurie ou de se marier avec une per-
» sonne qui ne lui appartînt pas, sans indemniser le sei-
» gneur ; et ils n'avaient pas le droit de disposer de leurs
» biens, dont à leur mort le seigneur héritait ou pouvait
» hériter. Aussi disait-on d'eux, qu'ils vivaient en hom-
» mes libres et mouraient en esclaves (2). »

« Le tenancier libre avait la pleine et entière disposition

---

(1) *Histoire des Classes agricoles*, par Dareste de la Chavanne, p. 50.
(2) Id. id., p. 52.

» de ses biens, et c'était là le signe caractéristique qui
» le distinguait du mainmortable ; car il n'était pas né-
» cessairement affranchi de l'obligation de rester fixé dans
» la seigneurie et de ne se marier qu'avec une personne
» qui lui appartînt. Il était également assujéti, comme le
» mainmortable, aux droits seigneuriaux ; aux redevan-
» ces et services attachés à sa tenure. Sa liberté pouvait
» encore éprouver d'autres restrictions de nature assez
» diverse. Il avait besoin de l'autorisation du seigneur
» pour acheter des terres dans l'étendue de la seigneurie
» à laquelle il appartenait, ou pour entrer dans l'église,
» ou pour s'établir dans une ville de commerce ou de
» bourgeoisie (1)..... »

« La condition des tenanciers libres ou vilains offrait
» avec celle des bourgeois des villes les plus grandes ana-
» logies. Les uns et les autres étaient désignés, dans les
» actes des derniers siècles, sous les noms communs de
» *roturiers*........ Les vilains et les bourgeois étaient gou-
» vernés par les mêmes règles de droit civil, et ces règles
» étaient différentes de celles qui étaient faites pour les
» nobles. On sait que les traits les plus particuliers des
» lois concernant la roture étaient l'égalité des partages
» entre les enfants, sans distinction de rang ou de sexe,
» la communauté des acquêts entre le mari et la femme,...
» c'est-à-dire que le droit privé qui régissait la famille
» roturière fût débarrassé de la plupart des règles excep-
» tionnelles auxquelles des raisons politiques soumettaient
» celui des familles nobles (2). »

De ces trois classes d'hommes, la première, celle des

(1) Id., p. 61 et 62.
(2) Id., p. 62 et 63.

serfs proprement dits, ou esclaves, avait disparu depuis longtemps à Charlieu, au moment de la charte d'affranchissement, car il ne s'en trouvait presque plus en France, au XIe siècle (1), et il est douteux qu'il en restât des traces au XIIIe (2), même dans les seigneuries laïques ; à plus forte raison à Charlieu, où l'esprit religieux qui avait tant contribué à l'abolition des droits les plus odieux de la féodalité, devait avoir plus d'empire. En déclarant la ville libre et franche, la charte délivrait donc de la servitude personnelle les hommes qui y étaient soumis, s'il y en avait encore. Elle donnait aux mainmortables la propriété de leurs biens, la liberté de résidence et de mariage hors de la seigneurie, et elle affranchissait le tenancier libre des entraves qui pouvaient exister à l'exercice de sa liberté personnelle et territoriale. Les autres droits seigneuriaux plus légitimes étaient conservés et réglementés dans leur usage, comme nous le verrons tout-à-l'heure. Du reste, la charte ne fait le plus souvent sans doute que consacrer, adoucir ou régler des usages déjà anciennement introduits et suivis, comme on le voit en comparant deux arrêts des *olim*, tous deux de 1259, avec les articles 6 et 36.

Le premier article de la charte porte encore qu'il ne peut être imposé aucune taille, introduit aucune nouvelle redevance sur les habitants. La taille était un impôt d'autant plus odieux, qu'il n'avait point de base fixe, et que dans beaucoup de provinces de la France, notamment dans celles du Forez et du Bourbonnais, rapprochées de Charlieu, la quotité en était déterminée par la volonté

---

(1) *Essai sur l'Histoire du Tiers-État*, par A. Thierry ; édition Furne, p. 9.

(2) *Histoire des Classes agricoles*, par Dareste de la Chavanne, p. 50-1.

arbitraire du seigneur (1). Néanmoins, elle se maintint dans plusieurs pays jusqu'au XVIe ou XVIIe siècle (2). La mainmorte subsista encore plus longtemps dans certaines provinces. Au siècle dernier, elle était encore en vigueur dans le Bourbonnais et la Bourgogne; et elle ne disparut entièrement des domaines royaux qu'en 1779 (3). Ceci est bien propre à nous faire comprendre les avantages qui résultèrent pour Charlieu de l'affranchissement qui lui était concédé par la charte. C'était, pour les habitants, une liberté dans la disposition de leurs personnes et de leurs biens, et une exemption d'impôts qui n'existaient pas partout, qui étaient alors une exception et qui, suivant l'expression de la charte même, étaient considérés comme des PRIVILÉGES. Ces priviléges, s'appliquant non-seulement aux personnes originaires de la ville et à leurs descendants, mais aussi à celles qui y viendraient demeurer, et même aux étrangers, pour les biens qu'ils y possédaient (4), durent nécessairement y attirer de nouveaux habitants, et contribuer à augmenter la population de la ville, en même temps qu'ils favorisaient sa prospérité. Les préliminaires de la charte étant ainsi éclaircis, nous allons en parcourir les dispositions essentielles qui peuvent se rapporter à cinq chefs principaux : 1° Droits du monastère ; 2° justice ; 3° police ; 4° gages et cautions ; 5° clôture de la ville. Pour l'intelligence de cette étude, je rappellerai que les seigneurs jouissaient alors de la plupart des droits de souveraineté réservés depuis à l'Etat.

(1) Ducange, v^{bis} *Tallia ad voluntatem*.
(2) *Histoire des Classes agricoles*, par M. Dareste de la Chavanne, p. 167.
(3) Id., p. 804.
(4) Article 9 de la charte.

§ I.

Droits du Monastère.

1° **Droits de reconnaissance sur les donations et legs, entre personnes non parentes, de biens immeubles et sur la vente de ces biens** (Art. 2). — Ces droits étaient, quel que fût le mode de transmission, de la treizième partie du prix (Art. 9).

Les Bénédictins renoncent à les percevoir pour succession, donation ou legs entre parents et entre maris et femmes (Art. 2).

Ce droit revenait à celui dit aujourd'hui de *mutation*, qu'on payait alors au seigneur, au lieu de le payer à l'Etat.

2° **Les cens.** — C'étaient les redevances annuelles dues au monastère par les détenteurs roturiers, des fonds situés dans la seigneurie de Charlieu. Tout ce qui n'était pas noble, soit qu'il fût mainmortable ou tenancier libre, payait ce droit. Comme il avait sa raison d'être dans les concessions de terrain tacites ou formelles du seigneur, et qu'il était général, il paraissait si juste et si légitime, qu'il n'en est point parlé dans la charte pour en faire la réserve expresse, mais seulement pour le mettre en harmonie avec l'affranchissement de la mainmorte prononcé par le premier article. Ainsi il en est dit (Art. 9), que ce que les habitants de Charlieu tiennent à cens du monastère peut être vendu, engagé, aliéné, d'une manière quelconque, à la charge d'un droit de vente qui est de la treizième partie du prix, excepté dans la rue Joyeuse, depuis le puits appelé Mareschal, jusqu'au puits appelé Maiselier, où il est du double. Ce droit de vente est aussi du nombre de ceux qu'on paie aujourd'hui à l'Etat sous le nom d'*enregistrement*.

Outre les accensements déjà existants, et consacrés par la possession et les terriers, les religieux seigneurs de Charlieu pouvaient en faire de nouveaux sur leurs fonds inoccupés. L'article 13 prévoit ce cas, dispose qu'ils seront valables, soit qu'ils soient faits par le prieur, soit qu'ils le soient par l'obédiencier de son consentement; et il garantit la possession pacifique des terres accensées au censitaire et à ses héritiers.

3° La banalité de four. — Ce droit consistait en ce que tous les habitants ne pouvaient faire cuire leur pain qu'au four commun, établi par le monastère, qui percevait pour la cuisson une pite (a) par livrorée (b) (Art. 30).

4° Le banvin. — Ce droit est expliqué par la charte même (Art. 36). « Il est tel que, dans le mois de mai, le prieur » et le couvent peuvent vendre du vin loyal et pur, deux » deniers par pot de plus que celui raisonnablement » vendu au mois d'avril précédent. » Toutefois, il y a une chose qui n'est pas dite, mais sous-entendue, c'est que, dans le même temps, les tenanciers ou propriétaires ne pouvaient en vendre, excepté dans le faubourg des Chevaliers, qui était franc du banvin, et où tout le monde « pouvait vendre ou acheter du vin par pot, ou en

---

(a) La pite ou pougeoise était la plus petite des monnaies (Ducange, v[bis] *Picta, Pogesia et Pogesius*). Elle valait un quart de denier (Id. et note d'un commissaire à terrier de Charlieu, du XVIII° siècle), ou la 48° partie d'un sol de nos jours.

(b) La livrorée ou livron équivalait, à peu près, à la mesure de Charlieu en usage avant 89 (même note), ou au boisseau, dont on se servait avant le rétablissement de la mesure légale.

» plus grande quantité, suivant qu'il lui plaisait, même
» pendant le mois de mai (même Art. 36). » Mais on ne
pouvait en apporter de ce bourg dans la ville, sans encourir la confiscation du vase et de son contenu. Un préposé du prieur veillait à la porte de la ville pour en
empêcher l'introduction (même Art.). « Le but du droit de
» banvin était de faciliter au seigneur la vente de son vin,
» et surtout la vente en gros (1). » Il subsistait encore au
XVIIe siècle (2).

Le bourg dont il est question dans cet article, est le
même qui fut plus tard appelé *faubourg Chevalier*, et
qui a cessé d'exister depuis longtemps. Mais dans les derniers siècles, le territoire où il avait été situé en portait
encore le nom. Il était entre le lieu appelé encore aujourd'hui Chante-Oiseau, et l'abbaye, dans les prés au nord
du ruisseau de Bonnard (3). Au moment où la charte fut
concédée, il s'y trouvait un château, dont la garde nécessitait la présence des hommes d'armes qui avaient sans
doute donné le nom au faubourg. Le château appartenait
au Roi (4), et il est à présumer que le faubourg lui appartenait aussi; car dans l'art. 28 de la charte, il est question de la cense du Roi. On appelait ainsi l'étendue du territoire où un seigneur percevait des redevances, en argent
ou en fruits, sur les détenteurs des fonds roturiers. D'un
autre côté, le faubourg Chevalier était encore, au siècle
dernier, regardé comme étant ou ayant été du domaine

---

(1) *Histoire des Classes agricoles*, par M. Dareste de la Chavanne, p. 188.

(2) Ferme des revenus du prieuré de 1662.

(3) Actes authentiques du XVIIe siècle.

(4) Mémoire de pièces à produire par le prieur contre le châtelain royal, au parlement de Paris, de 1779.

royal (*legitimum regis, ditionis dominium*) (1). Le château fût démoli, pour élever promptement les fortifications de la ville, lorsque les Anglais envahirent le centre de la France, comme nous le verrons bientôt.

5° Droits de crédit. — Le prieur avait, pour les comestibles usuels seulement, un crédit de quinze jours. Le délai passé, le crédit cessait, jusqu'à ce que les premiers achats eussent été payés. Le prieur avait un préposé pour recevoir les marchandises, les enregistrer et en donner reçu (Art. 35).

6° Droits sur les marchandises vendues dans la ville. — Le monastère avait une poignée de blé à la main du vendeur pour chaque bichet (c); mais il fournissait les bichets pour mesurer le grain;

Un pot de vin sur soixante, et une obole (d) par quarte (e); il fournissait également les mesures et les étalons pour jauger les fûts;

Une poignée de gros sel par chaque septier (f);

Un denier pour le sel fin, à moins qu'il ne fût pour l'usage du ménage de l'acheteur (Art. 31, 32, 33 et 34).

On payait aussi des droits pour la plupart des animaux achetés au marché, savoir : pour un cheval, quatre de-

(1) *Almanach du Lyonnais*, de 1754.

(c) Le bichet équivalait à l'ancienne mesure de Charlieu en usage avant la révolution (note d'un commissaire à terrier de l'abbaye, du siècle dernier), ou à peu près au boisseau (id.).

(d) L'obole valait la moitié d'un denier, et il fallait douze deniers pour faire un sol tournois, qui était à peu près l'équivalent d'un sol de nos jours (note d'un commissaire à terrier de Charlieu, de la fin du XVIII° siècle).

(e) La quarte valait ordinairement la 8° partie d'une ânée (note citée). A Charlieu elle était donc de 12 à 13 de nos litres environ.

(f) Le septier valait environ un litre et demi (même note).

niers (g); pour un bœuf ou une vache, une obole (h);
pour un âne, deux deniers ; pour dix aunes de toile, une
pite (i), et cela le jour même du marché (Art. 37).

7° Droits sur les professions.

Les bouchers, tuant bœufs et vaches, devaient au monastère les langues des bœufs, et une fois par an, à la Toussaint, une croupe de bœuf ;

Les charcutiers, les reins d'un porc, aux fêtes annuelles, et quatre jambes, à la Toussaint ;

Les marchands d'huile en détail, une livre, à la Quadragésime ;

Les cordonniers, une paire de souliers, à la fête de saint Michel ;

Les épiciers, deux deniers, une fois l'an ;

Les potiers, deux pots, une fois l'an ;

Les ouvriers en fer, deux espadons, une fois l'an (Art. 37).

8° Amendes. — Les Bénédictins avaient la justice à tous les degrés, depuis celui de la peine capitale jusqu'aux causes de la plus minime importance ; c'est ce qu'on appela ensuite la *justice haute, moyenne et basse*. Elle comprenait donc aussi les amendes de toute espèce, qui étaient multipliées au moyen-âge et appliquées à presque tous les cas. Probablement il n'en était arrivé ainsi que par abus, parce qu'elles étaient au profit du seigneur justicier. La charte y met des restrictions et en détermine exactement la quotité. Ainsi, le monastère renonce à en lever aucune pour querelle entre les bourgeois et les hommes d'armes (Art. 14) ; pour demande en payement d'une dette, quand elle

(g) Voyez la remarque faite à la lettre *d*, ci-devant.
(h) Voyez la remarque faite à la lettre *d*, ci-devant.
(i) Voyez la remarque faite à la lettre *a*, ci-devant.

n'est pas niée par le débiteur (Art. 15) ; et pour injure verbale, comme *punais*, lépreux, voleur ou larron (Art. 38).

Voici les cas où elle est maintenue, avec le taux :

Pour injure faite ou dite, 3 sols et demi (Art. 16) ;

Pour blessure avec effusion de sang, par suite de coups, 7 sols (Art. 17) ;

Pour blessure avec le fer, tel que couteau, épée, lance, 60 sols et demi d'amende, qu'il y eût ou non plainte en justice de la partie lésée (Art. 18). Cette plainte était exigée dans les deux premiers cas ; mais dans celui-ci, attendu la gravité, les officiers de justice du prieuré pouvaient poursuivre d'office.

Pour faux poids et mesures, 60 sols et demi d'amende (Art. 19) ; autant que pour blessure avec le fer, ce qui paraît peu rationnel ;

Pour adultère, aussi 60 sols et demi (Art. 27). Du reste l'amende, quelle qu'elle fût, ne devait se payer qu'après les dommages-intérêts dûs à celui au préjudice de qui avait été commis le crime ou le délit (Art. 17 et 18) ; disposition très favorable au justiciable, puisqu'elle plaçait la satisfaction pécuniaire, qui lui était due, en quelque sorte sous la sauvegarde du monastère.

§ II.

Justice.

Dans ce paragraphe, il n'est point question de la justice, considérée comme droit seigneurial, mais du mode suivant lequel elle devait être rendue aux termes de la charte.

1° On doit donner à tout homme demeurant dans la ville un juge non suspect (Art. 4).

2° Le bourgeois, ou habitant de la ville, qui demande justice en la cour de Charlieu, ne peut être renvoyé à une autre (Art. 21). Cette disposition est analogue à celle de nos chartes modernes : « nul ne peut être distrait de ses « juges naturels. »

3° Si on produit des témoins en justice contre quelqu'un, il peut se faire assister d'un conseil pour les examiner (Art. 8).

4° On ne doit ni saisir ni arrêter celui qui a des biens suffisants pour répondre de l'amende qu'il a encourue (Art. 5). C'était une garantie pour la liberté individuelle.

5° Le prieur, devant qui une cause a été portée, ne doit point appeler d'assesseur pour la juger ; à moins qu'elle ne soit majeure, et du consentement des parties seulement (Art. 38). La présence des assesseurs donnait lieu, sans doute, à une augmentation de frais.

6° Personne ne peut être condamné à mort ou à perte de membre, que les bourgeois n'aient été appelés et admis au jugement (Art. 20). C'est l'établissement, ou la confirmation du jury dans les causes criminelles.

§ III.

Gages et Cautions.

Les bourgeois et habitants de la franchise pouvaient obliger leurs débiteurs, ou cautions, à donner un gage, et même faire vendre ce gage sur le marché de la ville. Le débiteur pouvait le retirer, pendant huit jours après l'avoir donné, si son obligation n'avait pas le gage même pour objet, mais en donnant, toutefois, bonne et sûre caution à son créancier (Art. 11).

Le prieur et les moines faisant citer en justice quelqu'un de la franchise, ne pouvaient en exiger sûreté ou caution que sur les choses qu'il tenait d'eux ; et s'il n'avait point de biens, il ne fournissait caution qu'autant qu'il le pouvait (Art. 6).

Personne venant au marché n'était tenu de donner gage, à moins qu'il ne fût débiteur principal ou caution (Art. 22).

Il paraît que c'était un usage général alors que tout débiteur donnât un gage à son créancier.

§ IV.

Police.

Celui qui apportait ses effets dans la ville, pour les mettre en sûreté, était libre de les retirer, à moins que ce ne fût pour dette personnelle, pour cautionnement ou méfait (Art. 3).

Celui qui était pris, deux ou trois fois au plus, à employer un faux poids ou une fausse mesure, en vendant ou achetant, perdait irrévocablement son état de marchand (Art. 19).

Personne ne pouvait acheter des vivres hors de la ville les jours de marché, que ceux déterminés, à peine de confiscation (Art. 23).

Quiconque avait des moulins dans la franchise de Charlieu devait moudre trois bichets pour une coupe comble, onze coupes faisant le bichet (Art. 29). Le salaire du meunier était donc du 33ᵉ de la mouture.

Le préposé à la trémie avait aussi sa part, qui était d'une

poignée de farine par quartaut (k). Celui qui portait le blé et rendait la farine n'était pas oublié dans l'énumération des droits de mouture (Même article 29).

Cet article a trait au moulin banal de Charlieu. On appelait ainsi un moulin appartenant au seigneur, où tous les habitants étaient obligés de faire moudre leur grain, exclusivement à tout autre.

§ V.

Clôture de la Ville.

Les bourgeois de la ville pouvaient taxer le blé qui y était apporté par ceux qui n'y demeuraient pas, lorsqu'il y en avait besoin pour la clôture de la ville, d'une coupe par quartaut (l) (Art. 24).

Si les bourgeois veulent entourer la ville de fossés, le monastère doit leur acquitter les tierces (m), et s'ils veulent faire clore la ville de murs, le prieur et les moines doivent fournir la chaux (Art. 25).

(k) Le quartaut valait à Charlieu quatre bichets ou boisseaux (note déjà citée d'un commissaire à terrier).

(l) Le quartaut, ayant à Charlieu la capacité de 4 bichets ou boisseaux (voyez la note précédente), la taxe du blé, d'une coupe par quartaut, équivalait au 44e, puisque à Charlieu le bichet ou boisseau était composé de 11 coupes (Art. 29).

(m) Les tierces étaient une redevance dont la nature et la quotité sont incertaines.

SECTION II.

Charlieu pendant la guerre avec les Anglais, et les guerres et les contestations entre les rois de France et les ducs de Bourgogne.

D'après les articles de la charte relatifs à la clôture, et qui viennent d'être cités, il semblerait que la ville n'était fermée ni de murs ni de fossés ; ce qui semble contradictoire avec d'autres articles, qui supposent, au moins, l'existence de murailles et de portes. Tel est l'art. 36, où il est dit que si celui qui apporte du vin du bourg Chevalier dans la ville, est surpris par le préposé du prieur, celui-ci peut confisquer le vase et le vin, à moins que *le portier* ne demande la condamnation à une autre amende. Tels sont encore l'art. 3, par lequel il est défendu d'acheter des vivres hors des portes de la ville (*extra portas*), et l'art. 3, où il est dit qu'on est libre de retirer les objets apportés en ville pour les mettre en sûreté. Ils peuvent cependant se concilier en admettant, ou qu'il n'y avait que des murs peu capables de résister à une attaque, ou que ces murs n'embrassaient pas la ville tout entière, parce que en s'agrandissant, elle avait débordé son enceinte fortifiée. Du reste, il est possible que Charlieu fût sans défenses, puisque plusieurs villes du Forez n'en avaient pas non plus et ne s'en donnèrent qu'au XIVe siècle (1). Depuis deux ou trois cents ans, elles avaient pu s'en passer, parce que les guerres de seigneur à seigneur étaient devenues moins fréquentes ; ils étaient comprimés, dans leurs entreprises et leurs projets belliqueux, par

(1) *Histoire du Forez*, par A. Bernard, t. 2, p. 4.

l'autorité royale, qui avait pris beaucoup d'extension. Charlieu avait l'avantage d'appartenir à l'Ordre de Cluny, qui jouissait d'une si haute considération, que son nom était en quelque sorte une sauvegarde suffisante pour tous les lieux de sa dépendance. Enfin, depuis l'acquisition du comté de Mâcon par saint Louis, en 1238, la ville était dans le territoire de la couronne, et par conséquent, pour ainsi dire, sous sa protection. Ajoutons encore que, par sa situation, au centre du royaume, elle n'avait pas à redouter les incursions d'un ennemi étranger. Malheureusement les choses allaient changer. Les Français avaient perdu contre les Anglais la célèbre bataille de Crécy, en 1346. Dix ans après, en 1356, ils perdirent encore, contre les mêmes ennemis, celle de Poitiers, qui fut beaucoup plus funeste. Le roi de France, Jean, y fut fait prisonnier et emmené en Angleterre. Son absence laissa le royaume en proie aux factions et aux désordres de toute espèce. Il n'y eut personne pour résister aux envahissements des Anglais, qui pénétrèrent jusqu'au centre de la France. A leur approche, toutes les villes qui le purent se mirent en état de défense; en cette circonstance pressante, les habitants de Charlieu démolirent le château appartenant au Roi dans le faubourg Chevalier, soit pour employer les matériaux à réparer ou augmenter leurs murailles, soit de crainte que l'ennemi ne s'en emparât et ne s'en fît un point d'appui contre la ville (1).

Cependant les Anglais entraient dans le Forez, brûlaient Montbrison et l'abbaye de Valbenoite, et ne ménageaient

---

(1) Mémoire des pièces pour servir aux Bénédictins dans leur procès contre le châtelain royal de Charlieu, au parlement de Paris, de 1770.

point les autres villes où ils pouvaient pénétrer (1). Bientôt ils arrivèrent à Charlieu ; mais on ne sait s'ils y entrèrent ou s'ils en furent repoussés. D'après une autorité un peu douteuse (2), ils prirent la ville jusqu'à trois fois et une quatrième fois ils en auraient fait inutilement le siége pendant deux ans, quoiqu'ils fussent maîtres de tous les châteaux voisins. On ne dit point en quelles années se passèrent ces évènements divers. Suivant un historien (3), les provinces voisines de Charlieu ne furent entièrement débarrassées de ces insulaires qu'en 1397, après une terrible bataille que leur livrèrent les ducs de Bourbon, de Berry et d'Auvergne, dans la plaine entre Roanne et Perreux, où ils en firent un si grand carnage, que l'endroit porta longtemps le nom de *Cimetière des Anglais*. Comme ils allaient et venaient d'une province à l'autre, ravageant et vivant de pillage, suivant l'habitude des troupes armées à cette époque, il est possible qu'ils aient assiégé ou pris plusieurs fois Charlieu, dans le long espace de temps qui s'écoula de 1357 à 1377. Dans une de ces expéditions ils emportèrent, dit-on, une grosse cloche de l'église paroissiale de Saint-Philibert, et ils la vendirent à la cathédrale d'Orléans (4).

Les Anglais ne furent pas le seul ennemi dont Charlieu eut à se défendre, à l'époque dont nous parlons. La paix qui fut faite avec cette nation, par le traité de Brétigny, en 1360, tourna contre la France les armes de ses pro-

---

(1) Lamure, cité par A. Bernard dans son *Histoire du Forez*, t. 1er, p. 324-5.

(2) *Almanach du Lyonnais*, de 1759.

(3) Bernard, *Histoire du Forez*, t. 2, p. 5.

(4) Id. id.

pres défenseurs, et suscita une guerre intestine dont les ravages se firent plus particulièrement sentir dans notre contrée. Les armées étaient, dans ce temps-là, composées principalement de mercenaires, qui mettaient leur vie à la solde du plus offrant. Après le traité de paix, ils furent congédiés. Le plus grand nombre étaient des gens sans aveu, qui n'avaient pas de domicile ou qui ne se souciaient pas de reprendre la vie paisible. Tous étaient habitués à la licence des camps et dédaignaient la tranquillité domestique. Il y avait aussi parmi eux beaucoup d'étrangers, qui n'avaient aucun sentiment de nationalité. Ils se fermèrent en bandes, se donnèrent des chefs et se mirent à piller et ravager le pays. Ces bandes prirent des noms analogues à leurs odieux exploits, tels que *Croquants, Retondeurs*. Souvent elles se suivaient et passaient tour-à-tour dans la même contrée ; les derniers en ordre se donnèrent le nom de *Tard-Venus*. Cette troupe fut la plus célèbre. Elle était en Bourgogne, quand le roi Jean y vint pour régler les affaires de la province. Cette circonstance, jointe au projet déjà formé par la bande, d'aller rançonner une seconde fois le Pape à Avignon (1), la détermina à passer dans le Lyonnais. Elle se dirigea vers ce pays, au nombre de 16 mille hommes, en traversant le Mâconnais et le Beaujolais, où elle fit des dégâts étranges (2). C'est alors qu'ils vinrent à Charlieu, mais ils ne purent s'en emparer (3). Plusieurs gentilshommes du Forez, intéressés à défendre cette ville, qui était comme le boulevard de leur province, s'étaient jetés dedans pour la défen-

---

(1) *Histoire de Lyon*, par M. Montfalcon, p. 489.
(2) Lamure, cité par A. Bernard, *Histoire du Forez*, t. 1ᵉʳ, p. 328.
(3) *Annales de Bourgogne*, par Paradin, p. 347.

dre (1). Cependant, par ordre du Roi, Jacques de Bourbon, comte de la Marche, rassembla toute la chevalerie des provinces circonvoisines, marcha contre les brigands et les atteignit à Brignais, non loin de la ville de Lyon. Il fut défait et tué avec son fils, le comte de Forez, le sire de Beaujeu et beaucoup d'autres. Maîtres du bassin du Rhône, les Tard-Venus allèrent, sans autre obstacle, rançonner le Pape à Avignon.

Dans l'un de ces siéges que Charlieu eut à soutenir contre les Anglais, ou contre les bandes d'aventuriers, qui parcouraient le pays, un bourgeois de Charlieu, appelé Perrin-Freppier, fut soupçonné d'avoir ouvert la porte et le pont de la ville, à heure indue, dans l'intention de les livrer à l'ennemi. Il fut arrêté par le châtelain et remis aux mains du juge des Bénédictins (2).

Le château du Roi, qui avait été démoli, au faubourg Chevalier, pour la défense de la ville, ne l'avait été qu'avec le consentement du bailli de Mâcon; cependant, en 1367, quand on n'eut plus autant à craindre, le procureur du Roi fit un procès aux habitants pour ce fait. Il demanda qu'ils fussent condamnés à fournir dans l'intérieur de la ville une maison valant quatre fois autant. Il y eut traité, et les bourgeois achetèrent une maison du prix de 550 francs d'or (n). Le roi Charles V homologua ce traité, par lettres du mois d'août 1367. Cette maison servit, comme autrefois le château, si je ne me trompe, à l'exercice et aux officiers de la justice royale. Elle contenait, sans doute, l'auditoire, le greffe, et peut-être le logement des magis-

---

(1) Lamure, cité par M. A. Bernard, t. 1ᵉʳ, p. 330.

(2) Mémoire de titres pour les Bénédictins contre le châtelain, dans leur procès au parlement de Paris, de 1779.

(n) Le sol d'or valait 17 sols, six deniers.

trats. L'introduction dans l'intérieur de la ville du châtelain royal, qui résidait autrefois en dehors, envenima les contestations déjà très vives entre lui et le prieur, au sujet de l'étendue et des attributions respectives des justices royales et seigneuriales, comme on le verra en son lieu.

Depuis la réunion à la couronne de la ville et du comté de Lyon, en 1313, le Mâconnais, qui appartenait au Roi de France depuis 1238, avait été entraîné dans la sphère de Lyon, par l'importance de cette grande ville, devenue le siége d'officiers royaux de toute espèce, et comme un centre d'où la royauté rayonnait tout autour, pour étendre son autorité. Charlieu, situé sur le territoire du Mâconnais, en suivait nécessairement le sort. Tous deux furent rattachés à Lyon, principalement par la translation dans cette ville du bailliage de Mâcon, sous Philippe-de-Valois. Par ce changement, ce n'étaient pas seulement les appels des justices de Charlieu qui se trouvaient transportés à Lyon, mais aussi tout le ressort du gouvernement royal, car les baillis, à cette époque, ne rendaient pas seulement la justice au nom du Roi, mais ils commandaient ses hommes d'armes, administraient ses finances et s'occupaient de tous les détails du gouvernement. Toute l'administration judiciaire, financière, militaire était entre leurs mains (1). Aussi, dans la guerre des Anglais et des Bourguignons contre Charles VII, Charlieu suivit-il l'impulsion de Lyon, qui resta fidèle à ce prince. Dans les premières années de son règne, des troupes bourguignonnes infestaient les campagnes du Beaujolais et du Lyonnais ; elles

---

(1) *Dictionnaire historique des institutions de la France*, par A. Chéruel.

menaçaient d'assiéger la ville. On n'avait à espérer aucun secours de Charles VII, abandonné des seigneurs, sans soldat et sans espoir. Les châteaux se remplirent de munitions de guerre et de soldats. Des hommes de bonne volonté Lyonnais et Dauphinois, commandés par Humbert de Grôlée, bailli de Mâcon, sénéchal et capitaine de Lyon depuis 1418, battirent ou repoussèrent les Bourguignons presque partout, leur reprirent Tournus, qui était en leur pouvoir, s'avancèrent jusqu'à Mâcon (1), les forcèrent bientôt à lever le siège du château de la Bussière près de cette ville, firent leur chef prisonnier, et les contraignirent à évacuer le Mâconnais (2). Sur ces entrefaites le duc de Savoie intervint; il proposa une trève pour le Lyonnais, la Bourgogne et le Chârollais, et demandait que, pour garantie de la trève, on remît entre ses mains Mâcon, Tournus et Charlieu, comme places principales sans doute. Ses propositions n'eurent pas de suite, et la guerre, momentanément suspendue, recommença (3). Battus à Anton, près de Lyon, en 1430, les Bourguignons envahirent de nouveau le Lyonnais trois ans après ; ils s'emparèrent de Belleville et menacèrent le Beaujolais.

Comme Charlieu était dans ces guerres du parti des Lyonnais, le prieuré ou château de la ville avait reçu une garnison pour résister aux entreprises des Bourguignons, qui devaient chercher à s'en emparer. Elle y avait été envoyée par ordre du duc de Bourbon, lieutenant du Roi, et avait pour commandant Philibert Buyon. On devait la solder avec les deniers levés sur la province, pour le soutien de la guerre. En 1435, les Lyonnais ne se pressaient

(1) *Histoire de Lyon*, par M. Montfalcon, p. 488.
(2) Id., p. 488.
(3) Id., p. 488.

pas de payer les deux cents francs qui étaient dûs pour cela, et il nous reste deux lettres du commandant Buyon, où il les réclame avec instance, l'une, du 7 septembre, et l'autre, du 28 novembre (1). Dans la première, il leur déclare que, s'ils ne le payent incontinent, il se payera lui-même le mieux qu'il pourra et au plus tôt. Dans la seconde, il leur annonce qu'il détient et détiendra Morellot-Léviste, jusqu'à ce que lui et ses compagnons aient été satisfaits. Ce Morellot-Léviste était quelque citoyen distingué de Lyon, peut-être de la famille des Léviste qui y joua un grand rôle aux XVe et XVIe siècles (2). On ne sait quel fut le sort des réclamations de Buyon ; comme la paix venait d'être signée entre le Roi et le duc de Bourgogne (22 septembre), les Lyonnais, qui n'avaient plus besoin de ses services, s'inquiétaient fort peu de le mécontenter. Mais c'est Charlieu qui devait en souffrir ; à défaut de solde régulière, il se payait, sans doute, de ses propres mains, comme il l'avait annoncé, et ce ne pouvait être que par des extorsions sur la ville et sur le pays.

Par le traité d'Arras, du 22 septembre 1435, qui établit la paix entre Charles VII et le duc de Bourgogne, le Roi céda à ce dernier le comté de Mâcon avec les villes et villages qui en dépendaient, et les profits des aides (droits sur le sel et sur le vin), tailles et impositions de denrées dans l'élection de Mâcon (o). Le traité donna lieu à des difficultés particulières, en ce qui concernait la ville de Charlieu et les paroisses environnantes (p). Le Roi pré-

---

(1) Les originaux sont aux Archives de la mairie de Lyon.
(2) *Catalogue des Lyonnais dignes de mémoire,* v^{bo} Léviste.
(o) On appelait ainsi une circonscription pour la levée des impôts.
(p) Ces paroisses étaient Saint-Pierre-la-Noaille, Saint-Nizier, Saint-Hilaire, Saint-Bonnet et Saint-Julien-de-Cray, Régny-sur-Rhins, Saint-

tendit qu'elles ne faisaient point partie du comté de Mâcon, et le Duc soutenait le contraire. Le Roi ordonna au sénéchal de Lyon (q) de faire promptement des informations à ce sujet et de les lui renvoyer, aussitôt qu'elles seraient terminées, afin qu'il pût décider le plus tôt possible sur les prétentions du duc de Bourgogne (1). Les lettres du Roi à ce sujet sont de 1435, et il n'y avait pas encore de solution en 1448. Cependant, les habitants de Charlieu et des paroisses contestées souffraient de ces débats, parce qu'on les contraignait de payer les impôts à la fois à Lyon et à Mâcon, les officiers du Duc ne voulant, pas plus que ceux du Roi, en suspendre la levée, en attendant une décision. Sur les plaintes que lui en firent les habitants, par l'intermédiaire de son procureur des aides à Lyon, Charles VII fit défense aux élus de Mâcon (r) d'en exiger les aides et les tailles. Les élus en appelèrent au parlement de Paris. Alors le Roi, par de nouvelles lettres données à Lyon, en 1437, adressées au sénéchal et aux élus de Lyon (2), ordonna aux élus de Mâcon de cesser toute poursuite, jusqu'à ce que

---

Denis, Chandon, Villers, Belleroche, Saint-Germain-la-Montagne, Belmont, Jarnosse, Mars, Maizilly, Iguerande, Aillant, parcelle de Pouilly-sous-Charlieu, qui formaient, si je ne me trompe, l'étendue de la châtellenie de Charlieu.

(q) Le sénéchal était, comme le bailli, un officier chargé de rendre la justice, de commander la milice lorsqu'elle entrait en campagne. Il avait aussi l'intendance des domaines du Roi et l'administration financière. Le titre de bailli de Mâcon fut souvent réuni à celui de sénéchal de Lyon.

(1) *Lettre du Roi, aux inventaires de la chambre des comptes à Dijon*, vol. 1er, p. 695.

(r) Les élus, ainsi appelés parce qu'ils l'avaient réellement été primitivement, répartissaient les impôts levés pour le Roi et formaient un tribunal qui jugeait les procès élevés à cette occasion.

(2) *Inventaire de la chambre des comptes à Dijon*, p. 736, cote 26.

l'affaire eût été décidée par le parlement, et ce nonobstant l'appel; mais ces lettres ne leur furent signifiées qu'en 1439, et, pendant ce temps, les habitants de Charlieu et des paroisses en dépendant restaient exposés à un double paiement d'impôts. La solution traîna en longueur. Il y eut, en 1444, une enquête, faite par un commissaire de la cour des comptes du duc de Bourgogne à Dijon, où les témoins déclarèrent que les habitants de la ville et de la châtellenie de Charlieu avaient coutume de payer les tailles et impositions à Mâcon, avec les autres habitants du diocèse, avant les guerres et les divisions du royaume; et qu'ils n'avaient cessé de le faire que depuis vingt-cinq ans (1). Je crois pourtant qu'ils avaient dû cesser depuis plus de temps, et probablement, depuis l'époque où le bailliage de Mâcon avait été transféré à Lyon, comme je l'ai dit ci-devant. Cela ne prouvait pas, néanmoins, que Charlieu ne fît pas partie du Mâconnais, car il n'avait pas cessé d'appartenir au diocèse de Mâcon; et s'il ressortait maintenant à Lyon pour le civil, ce n'était que depuis un siècle tout au plus. Ce changement de ressort n'empêchait pas qu'il ne fût de la province du Mâconnais. En 1448, le Roi et le Duc résolurent de nommer chacun deux commissaires pour terminer la difficulté (2). Néanmoins, les choses en restèrent là probablement, car en 1455, elles étaient encore dans la même incertitude que par le passé. Il y eut de nouvelles entreprises des officiers du Duc sur Charlieu, auxquelles les paroisses qui en dépendaient et les élus en l'élection du Lyonnais, s'opposèrent, en se fondant sur les lettres du Roi

(1) Id. id. vol. 18, fol. 88.
(2) *Lettres, aux inventaires de la chambre des comptes à Dijon*, p. 735, cote 12.

données en 1437 (1). Les officiers royaux, plus puissants que ceux du Duc, l'emportèrent sans doute, d'autant plus qu'ils étaient restés en possession. Puis la réunion du duché de Bourgogne à la couronne sous Louis XI, en 1478, mit nécessairement fin au différend, s'il en restait encore des traces.

Pendant ce litige, avait eu lieu la guerre dite de la *Praguerie*; sous le prétexte de forcer le Roi à opérer le bien public, quelques seigneurs se soulevèrent contre lui à l'instigation de son fils, qui fut depuis Louis XI. Parmi les seigneurs ligués, était le duc de Bourbon, qui possédait à la fois le Bourbonnais, le Forez et le Beaujolais. Il s'empara de Charlieu, place importante pour lui, à cause de sa position avancée dans ses domaines; elle fut reconquise par le Roi lui-même en 1440 (2), peu de temps après qu'elle fut tombée entre les mains du Duc.

(1) Id. id. vol. 2, p. 588, article 3851.
(2) *Histoire des ducs de Bourgogne*, par M. de Barante, t. 6, p. 231 de la première édition in-8.

CHAPITRE II.

Histoire d'un bourgeois de Charlieu au XVe siècle.

Malgré les guerres auxquelles Charlieu se trouva mêlé, comme je l'ai dit, les dangers et les souffrances qui en résultèrent, il s'y forma une bourgeoisie nombreuse et riche pour le temps. La ville fut représentée par plus de 80 bourgeois, dans un traité qui eut lieu en 1442, avec les religieux, au sujet de la pêche des fossés de la ville. On y remarque Jean des Verchères (de Vercheris), Jean de la Ronzière (de Ronzeria), Jean Dupont (de Ponte), dont la postérité est arrivée jusqu'à nos jours. Tous, ou presque tous, étaient adonnés au commerce et à l'industrie; quelques-uns étaient légistes et remplissaient des fonctions près des tribunaux de l'époque. Un des objets de leur commerce était le drap. Il existe encore plusieurs obligations qui leur furent consenties, pour achat de cette étoffe, par les nobles des environs, notamment par Guy de Marcigny et Jean de Lespinasse. Un grand nombre d'actes atteste que ces bourgeois possédaient beaucoup de fonds de terre dans les environs, à Chandon, à Saint-Nizier, à Saint-Denis, etc. Quelques-uns se firent une fortune très considérable pour le temps. De ce nombre fut Jean Mareschal, dont les richesses devinrent la proie d'un seigneur envieux et cupide, et dont l'histoire intéressante à ce titre, ne l'est pas moins par les connaissances qu'elle nous donne sur le commerce de Charlieu au moyen-âge.

Jean Mareschal vivait au XV° siècle ; sa famille était ancienne à Charlieu. Un de ses ancêtres avait fondé, au XIII° siècle, le couvent des Cordeliers, ainsi que je l'ai dit dans la première partie de cette histoire. Cette fondation suppose une fortune déjà faite et considérable, car il avait plusieurs enfants, quoiqu'il se fût fait religieux dans le couvent même établi avec ses libéralités (1). Au XIV° siècle, son père et son aïeul firent foi et hommage à Hugues de Cousan et à Alix de la Perrière, sa femme, comme seigneurs du Roannais, de divers cens et servis à Saint-Romain-la-Motte et à Noailly. La mère de Jean Mareschal était aussi d'une famille bourgeoise de Charlieu, celle des Belmont. Nicole de Belmont avait deux frères dans l'ordre ecclésiastique ; l'un était prieur de Saint-Laurent, et l'autre moine à l'abbaye de l'Ile-Barbe, près de Lyon ; c'étaient les oncles maternels de Jean Mareschal. Par sa femme, Jeanne Perrière, il n'était pas moins bien apparenté. Un oncle de celle-ci, Thomas Perrière, était abbé de Saint-Rigaud. Je crois que ces hautes alliances lui avaient enflé le cœur, car il prenait, dans des actes authentiques, la qualité de noble et de seigneur de la *Grange-Sirot*. Il se vantait d'avoir servi comme écuyer les rois Charles V et VII contre les Anglais ; il donnait à sa maison le titre d'hôtel et avait un chapelain comme les seigneurs. A la vérité, ce chapelain faisait quelque peu office de commis,

(1) Un acte d'échange passé le 18 février 1326, entre deux habitants de Saint-Haon-le-Châtel, porte pour un des confins de la maison, objet de l'échange, celle des enfants de *feu Jean Mareschal, de Charlieu, de l'Ordre des Frères Mineurs.*

ou de receveur des revenus, et l'hôtel, qui n'était autre, suivant toute apparence, que cette antique et vaste maison, située près de l'église, et qui a été démolie, avec beaucoup d'autres, pour faire la place publique actuelle (a), ne servait pas moins à son commerce qu'à son logement. Il ne se bornait pas à un seul négoce, mais il en embrassait plusieurs. Il vendait non-seulement chez lui, mais aussi dans les foires des environs, du drap, des étoffes appelées *brunettes, futaines, blancs, verts,* du sel et d'autres denrées. En même temps, il spéculait sur le vin, faisant aux vignerons, qui avaient besoin d'argent, des avances qu'ils lui remboursaient avec le produit de leurs récoltes. Ses marchés, en ce genre, avaient lieu principalement avec des habitants de Saint-Romain, de Saint-Haon, de Saint-André, de Renaison et d'Iguerando, et, en certaines années, ils étaient très nombreux. Il possédait d'ailleurs des vignes à la côte de Roanne et en d'autres pays. Tout cela nous est révélé par ses livres de compte, dont quelques-uns sont arrivés jusqu'à nous. D'après ces livres, l'ânée de vin (b) valait moyennement à cette époque (vers 1450, il y a 400 ans environ), un florin (c); le seigle cinq blancs (d) et deux nicquets (e), à six blancs la mesure (f); la journée d'homme

(a) Je veux parler de la maison dont le [dernier propriétaire a] été M. Alesmonières, marchand-épicier. Mareschal vendait ou faisait vendre du sel dans la petite boutique sous l'escalier, tout comme le dernier possesseur.

(b) L'ânée avait à peu près la même capacité que celle de nos jours, environ un hectolitre (note déjà citée d'un commissaire à terrier).

(c) Le florin valait 15 sols (id.).

(d) Le blanc valait 5 deniers.

(e) Et le nicquet un denier et 2/3.

(f) J'ai déjà dit que la mesure de Charlieu équivalait à peu près au boisseau.

se payait ordinairement quatre blancs, et celle de femme moitié moins.

Outre sa seigneurie de la Grange-Sirot, dont on ignore la situation, Mareschal possédait à Saint-Denis la propriété appelée dès-lors, comme aujourd'hui, Ruillequartier. On a encore l'acte authentique, constatant le marché qu'il fit, en 1467, avec deux ouvriers de Saint-Maurice, pour nettoyer des bois et des buissons qui le gâtaient, le pré dépendant de cette propriété qui est situé sur la rivière de Sornin. Il se réservait le gros bois; quant aux menus et aux branches, les ouvriers avaient le choix de les enlever à leur profit ou de les brûler sur place. Du reste, il leur donnait trois francs (g), sept bichets (h) de seigle, un baral (i) de vin et un quartier de bacon, c'est-à-dire de lard. A ce prix ils devaient mettre le pré en bon état.

Mareschal avait aussi beaucoup de cens, rentes et servis, principalement en Beaujolais, dans les paroisses de Marchamp, Quincié, Claveysolles, Chenelette, Saint-Georges-de-Renins, Charentay, Odenat, Saint-Lager et des Ardillats. Il donnait aussi beaucoup de bétail à cheptel, c'est-à-dire à nourrir à moitié profit et moitié perte. Il plaçait de cette manière, qui était ou avantageuse, ou fort en usage alors, des animaux de toute espèce, bœufs, vaches, veaux, chèvres, moutons, chevaux, etc., surtout des porcs en grand nombre. Ces cheptels, qui ne comprenaient ordinairement qu'un petit nombre de têtes, étaient disséminés dans les paroisses des environs et dans le Cha-

---

(g) C'était un franc d'or (il n'y en avait pas alors en argent), qui valait 17 sols 6 deniers (note citée d'un commissaire à terrier).

(h) Ou boisseaux, voyez les notes précédentes.

(i) Le baral valait demi-ânée ou 50 litres environ.

rollais. Il y en avait beaucoup, surtout de porcs, à Saint-Saturnin, à Ligny et à Oyé, sans doute parce qu'il s'y trouvait de grandes forêts, où on pouvait les engraisser par la glandée, qui a été, jusqu'en 1789, presque le seul moyen employé.

Tous les baux à cheptel étaient rédigés, en latin, par un notaire, dans un registre qui restait en brevet entre les mains de Mareschal. Entre les actes, un espace suffisant était réservé pour les notes, s'il y en avait à mettre. On y trouve constaté le prix du bétail à cette époque ; un bœuf coûtait de quatre à huit francs de l'époque (k) ; une vache, de trois à quatre francs ; un taureau, même prix ; un mouton, six à sept gros (l) ; un cochon, de huit à douze gros.

Les biens de Mareschal ne sont pas assez connus pour qu'on puisse apprécier sa fortune. Une seule chose est constante, c'est qu'elle était très considérable, puisqu'elle tenta la cupidité de personnes haut placées, d'un seigneur entre autres déjà fort riche, qui firent en sorte de la faire confisquer, sous le prétexte du crime de lèse-majesté, afin de pouvoir s'en emparer.

Tout le monde sait que le roi Louis XI fut en dissension continuelle avec Charles-le-Téméraire, duc de Bourgogne. Charlieu, où Mareschal avait sa principale résidence, relevait du premier, mais Mareschal avait aussi des biens dans les provinces appartenant au second, le Charollais, le Mâconnais. Dans les démêlés qui eurent lieu entre le Roi et le Duc, il ne pouvait prendre parti pour l'un ou pour l'autre, sans exposer sa fortune, et peut-être l'expo-

---

(k) Voyez la note *g*, ci-devant.

(l) Le gros valait alors à Charlieu vingt deniers.

sait-il aussi en gardant la neutralité. Il est possible aussi que la situation différente de ses biens l'obligeât à des devoirs opposés. Quoi qu'il en soit, Mareschal fut accusé d'avoir favorisé les intérêts du Duc, et poursuivi pour crime de lèse-majesté. Le procès s'instruisit d'abord devant le sénéchal de Lyon (m); voici comment on le motivait : avant la rencontre de Montlhéry (n), un dimanche matin, à l'issue de la grand'messe, il avait fait publier les projets du Duc contre le Roi par rapport à Charlieu; il avait recueilli, durant les guerres, des effets appartenant aux Bourguignons, et avait envoyé un archer tout armé au Duc. Il avait fait passer aux ennemis des traits d'arbalète et de la poudre à canon, les avait fait prévenir secrètement des projets des troupes royales de Charlieu, pour qu'ils pussent s'en garantir, et avait cherché par ses discours à effrayer et comprimer les partisans du Roi. Il avait querellé un religieux de Saint-Rigaud, qui avait fait une brèche dans les murailles de l'abbaye, pour y introduire les soldats du Roi.

Mareschal mourut avant que son procès ne fût terminé à Lyon; alors Louis XI en confia l'instruction à un conseiller, maître des requêtes de son hôtel, nommé Charles de la Vernade. Il lui était enjoint, par ses lettres de commission, d'informer des faits imputés à Mareschal; et s'ils se trouvaient véritables, de saisir et mettre sous la main du Roi ses biens meubles et immeubles, et de les faire régir par un séquestre. La saisie eut lieu; mais la veuve de Mareschal y forma opposition. Elle prétendit être héri-

---

(m) C'était l'officier chargé de rendre la justice pour le Roi à Lyon.

(n) Bataille qui eut lieu, en 1465, entre Louis XI et grand nombre des principaux seigneurs du royaume ligués contre lui.

tière et légataire universelle de son mari. Il s'ensuivit des enquêtes et contre-enquêtes sur les faits qui avaient motivé la saisie et une longue procédure ; et comme la veuve n'aurait pu faire les frais nécessaires pour soutenir ses droits, puisqu'elle avait été dépouillée de tout par la saisie, le commissaire lui permit de vendre quelques fonds de terre, vente dont la validité fut plus tard contestée. Lorsque l'instruction fut terminée, le commissaire déclara l'affaire trop grave et trop difficile pour qu'il pût la décider seul, et le Roi l'évoqua au grand-conseil.

Le grand-conseil n'était autre chose que le conseil privé du Roi, érigé en cour de justice. Il usurpait en ce cas les attributions du parlement, tribunal supérieur du royaume, et dont la constitution, fixée par les lois, présentait plus de garantie que celle du grand-conseil formé arbitrairement. Aussi, dit Pasquier (1), « toutes et quantes fois
» que les seigneurs qui gouvernaient, avaient envie
» d'esgarer quelque matière en faveur des uns ou des
» autres, ils en usaient en cette manière. » L'équité du grand-conseil était suspecte, et le jugement que prononça cette cour est nécessairement entaché du même défaut. Mareschal fut déclaré convaincu du crime de lèse-majesté, et on ordonna la confiscation de tous les biens meubles et immeubles délaissés à son décès, quelque part qu'ils fussent situés. L'arrêt est du 4 janvier 1474 ; la même année, le Roi vendit, en apparence du moins, à Guillaume Gouffier, son chambellan, seigneur de Boisy, près de Roanne, tous les biens confisqués, moyennant 800 écus d'or à la couronne.

(1) *Recherches de la France*, livre 2, chap. 6, p. 74 de l'édition de 1665.

On peut, sans faire tort à sa réputation, soupçonner Gouffier d'avoir poussé à la condamnation de Mareschal, dans l'espoir d'obtenir ses biens du Roi, ou gratuitement, ou à un prix fort au-dessous de leur valeur; car déjà il avait prouvé, par plusieurs exemples, que cette manière de s'enrichir ne lui répugnait pas. Sous le règne précédent, il n'avait pas rougi d'être à la fois le juge et le spoliateur du célèbre Jacques Cœur, dont la fortune immense avait excité la jalousie et tenté la cupidité de plusieurs seigneurs qui le firent condamner injustement pour s'emparer de ses biens. Une forte part, savoir la seigneurie de Boisy, de la moitié de Roanne et de Saint-Haon, en revint à Gouffier, déjà seigneur de Bonnivet et baron de Maulevrier. Il avait aussi reçu de Charles VII, en 1449, plusieurs seigneuries et terres confisquées sur Jean de Xaincoin (1). On peut donc présumer, sans témérité, que ce seigneur abusant du libre accès et de la faveur que lui donnaient ses fonctions de chambellan du Roi, avait convoité la fortune de Mareschal, quoique fort inférieure, sans doute, à celles que déjà il s'était fait allouer. Cette présomption repose d'ailleurs sur des raisons particulières. Après la condamnation de Mareschal par le grand-conseil, ce fut Guillaume Chanceau, châtelain de Gouffier, dans sa seigneurie de Boisy, près Roanne, qui fut chargé de la commission du Roi, pour saisir et mettre sous sa main tous les biens du condamné. Le seigneur de Boisy fit exempter, par le Roi, son acquisition de tous les droits que le fisc percevait alors, et il fit stipuler dans l'acte, qu'en cas de plus value, le Roi renonçait à l'exiger et au besoin la lui donnait. Bien plus, l'année suivante, 1475, au mois de novembre, Louis

(1) Généalogie de la maison de Gouffier, dans l'*Histoire généalogique* du Père Anselme.

Xl adressa aux trésoriers de France des lettres patentes, par lesquelles il leur donnait connaissance de la vente et en commandait l'exécution ; mais il leur défendait d'en recevoir le prix. Il est possible, toutefois, que ces lettres eussent pour cause les difficultés, inattendues peut-être, que Gouffier éprouva à se mettre en jouissance de son acquisition, et qui pouvaient l'en priver en tout ou en partie. Il n'en est pas moins constant que la vente que lui avait faite le Roi, était une donation simulée, sinon totalement, au moins pour une grande partie de la valeur.

Après la vente faite à Gouffier, le Roi lui fit délivrer des lettres de sa chancellerie, adressées au bailli de Mâcon, sénéchal de Lyon, et autres officiers de sa justice, pour le faire mettre en possession des biens de Mareschal. Ces lettres, datées du mois de juin 1475, furent présentées au sénéchal, qui y mit son exécutoire au mois de juillet suivant. Puis un sergent royal se transporta devant la maison de Mareschal, à Charlieu, et là, en présence de notaires et témoins, il mit le seigneur de Boisy en possession et saisine des biens meubles du défunt, situés dans le royaume ; faisant, par cri public et à haute voix, défense à tous, de par le Roi, de l'y troubler en aucune manière ; en signe de quoi il mit à la porte les bâtons et pannonceaux royaux (o) ; puis il signifia le tout à la veuve de Jean Mareschal, Jeanne Perrière, qui était toujours dans la maison, et qui continua, néanmoins, d'y demeurer. Il remplit ensuite les mêmes formalités pour les biens du Beaujolais, en faisant ses proclamations à la porte de l'église de Beaujeu.

(o) Ces pannonceaux étaient analogues à ceux que nous voyons de nos jours à la porte des notaires. Les objets sur lesquels on les apposait étaient sous la sauvegarde du Roi.

Ces formalités ne donnaient point à Gouffier la possession réelle, pour laquelle il devait éprouver beaucoup de difficultés. D'un côté, il n'avait rien à espérer des biens considérables situés sur les terres du duc de Bourgogne, ennemi du Roi, et qui n'aurait pas souffert qu'il vînt prendre chez lui les biens confisqués. D'un autre côté, les biens situés en Beaujolais lui furent disputés par Nicolas Petitde, secrétaire du duc de Bourbon, qui les lui avait donnés. Il traita avec lui, et acheta ses droits moyennant 400 écus d'or, moitié du prix total de son acquisition. Enfin il trouva un troisième compétiteur dans Edouard de la Madelaine, ainsi appelé d'un lieu où il demeurait et qui lui appartenait dans le Charollais (1), tout à la fois neveu de la femme de Mareschal par le sang, et de Mareschal lui-même par alliance, parce qu'il avait épousé Marguerite Audibert, fille d'une de ses sœurs. Edouard s'était mis en possession de tous les biens qu'il avait pu saisir, tels que rentes, servis et cheptels. Il prétendait, d'ailleurs, à l'héritage tout entier de son oncle, en vertu d'une donation que celui-ci lui avait faite, en 1469, par son contrat de mariage, de tous ses biens présents et à venir ; sans autre réserve que l'usufruit sa vie durant, et à condition que le premier enfant mâle qui naîtrait du mariage, porterait le nom et les armes du donateur. Sur le vu de cet acte, le bailli de Mâcon donna la jouissance des biens de Mareschal à Edouard et à sa femme. Gouffier eut alors recours au Roi et en obtint de nouvelles lettres, par lesquelles il était enjoint au bailli de Mâcon de le mettre en possession et de l'enlever à ceux qui l'avaient usurpée. Ces dernières lettres restèrent sans effet comme les premières ; au moins

(1) Ecritures en sa faveur dans le procès dont va être parlé.

n'avaient-elles pas été exécutées, deux ans après, à la fin de 1478. Suivant toute apparence, les juges des lieux favorisaient les héritiers naturels, en haine des voies iniques employées par Gouffier, pour les dépouiller. Edouard de la Madelaine vint à bout de se faire maintenir en possession par les justices de Charlieu et de Lyon, et son adversaire fut obligé d'en appeler au parlement.

Devant le parlement, Edouard de la Madelaine osa soutenir que l'arrêt du grand-conseil qui avait condamné Mareschal, n'était pas valide, parce qu'il avait été rendu après la mort de celui-ci, et non point contradictoirement ni avec lui, ni avec ses héritiers; il disait que Louis XI, devenu maître de la Bourgogne, après la mort du Duc, en l'année précédente, 1477, avait donné une amnistie générale à ceux qui avaient agi pour le Duc; et que lui, Edouard, en avait reçu des lettres particulières *d'abolition au cas présent*, par lesquelles la confiscation des biens de Mareschal était déclarée nulle, et la saisine et jouissance donnée à son neveu valable, nonobstant tout transport fait au seigneur de Boisy ou autres. Il insinuait aussi que Gouffier avait provoqué la confiscation et que la vente qu'on lui avait faite des biens de Mareschal n'était que simulée. Il niait qu'il y eût eu, pendant la vie de Mareschal, des guerres dans le pays, entre le Roi et le Duc, où il eût pu nuire au premier; enfin il prétendait que, dans tous les cas, le grand-conseil n'ayant prononcé la confiscation que des biens demeurés au décès de Mareschal, l'arrêt ne pouvait nuire à lui Edouard, qui en était donataire dès 1469, quatre ans avant l'arrêt.

Gouffier répondait que la confiscation avait été ordonnée justement, parce que la culpabilité de Mareschal avait été mise hors de doute, par les enquêtes, dont il résultait notamment qu'en l'an 1473, une nuit qu'on faisait garde à l'abbaye de Saint-Rigaud, qui était sur les terres du duc de Bourgogne, de crainte des troupes royales qui étaient en garnison à Charlieu, un nommé Pierre Le Petit se présenta avec des lettres de Mareschal, adressées à l'abbé, dont celui-ci donna lecture à plusieurs personnes qui en ont déposé, que par ces lettres il lui mandait que les soldats du Roi devaient faire une incursion dans le pays le lendemain, mais qu'ils étaient en petit nombre et qu'il suffirait, pour les retenir, de donner l'éveil aux villages des environs; que l'abbé envoya partout des gens dans les campagnes pour faire battre le tocsin qui dura bien deux heures et se communiqua de clocher en clocher jusqu'à Cluny, ce qui fit manquer le projet de la garnison de Charlieu.

Ce fait, qui pouvait être réel, avait peut-être sa raison dans la parenté de Mareschal avec l'abbé de Saint-Rigaud, dont j'ai parlé en commençant son histoire, si toutefois c'était encore l'oncle de sa femme qui était abbé de Saint-Rigaud dans ce moment.

Gouffier niait avoir pris aucune part aux poursuites contre Mareschal et à la confiscation de ses biens, soutenant qu'avant l'acquisition qu'il avait faite de ces biens, il ne le connaissait nullement. Il niait aussi avoir jamais demandé au Roi, ou reçu de lui, aucun don de confiscation, ce qui était un mensonge patent. A l'en croire, il avait fait l'acquisition, pour ainsi dire, à son corps défendant. Le roi Louis XI étant à Paris et ayant besoin d'argent, apprit que Gouffier, qui y était aussi, pouvait en avoir, parce qu'il était nouvellement marié. Il le fit venir et lui demanda à emprunter douze cents écus. Gouffier s'en défendit sur ce qu'il était obligé de faire emploi de l'argent provenant de la dot de sa femme. Le Roi offrit alors de lui vendre les biens de Mareschal, qui venaient d'être confisqués, et il n'osa refuser, quelle que fût sa répugnance pour cette acquisition. Telle était la fable que Gouffier faisait débiter au parlement par son avocat.

Il y avait plus de fondement dans les objections qu'il faisait à la donation produite par Edouard de la Madelaine. Il soutenait qu'elle était nulle, parce qu'elle n'avait pas été faite par le contrat de mariage, mais dans un acte séparé, et par un notaire différent, quoique le même jour ; que ce notaire était d'ailleurs mal famé ; que trois jours après, Mareschal avait donné à Edouard et à sa femme 300 livres, à cause de leur mariage, donation inutile si la première eût existé ; que la donation générale n'avait été faite par Mareschal, que dans le moment où il avait pu prévoir l'accusation qui allait peser sur lui ; qu'elle avait été suivie d'une contre-lettre que plusieurs personnes avaient vue autrefois entre les mains de sa veuve, qui l'avait remise à son neveu après la mort de son mari. Tout cela était bien probable, mais ne suffit pas cependant pour amener une prompte solution du procès, car il durait encore en 1490. La veuve de Mareschal était morte sur ces entrefaites, et on ignore comment il se termina ; peut-être n'y eut-il jamais de jugement définitif. Edouard était, je crois, de cette famille de la Madelaine qui fournit, au XVIe siècle, des prieurs à Charlieu, un grand prieur à Cluny, et, au XVIIe siècle, un évêque à Autun, qui fut aussi prieur commendataire de Charlieu ; il était donc de force à lutter au parlement, contre le seigneur de Boisy, par son crédit ou celui de ses parents ; or la prolongation du procès ne pouvait lui nuire, car il était en possession.

CHAPITRE III.

Histoire de la ville, depuis le XVI° siècle jusqu'à nos jours.

SECTION PREMIÈRE.

Charlieu pendant les guerres de religion et la Ligue.

Il ne paraît pas que la religion prétendue réformée ait fait des prosélytes à Charlieu au XVI° siècle. Le fameux hérésiarque Servet, qui depuis fut brûlé à Genève, à l'instigation de Calvin, vint dans notre ville en 1540. On ignore ce qui le détermina à s'y transporter de Lyon, où il était dans le moment. Probablement ce ne fut point le motif d'y répandre ses erreurs, qui étaient réprouvées également par les catholiques et les protestants. Il y fut peut-être appelé à cause de son habileté en médecine, pour quelque cas extraordinaire. D'ailleurs il menait depuis si longtemps une vie vagabonde, qu'il ne répugnait à aucun déplacement et à aucun séjour. Il passa l'hiver à Charlieu chez la Rivoire, probablement un membre de la famille de ce nom, qui tenait un rang distingué dans la ville à cette époque. Il y exerça la médecine pendant le séjour qu'il y fit; mais bientôt il fut obligé d'en sortir *pour ses extravagances* (1). Ces extravagances, que l'historien n'explique

(1) *Histoire de Calvin*, par Audin, p. 416, chap. 24 de l'édition in-12.

pas, étaient sans doute ses erreurs religieuses qu'il voulait répandre et qui le firent repousser.

Charlieu eut, comme beaucoup d'autres villes, sa petite part dans les guerres de religion. Après la bataille de Moncontour, où les huguenots furent battus par les catholiques, Coligny, leur chef, se retira dans le Midi avec les débris de son armée. Il vint à Nîmes, où son parti était dominant, et il y reçut à la fois de l'argent et des hommes. Alors il résolut de se rapprocher de Paris en traversant la France, pour combattre encore les catholiques. Chemin faisant, son armée vivait de butin et commettait tous les désordres qu'inspirait alors la haine religieuse. Il remonta la vallée du Rhône, et, pour éviter Lyon, se rabattit sur Saint-Etienne, où il entra au printemps de 1570, avec le roi de Navarre et le prince de Condé, qui étaient venus se réunir à lui. Ils y demeurèrent dix-sept jours avec leur armée, composée de dix mille hommes, qui y fit des dégâts de toute espèce (1). Pendant ce temps, un capitaine religionnaire, nommé Briquemont, s'avançait au-devant de Coligny, pour se joindre à lui en traversant la Bourgogne, avec seize compagnies, tant infanterie que cavalerie. Arrivé dans le Beaujolais, il prit Thizy et Lay, et après avoir reçu les ordres de Coligny, il vint à Charlieu pour le prendre aussi; mais il ne put en venir à bout; et passant outre, il se dirigea sur le Nivernais (2). Pendant le siége, un nommé Chainfray s'enfuit en passant sur les murailles. Après la retraite de l'ennemi, il fut, pour ce fait, poursuivi en justice; il n'est pas dit à quelle peine il fut condamné. Qu'il y eût de sa part connivence

---

(1) *Histoire du Forez*, par A. Bernard. t. 2, p. 155-7.
(2) Id. Id. p. 159.

avec l'ennemi ou seulement lâcheté, il méritait d'être sévèrement traité, car la prise de Charlieu par des soldats français mais huguenots, qu'animait la haine la plus aveugle contre la religion romaine, eût été pour cette ville un désastre plus grand que si elle fût tombée au pouvoir d'un ennemi étranger, mais catholique comme elle.

Charlieu tint, dans les affaires de la Ligue, un rôle plus grand qu'il n'aurait voulu. Après que le duc de Guise eut été assassiné par les ordres d'Henri III, Lyon se déclara pour cette confédération politique. Pour fortifier leur parti, les ligueurs lyonnais tâchèrent de s'adjoindre les villes et les seigneurs de la province. Le plus grand nombre adhéra en effet à l'union. Sollicitée par une lettre des échevins de Lyon, du 27 février 1589, Roanne envoya son adhésion écrite, datée du premier mars suivant. Charlieu reçut deux lettres avant de répondre et ne se prononça pas franchement. On envoya le juge de la ville au duc de Nemours, gouverneur du Lyonnais pour la Ligue, *pour lui faire entendre qu'on était très disposé à la sainte Union*; et en même temps on écrivit, le 16 avril, aux Lyonnais, les *suppliant de ne point trouver mauvais, si on avait différé de leur écrire jusqu'alors, et de croire que ce n'avait point été faute de bonne volonté, laquelle demeurerait toujours entière pour recevoir leur commandement, auxquels ils obéiraient de bonne affection*; et ils les priaient *de faire envers Monseigneur de Nemours, qu'ils ne fussent point chargés de garnisons, dont ils avaient été molestés par le passé* (1).

Les habitants de Charlieu n'étaient pas bien disposés pour la sainte Union; ils disaient le contraire, mais ils

(1) Lettre dont l'original est aux Archives de la mairie de Lyon.

avaient soin de ne pas s'engager. Il y avait prudence de leur part à ne pas se prononcer, d'abord pour ne pas attirer sur la ville les armes du parti contraire, et puis, pour éviter, s'il était possible, les subsides auxquels leur adhésion entière leur eût ôté tout motif de refus. Il paraît d'ailleurs qu'ils ne partageaient pas les passions du parti; car après la mort d'Henri III, assassiné, comme on sait, par un fanatique, ils furent, en majorité, disposés à accepter le nouveau roi Henri IV, que les ligueurs rejetaient à cause de sa religion, qui était le calvinisme. Ils partageaient les sentiments de ces hommes de sens, assez nombreux, quoiqu'ils fussent en minorité, pour qu'on les remarquât et qu'on appelait les *politiques*. Ils désiraient, par-dessus tout, la fin de la guerre civile qu'ils espéraient obtenir par le nouveau règne. Henri IV était le roi légitime; il avait promis de maintenir la religion catholique et donné l'espoir d'une conversion prochaine. La Ligue d'ailleurs faiblissait dans le Lyonnais; la majeure partie des seigneurs du pays qui y était d'abord entrée avec ardeur gardait maintenant la neutralité. L'un d'eux, qui était toujours resté en dehors, Henri d'Apchon, seigneur de Saint-André en Roannais, se déclara ouvertement pour le Roi. Il y avait dans le Lyonnais d'autres seigneurs royalistes; et soit qu'ils s'entendissent ou qu'ils fussent seulement mus par la même pensée, provenant des mêmes sentiments, ils cherchèrent à fortifier le parti du Roi par la prise de quelque ville importante. Ils voulurent s'emparer de Lyon même, mais leur tentative échoua et ils durent se rabattre sur les cités secondaires de la province. Saint-Etienne, Thizy et Marcigny tombèrent en leur pouvoir, ainsi que le château de Boisy, et Charlieu les laissa pénétrer dans ses murs, après un siège de vingt-quatre heures, au mois de février 1590. L'entreprise était dirigée par Saint-André, qui prit possession de la ville comme gouverneur pour le Roi (1). Il dut son facile succès à l'influence des politiques, qui disposèrent leurs concitoyens à le recevoir et à reconnaître l'autorité royale. Ceux qui y contribuèrent le plus furent les frères Dupont, d'une ancienne famille, remontant à Charlieu jusqu'au XIII° siècle, et qui aura une mention spéciale dans un des chapitres suivants; les moines du prieuré, Picat, juge seigneurial, le curé, appelé Dusausay, et surnommé Duhazard, qui paraît avoir eu une part plus grande que les autres dans la détermination commune; puis d'autres citoyens nommés Bastard, Roux, Ferrand, Cornaton et Constantin. Les trois premiers, qui avaient été attachés à la Ligue, l'abandonnèrent en cette circonstance. La milice commandée par Roux, l'un d'eux, avait fait peu de résistance (2).

Un ligueur, probablement de Charlieu, resté fidèle à la cause qui venait de succomber, fit une complainte sur cet évènement qui l'affligeait. Elle est intitulée : *Echo sur la prinse et sac de la ville de Charlieu.* Le poète désolé, et n'ayant personne à qui confier sa peine, se rejette dans les bois où il se plaint à Echo qui, en répétant ses rimes, dont chacune a un sens, distribue à chacun des personnages qu'il lui signale le blâme qu'il mérite. La longue tirade qui termine la pièce fait supposer que les habitants de Charlieu n'avaient pas à se louer de la conduite de la troupe royaliste. A cette époque, les soldats mal disciplinés pillaient également amis et ennemis.

Les royalistes dominaient dans le nord du Lyonnais;

(1) *Les d'Urfé et la Ligue*, par A. Bernard, p. 267-8.
(2) Complainte d'un ligueur intitulée : *Echo sur la prinse et sac de la ville de Charlieu*, à la bibliothèque de Lyon.

Charlieu était leur place principale ; ils y tenaient une garnison de huit cents hommes, commandée par les seigneurs de Saint-André et de Genouilly. De là ils s'étendaient dans le pays, et poussaient des reconnaissances jusqu'à Villefranche. Les ligueurs inquiets résolurent de réunir toutes leurs forces contre cette place, qui était assez grande et assez bien fortifiée pour leur faire une vive résistance. Tous leurs chefs principaux marchèrent sur Charlieu, avec les troupes et les instruments de siége qu'ils purent réunir ; le marquis de Saint-Sorlin, gouverneur de Lyon pour la Ligue, Anne d'Urfé et Chevrières, commandant pour elle dans le Forez (1), le marquis de Senecey, un des principaux ligueurs de la Bourgogne, le baron de Lux et le baron de Viteaux (2). Accablée par le nombre, la ville fut prise d'assaut, et les ligueurs y entrèrent le 4 mai 1590, par la brèche qu'ils avaient faite dans les murs ; l'abbaye, mieux fortifiée, résista plus longtemps et se rendit un peu plus tard. Les vainqueurs prirent dans la ville trois drapeaux qu'ils offrirent aux Lyonnais. La garnison fut faite prisonnière avec ses chefs, Saint-André et Genouilly, qui furent conduits à Lyon. Les ligueurs commirent dans la ville d'affreux désordres (3). Les maisons des frères Dupont, que j'ai nommés comme royalistes, furent saccagées, et la majeure partie de leurs papiers de famille fut perdue (4). Eux-mêmes furent faits prisonniers et mis à rançon par le baron de Viteaux, et leurs biens furent

---

(1) *Les d'Urfé et la Ligue*, par A. Bernard, p. 274.
(2) *Histoire de Bourgogne*, par Dom Plancher, t. 4, p. 605.
(3) Id. p. 605, et procuration donnée par Faye, sieur de Gatelier, en 1607, où il parle des pertes *par lui faites* au sac de Charlieu, en 1590.
(4) Procès-verbal du 19 mai 1618, pour constater la perte des papiers.

donnés à un ligueur par le marquis de Saint-Sorlin. Ils eurent beaucoup de peine à faire révoquer la confiscation, quand l'effervescence se fut un peu calmée.

En se retirant, les ligueurs laissèrent à Charlieu, pour le garder, le sieur de Fougières, avec les compagnies des seigneurs de Chauffailles, de Cremeaux et de la Tour, qui devaient vivre des deniers levés sur la ville et le pays. Mais l'un et l'autre étaient si pauvres, qu'on y pouvait trouver à peine le nécessaire du soldat (1). On était obligé de ménager le pain ; et le vin se vendait au prix inouï de huit sols le pot.

On avait expulsé de la ville tous les royalistes, en leur faisant défense d'y rentrer. Ils obtinrent cependant du marquis de Saint-Sorlin, par l'entremise d'une dame, une ordonnance qui leur permettait d'y revenir et d'y vivre en sûreté. Un des principaux habitants de Charlieu, ardent ligueur, qui paraît avoir été chargé des affaires de l'Union dans la ville, Gayan, n'approuva pas ces ménagements. Il écrivit aux consuls de Lyon pour s'en plaindre, en leur disant que la dame qui avait fait obtenir l'ordonnance était protestante. Il leur annonce que le capitaine Fougières n'y a point eu d'égard, qu'il a repoussé tous les véritables dissidents, dont il s'est fait remettre la liste, et qu'il n'a laissé rentrer que les coupables d'ignorance, en leur faisant toutefois jurer l'union. Gayan menace, si on n'a égard à ses observations, de se retirer avec cinquante bons catholiques ; « Les protestants y entreront alors ; choisissez entre nous et eux, s'écrie-t-il (2). » C'étaient les royalistes qu'il appelait protestants. Cornaton, un de ces

---

(1) *Les d'Urfé*, p. 274.
(2) *Les d'Urfé*, p. 273-4.

royalistes, qui avait contribué à faire ouvrir les portes de Charlieu aux troupes de son parti, fut saisi au commencement de juin par les soldats qui gardaient Château-Morand, propriété d'Anne d'Urfé, un des chefs ligueurs. Celui-ci écrivit aux consuls et échevins de Lyon pour leur offrir son prisonnier, auquel il savait *qu'ils voulaient beaucoup de mal*, disait-il, *pour avoir trahi Charlieu* (1).

La ville capitale de la province, qui d'abord s'était livrée à la Ligue avec enthousiasme, fut une des premières à l'abandonner ; Lyon se prononça pour le Roi, au mois de février 1594. Alors elle voulut entraîner Charlieu dans le nouveau parti qu'elle avait adopté, comme précédemment elle avait cherché à l'entraîner dans la Ligue, et les échevins écrivirent, dans ce but, aux habitants de Charlieu. Mais outre que ceux-ci étaient retenus, dans le changement qu'on leur demandait, par le gouverneur et la garnison que la sainte Union leur avait imposés et qui étaient toujours restés, ils avaient à craindre aussi, en cédant au désir des Lyonnais, les vengeances des ligueurs encore dominants dans le Charollais et la Bourgogne. Cependant ils ne voulaient point rompre non plus avec Lyon ; car leurs anciennes relations judiciaires, administratives et financières avec cette ville, qu'ils étaient habitués à considérer comme leur métropole, avaient été maintenues malgré les guerres. Dans ces circonstances embarrassantes, ils répondirent, le 25 avril 1594 :

« Messieurs,

» Nous avons été très aises d'avoir veu, par les lettres
» que vous nous avez escript, la bonne affection que vous

(1) Id. p. 387.

» avez envers Monsieur de Morlan, notre gouverneur, et
» nous, en laquelle nous vous prions de continuer, et de
» croire que nous n'avons autre intention ni volonté, que
» de vivre en toute bonne intelligence avec vous, et vous
» obeyr en ce que vous nous commanderez qui dépendra
» de notre pouvoir. Vous en pouvez espérer de même dudit
» sieur de Morlan.... Il vous envoye les rolles de sa compa-
» gnie, afin d'avoir des quittances de tailles pour recevoir
» payement de sadite compagnie. Nous serons très aises
» de le veoir content, afin qu'il continue le repos en ce
» pays,...... *vous priant, Messieurs, de ne trouver mau-*
» *vais de nous, si jusqu'ici nous n'avons fait aucune*
» *déclaration ; laquelle nous n'avons peu faire pour*
» *beaucoup de bonnes et justes considérations, qui*
» *nous doivent servir de suffisante excuse* ; mais, pour
» cela, vous ne laisserez de nous trouver toujours fort
» bien disposés et affectionnés envers vous ; comme aussi
» nous vous supplions de nous tousjours aymer et soul-
» lager, et avoir esgard à notre conservation et descharge,
» en ce qui vous sera possible ; ce que nous vous di-
» sons parce que, combien que les tailles qui se lèvent
» sur nostre chastellenye, soyent déjà si grandes qu'à
» grand peyne y peut-on subvenir, et nonobstant, Mon-
» sieur le baron de Robé nous fait entendre et veoir,
» par les commissions qu'ils nous a envoyées, qu'il a
» assignation sur ceste chastellenye, pour la contribution
» de sa compagnie, qui est une charge extraordinaire, de
» laquelle nous vous supplions, Messieurs, de nous vou-
» loir exempter et la chastellenye, si mieux vous n'aimez
» lui donner assignation sur les tailles de ladite chas-
» tellenye, ou autres, ainsi que vous verrez pour le
» myeulx, pour le soulagement de ceste chastellenye, la-

» quelle se sent encore des foules souffertes et malheurs
» passés, et ce faisant, Messieurs, vous accroîtrez la vo-
» lonté que nous avons de demeurer pour tout jamais,
» vos très humbles et très obéissants serviteurs.
» Les consuls et habitants de la ville de Charlieu.
DESIRVINGES, MARILLIER, BARNAUD, DESHAYES,
CHAMPFRAY (1).

Cette lettre montre clairement l'embarras où se trouvait la ville. Elle avait à ménager, tout à la fois, son gouverneur, les ligueurs du voisinage et Lyon, dont elle continuait de dépendre pour les contributions, et qui pouvait augmenter ou diminuer ses charges. Aussi alléguait-elle sa position comme une *excuse suffisante de n'avoir fait aucune déclaration*, c'est-à-dire de ne s'être pas prononcée pour le parti royal.

La même année 1594, au mois de novembre, le sieur de Murles, *étably en garnison à Lay*, manda aux habitants de Charlieu, « qu'ils étaient ordonnés pour contribuer à
» ladite garnison, et qu'ils envoyassent vers lui pour
» prendre leur part de ladite ordonnée pour l'entretene-
» ment de sa compagnie. » Il paraît que l'ordonnance venait de Lyon ; sur quoi, on se hâte d'écrire aux échevins, *les suppliant très humblement de considérer* que jusqu'alors, Charlieu n'avait été contraint de contribuer au pays de Beaujolais, *ains avait toujours contribué au pays de Lyonnais*. Les habitants de Charlieu demandent qu'il ne « soit rien innové à l'ancien règlement, observé de
» tout temps en ce gouvernement, duquel ils sont, ayant
» volonté d'obéyr, en ce qui sera par les Lyonnais or-
» donné. Nous n'avons d'autres intentions, disent-ils,

(1) Lettre dont l'original est aux Archives de la mairie de Lyon.

» que de correspondre à vos volontés et de demeurer unis
» avec vous, ce que nous avons assez montré par effect,
» en ce que, en vertu des commissions qui nous ont été
» envoyées de votre part, nous avons toujours imposé
» les tailles et fait lever par nostre recepveur, qui vous
» en rendra tel compte que vous en aurez contentement. »
Ils ajoutent qu'ils viennent de s'imposer pour leur part de la somme de 18 mille écus, pour l'entretien des troupes du connétable (a), en vertu de la commission envoyée de Lyon; qu'ils s'occupent de la faire lever promptement, mais qu'ils ont tant souffert, par le passé, qu'il leur sera bien difficile d'en fournir le montant. Puis, ils réclament de nouveau l'exemption de la contribution du sieur de Murles, « exemption qui doit d'autant plus leur être ac-
» cordée, qu'ils sont tellement environnés d'un party et
» d'autres qu'ils ne peuvent trafficquer ni négocier aucune
» affaire; n'ayant rien qui leur soit assuré. Leur estant
» journellement leur bestail ravy et enlevé tant d'ung party
» que d'autres, ce qu'ils fussent allé eux-mêmes remon-
» trer en personne, si la seureté et la vie de leurs person-
» nes le permetayent, etc. (1). »

Cette lettre était accompagnée d'une copie de celle du sieur de Murles, dans laquelle il leur disait que la contribution qu'il demandait était si petite (le chiffre n'en est pas marqué), qu'elle « ne leur donnerait pas grand inconvé-
» nient, car la moindre course qui se ferait sur eux, leur

(a) C'était le duc de Montmorency, qui s'était mis à la tête des politiques dans le Languedoc, où il régnait pour ainsi dire en souverain. Il avait reçu, depuis peu, du Roi l'épée de connétable, et étendait alors son autorité jusque sur le Lyonnais, à ce qu'il paraît.

(1) Lettre dont l'original est aux Archives de la mairie de Lyon.

» en porterait ung au double; » et il signait : votre meilleur ami, Murles.

A cette lettre, datée du 7 novembre 1594, les Lyonnais
répondirent le 13 du même mois :

« Nous avons toujours cogneu que vous avez encore plus
» de bonne volonté que vos lettres, qui en sont toutes play-
» nes, en peuvent contenir. Nous savons bien aussi que,
» quand il vous plairait prendre une bonne résolution, il
» vous serait fort aysé d'en produire les effets. La ville de
» Mascon a vescu quelque temps avec nous de la sorte que
» vous faites ; mais les personnes de jugement, dont vous
» scavez qu'elle habonde assez, cogneurent aussitost que
» les bons serviteurs ne peuvent avoir qu'ung maistre au
» service duquel toutes leurs actions doivent être em-
» ployées; tellement que ladicte ville suivit bientôt l'exem-
» ple de toutes les meilleures de ce royaulme, qui se sont
» recogneues. Pour à quoy parvenir, nostre intervention
» ayant esté par elle réclamée, nous y aurions apporté en
» toutes choses, ce que l'on pourrait désirer de nostre
» voysinage. Vous pouvez bien croire, Messieurs, que
» tout ainsi comme vous avez plus d'obligation à suivre
» notre exemple, pour estre de ce gouvernement et elec-
» tion, que n'en avait ladicte ville de Mascon,...... de
» mesme nous nous recognoissons obligés à convertir à
» vostre bien et utilité, quand vous viendrez à nous, à
» cœur ouvert, tous les moyens que nous aurions de vous
» nuire....... C'est pourquoi, tout ce que nous pouvons
» respondre à cette foys, touchant les menasses qui vous
» sont faites par Monsieur de Murles, est que, si vous
» prenez quelque sayne résolution, et qu'il vous plaise
» députer quelque personne d'honneur, qui vienne ici,
» pour traicter du faict dudit sieur de Murles, et de toute

» autre chose concernant vostre contentement, nous vous
» promettons de les assister et de vous y servir en tout ce
» que nous aurons moyen...... (1). »

Ce qui se passait autour de leur ville était pourtant bien propre à fortifier les habitants de Charlieu dans la résolution, où ils étaient, de garder, autant que possible, la neutralité. Roanne avait reconnu l'autorité du Roi ; un seigneur de ses environs, celui de Mâtel, je crois, qui s'était aussi rangé de ce côté, fut pillé au mois de novembre 1594, par les ligueurs, en attendant qu'ils pussent attaquer la ville même. Les Roannais écrivirent aux Lyonnais pour leur demander aide et protection, et particulièrement qu'on fit obtenir quelque récompense au seigneur dépouillé, car, disaient-ils, « nous craignons qu'il ne nous
» apporte une pareille perte ou généralement ou particu-
» lièrement ; ou bien, peut-être, serait-il contraint d'en
» tirer mesme raison sur les ligueurs, qui serait toujours
» à recommencer, à notre totale confusion (2). »

La ville de Feurs avait aussi passé sous l'obéissance du Roi. « Depuis sa réduction, les soldats des garnisons de
» Montbrison, Sury, Champdieu, Saint-Marcellin et Saint-
» Germain-Laval déclarèrent les habitants de Feurs leurs
» ennemis de bonne prise ; ensuite de quoi ils prirent et
» tuèrent plusieurs habitants, en sorte que la campagne
» était déserte et qu'il n'y avait plus de laboureurs qui
» osassent travailler à la culture des terres (3). » Charlieu avait à craindre, d'un autre côté, s'il se prononçait pour le Roi, les ligueurs du Charollais qui était, ainsi que toute

---

(1) Lettre dont la minute est aux Archives de la mairie de Lyon.
(2) Lettre dont l'original est aux Archives de la mairie de Lyon.
(3) Document cité par A. Bernard, dans les d'Urfé et la Ligue, p. 353.

la Bourgogne, soumis au duc de Mayenne, le prince l[e] plus puissant de ce parti.

La réponse des Lyonnais n'ôta point aux habitants de Charlieu l'espoir d'en obtenir ce qu'ils désiraient; et ils écrivirent de nouveau, le 13 décembre :

« Nous n'avons jamais tant désiré que d'avoir la même
» correspondance avec vous que doivent avoir les mem-
» bres avec lesc hiefs..... et telle obéissance que doibvent
» les inférieurs aux supérieurs.... De nostre volunté nous
» produisons assez les effets qui nous sont possibles,
» comme la fréquentation que nous avons avec vous, soit
» pour le commerce, soit pour la justice, l'imposition de
» toutes tailles et le libre payement d'icelles, comme aussi
» en ne faisant point la guerre; qui sont tous les effets que
» vous pourriez espérer de nous, *quand nous aurions*
» *faict la déclaration expresse que vous prétendez de*
» *nous*, laquelle dépend entièrement de celui que vous
» nous avez baillé pour nous commander ; et quand nous
» l'aurions faicte, elle ne vous pourrait que bien peu servir
» et nous pourrait de beaucoup préjudicier; parce que,
» Messieurs, nous ne l'aurions pas plus tost faicte que nous
» serions forcés de plus aller vous veoir, à cause des gar-
» nisons qui sont establyes autour de nous, qui nous fe-
» raient la guerre, et auxquelles ne pourrions résister,
» synon avec une forte garnison en ceste ville, laquelle
» nous pensant garder et garantir déhors, nous ruinerait
» dedans, de fond en comble et tout le plat pays..... Et
» touteffois, encore que ces considérations soyent suffi-
» santes pour nous servir de légitimes excuses, nous en
» avons encore de plus expresses, qui sont le pouvoir du
» gouverneur que vous nous avez donné, lequel peut
» entièrement disposer de nos biens et de nos vies par le

» moyen du château...... Nous vous supplions de nous
» accorder le soulagement que vous nous pouvez donner,
» en faisant faire en sorte que nous ne soyons plus molestés
» par contributions extraordinaires...... ainsi que font les
» les sieurs de Murles et baron de Robé, et de leur im-
» poser silence, avec défense de nous rien demander......
» Nous escripvons à mesmes fins à Monseigneur le Cones-
» table..... Monsieur de Mourlan, nostre gouverneur, vous
» en escript aussi..... (1) ».

Dans leur réponse à cette nouvelle lettre, les Lyonnais donnèrent quelque espérance, mais point d'assurance, et les seigneurs, qui avaient des commissions de Lyon contre Charlieu, commencèrent à lui faire la guerre dans les premiers jours de 1595. Ils lui prirent et enlevèrent, à différentes fois, une grande quantité de bétail. Alors le sieur Morlan, gouverneur de la ville, qui jusque là était resté paisible, ne voulut pas souffrir ces pillages, qui nuisaient à lui-même aussi bien qu'aux habitants, en diminuant la facilité qu'il avait de vivre à son aise, avec sa troupe, dans leurs murs; il fit venir une compagnie de chevau-légers pour s'opposer aux courses des capitaines opposés à Charlieu. Cette protection n'était pas moins ruineuse que les entreprises des ennemis. C'est pourquoi on écrivit encore aux Lyonnais pour les prier de retenir les seigneurs auxquels ils avaient lâché la bride contre Charlieu. La lettre est du 3 février 1595.

« Nous avons toujours cru, y est-il dit, veu la dou-
» ceur et la bénignité de vos responses, que lesdits
» sieurs de Murles, baron de Joux et de Robé, n'a-
» vaient aucune charge de vous de nous traicter avec

---

(1) Lettre dont l'original est aux Archives de la mairie de Lyon.

» telle rigueur, et que le tout se faisait à vostre insceu,
» n'y ayant aussi point d'apparence que vous désirassiez
» un pareil ou pire traitement à vos amis et compatriotes
» que à vos ennemis ; et c'est ce qui nous a incité de vous
» faire ceste lettre pour vous supplier encore très hum-
» blement..... de vouloir faire révoquer lesdites commis-
» sions, avec deffenses auxdits sieurs de nous demander
» aucune chose et ne courir nostre bestail ; et principale-
» ment au sieur de Robé et à la garnison qu'il a, de pré-
» sent, au chastel de Monts, car ses nouvelles entreprises
» sur nous et sur nostre bestail ont occasionné ledit
» sieur de Morlan de rendre icy sa troupe de cavalerie et
» d'y commencer la guerre qu'il n'y avait encore faict, et
» laquelle touteffois il ne désire point de continuer, si
» c'est votre plaisir que de faire imposer silence auxdits
» sieurs ; au contraire il fait offre de se retirer et de vivre,
» comme il a faict cy devant, avec vous..... (1). »

La réponse des Lyonnais ne nous est pas parvenue, mais il semble qu'ils déférèrent, en quelque chose du moins, à la demande des habitants de Charlieu, à en juger par la lettre que ceux-ci leur écrivirent le 16 mars suivant. Ils leur disaient :

« Nous vous remercions humblement de la bonne vo-
» lonté que vous nous continuez, et vous prions de croire
» que si nous fussions esté libres dépuis vostre réduc-
» tion, vous ne seriez pas en peine de désirer de
» nous ce que vous en attendez. Nous avons baillé advis
» des lettres de M. le Connestable et des vostres à M. de
» Morlan, et l'avons supplié de se résoudre promptement
» à vos volontés ; ce que nous désirons infiniment et en

(1) Lettre dont l'original est aux Archives de la mairie de Lyon.

» avons quelque espérance par les promesses qu'il nous
» en a toujours fait (1). »

Les habitants de Charlieu ne parlent, dans leur lettre, qu'en termes couverts, de cette soumission à l'autorité royale, à laquelle les Lyonnais auraient voulu les amener. Quelque vagues que fussent leurs expressions, les Lyonnais en conçurent quelque espoir de les gagner; et de concert avec le connétable ils leur écrivirent, sur la fin de mars, pour les engager à *faire ouverte déclaration*. Les habitants de Charlieu se hâtèrent d'en donner avis au sieur de Morlan, leur gouverneur, qui était absent et qu'on croyait être dans ce moment à Châlon. Ils lui dépêchèrent son neveu, qui ne le rencontra pas; on envoya aussi vainement dans d'autres lieux. Alors une lettre fut adressée, le 23 mars, aux Lyonnais, pour leur faire connaître les causes de ce retard involontaire, et les prier de faire en sorte que, en attendant, le connétable voulût bien les laisser jouir de *l'effect des lettres qu'il lui avait pleu de leur accorder*, et de *défendre qu'il leur fût fait aucun ravage*. Ils ne peuvent, disent-ils, satisfaire aux désirs des Lyonnais et du connétable, sans s'être entendu avec le sieur de Morlan, qui maîtrise la ville par le château. Ce château dont il a déjà été question n'est autre chose que l'abbaye, qui était alors bien fortifiée suivant l'usage.

Par une autre lettre des habitants de Charlieu, du 15 avril, il paraît que leur gouverneur, de Morlan, fit un voyage à Lyon, où il convint en quelque sorte avec les autorités de rendre au Roi la ville qu'il tenait.

« Vous voyez bien, disent-ils aux Lyonnais, par le voyage
» et résolution de M. de Morlan, que les déclarations et pro-

(1) Lettre dont l'original est aux Archives de la mairie de Lyon.

» messes que nous vous avons ci-devant faict, n'ont point
» été faittes avec feinte et dissimulation..... ains telles qu'a
» tousjours esté nostre intention au service de Sa Majesté...
» Vous ne blasmerez point notre rétardation..... puisque
» le tout tendait *à une si bonne et si heureuse résolution*
» *que vous la voyez*, quelque mauvais rapport que l'on
» vous aye voulu faire de nous..... Nous vous supplierons
» de faire, envers Monseigneur le Conestable, que les
» deffenses, qu'il a fait cy-devant au sieur Daudet et à la
» garnison de Monts, de nous rien demander des contri-
» butions qu'ils avaient sur nous, soyent pleinement exé-
» cutées, et que de rechief il leur soit mandé d'y obéir et
» faire lever la garnison comme inutile...... (1). »

Que ces protestations fussent sincères ou non, la soumission de la ville resta équivoque et elle continua de se
renfermer dans la neutralité. Ce n'était pas ce que voulaient les Lyonnais, et ils ne laissèrent pas ignorer leur
mécontentement. Pour les adoucir, on leur écrivit : .....

« Parce que nous avons esté advertis que l'on vous a faict
» quelque sinistre rapport de nous, nous avons advisé
» pour les faire cesser..... de nous assembler ce jourd'hui
» et promettre de jurer publiquement, par la permission
» dudit sieur de Morlan, de vivre ou mourir sous l'obéis-
» sance de Sadite Majesté, et pour faire ledit serment ez
» mains de Monseigneur le sénéchal, ou autre qu'il appar-
» tiendra, nous avons passé procuration à M. Jehan de la
» Ronzière, chastellain dudit Charlieu, présent porteur,
» et vous supplions, très humblement, de le faire recevoir
» et nous continuer vos faveurs..... (2). »

(1) Lettre aux Archives de la mairie de Lyon.
(2) Lettre aux Archives de la mairie de Lyon.

Je ne sais si le châtelain alla réellement prêter serment pour la ville entre les mains du sénéchal à Lyon; mais elle n'en resta pas moins dans cet état d'incertitude, où on pouvait la considérer comme appartenant à la Ligue, soit qu'elle eût encore à craindre, en renonçant à ce parti, de quelque puissant voisin qui y restait attaché; soit plutôt que son gouverneur ne lui en laissât pas la liberté, malgré les espérances qu'il avait données. A l'exemple des grands seigneurs du royaume, qui vendaient au Roi leur soumission, les petits capitaines faisaient acheter la leur aussi cher que possible. On ne tenait peut-être pas au sieur de Morlan tout ce qu'on lui avait promis à Lyon; ou bien il espérait des avantages plus grands, en différant sa soumission. Quoi qu'il en soit, la ville ne s'était pas encore rendue au Roi au mois de novembre 1596; car à cette époque, les habitants reçurent d'un lieutenant du connétable une missive ainsi conçue:

« Messieurs,

» J'ay veu, par la vostre, comme désirez avoir copie
» de ma commission. Il ne faut point que vous entriez en
» doute du pouvoir que Monseigneur le connestable m'a
» donné, ny du commandement exprès qu'il m'a fait
» d'exterminer toutes sortes de gens tenant le party de la
» Ligue, de n'espargner toutes manières de ravages de
» courses sur les lieux qu'ils tiennent, pour les endom-
» mager; que pour vous montrer que je n'avais point une
» âme barbare ny despourvue de pitié, je n'ay point
» voulu vous molester, ains pour vous rendre d'autant
» plus obligés au bon traitement que j'ay accoustumé de
» fere à ceux qui reconnaissent le debvoir; je vous en ay
» advertis, ma commission porte autant sur le Lyonnais,
» Beaujollais que Rouannais, et cela doibt vous suffire;

» vous contentant de ce que, jusques icy, je ne vous ay
» courus sus; car pour me faire obeyr aux ennemis de
» Sa Majesté, il n'est point de besoin que je produise autre
» commission que la pointe de mon épée. Vous y penserez,
» au moins sy vous voulez que je vous traitte avec quel-
» que douceur, et attendant votre dernière response, je
» demeureray, vostre meilleur amy.

» De Montlaur. »

« Envoyez moy quelqu'un des vostres, afin d'adviser
» ce que vous aurez faict ; que tels d'entre vous adviserez
» venir de deçà peuvent venir en toute seurté ; et pour as-
» seurance, je vous engaige ma parolle (1). »

Sur une sommation aussi menaçante et qui n'admettait pas de tergiversation, la ville se rendit sans doute. Elle ne devait pas avoir de grands motifs de retarder encore, car le duc de Mayenne et les autres principaux chefs de la Ligue avaient reconnu l'autorité royale dans les premiers mois de la même année, 1596 ; il en était de même des principales villes du royaume, et celle de Charlieu se trouvait être des dernières à faire sa soumission.

SECTION II.

Les pestes des XVIe et XVIIe siècles à Charlieu.

Charlieu eut encore à subir, au XVIe siècle, un autre fléau, non moins désastreux que la guerre civile, la peste. Elle atteignit aussi les pays environnants, et fit de grands

---

(1) *Notes et documents pour servir à l'Histoire de Lyon sous le règne de Henri IV*, par M. Péricaud aîné, p. 96.

ravages à Lyon, Bourg-Argental, Montbrison, Saint-Etienne (1). D'après les historiens, elle commença dans ces villes en 1586, et y dura plusieurs années. Si cette date est exacte, le fléau se fit sentir à Charlieu plus tôt qu'ailleurs, car il y régnait dès 1585. Dans l'été de cette année, il y sévit si cruellement, que toutes les personnes qui purent quitter la ville se retirèrent aux champs. Un seul des trois ou quatre consuls eut le courage de rester, « pour
» dispenser l'aumône générale aux pauvres, atteints de
» la contagion et infects, et autres nécessiteux de Char-
» lieu (2). » Il était notaire et s'appelait Deshayes. Le juge de la ville, appelé Jean Picat, et son greffier Ferrand, bravèrent aussi le fléau. Au mois de septembre de ladite année 1585, « il ne restait plus aucun moyen pour conti-
» nuer l'aumône, qui avait été faite jusqu'alors, par la
» grâce de Dieu et la charité, qui avait été exercée envers
» les pauvres, tant par ceux de la ville que par les cir-
» convoisins ; » et cependant, « la contagion pullulait de
» jour à autre et le nombre des pauvres était fort grand. »
Dans cette extrémité, Deshayes présenta une requête au juge Picat, par laquelle il lui représentait « qu'il serait
» expédient de lever et recevoir les deniers qui pouvaient
» être dus à l'Hôtel-Dieu, pour les employer à l'achat des
» vivres nécessaires à la nourriture des pauvres ; » qu'il n'y avait pas « d'autre moyen, attendu que la plupart
» des habitants de la ville, même les autres consuls,
» s'étaient, depuis trois ou quatre mois en ça, retirés aux
» champs ; » et il demande qu'il soit « enjoint à tous ceux

---

(1) *Histoire du Forez*, par M. A. Bernard, t. 2, p. 210 11, et *Histoire de Lyon*, par M. Monfalcon, t. 2, p. 696.
(2) Requête citée ci-après.

» qui sont débiteurs et redevables audit Hôtel-Dieu, soit
» en argent, grains ou autrement, de rapporter les quit-
» tances qu'ils ont ou doivent avoir des derniers payo-
» ments faits au feu recteur et administrateur de l'Hôtel-
» Dieu; pour, sur icelles, être contraints au payement
» des arrérages, et les deniers qui en proviendront être
» employés à la nourriture et entretenement des pauvres,
» qui séraient en danger de mourir de faim, » sans cette
ressource. Le juge rendit une ordonnance conforme, en
exprimant que ce détournement des revenus de l'Hôtel-
Dieu était pour cette fois seulement.

La peste de 1628, qui fit de si grands ravages à Lyon (1),
à Montbrison, Roanne et Saint-Etienne (2), n'épargna point
Charlieu; mais elle y vint plus tard, à ce qu'il semble.
Elle avait cessé à Lyon et dans le Forez en 1630 (3); et c'est
en 1630 et 1631 qu'elle fit plus de mal à Charlieu, d'après
le procès-verbal de l'assemblée des habitants, tenue en
1632, pour remédier aux embarras financiers de la ville
occasionnés par la peste même. Il y est dit que « les ma-
» ladies contagieuses, dont la ville a été affligée ez années
» dernières 1630 et 1631, ont perdu tant de familles qu'il
» n'est resté que la moitié des habitants, tellement pau-
» vres qu'ils sont obligés de demander à ceste considé-
» ration un soulagement au fait des tailles; que les habi-
» tants se sont tellement engagés pour la nourriture des
» malades, fourniture de médicaments et frais funéraires
» des défunts, que maintenant ils sont presque tous
» réduits à mendicité. »

---

(1) *Histoire de Lyon*, par M. Montfalcon, p. 745.
(2) *Histoire du Forez*, par A. Bernard, t. 2, p. 273-5.
(3) Id. Id.

Dans ces années malheureuses, il y avait des bourgeois, *députés pour la santé*, dont les fonctions consistaient, sans doute, à prendre les mesures nécessaires pour prévenir ou affaiblir le fléau, faire donner les soins aux malades, la sépulture aux morts et empêcher que les uns et les autres restassent abandonnés.

En 1651, et *les années précédentes*, la ville fut encore atteinte de la peste, ainsi que plusieurs autres du Lyonnais. Dans un procès-verbal de 1652, contenant nomination de recteurs et délibération sur les affaires de l'Hôtel-Dieu, il est dit que, « l'année dernière et les précédentes, » cette ville a été affligée d'une maladie populaire, causée, » tant par la cherté des bleds que par le grand nombre » de malades, qui se sont retirés à l'Hôtel-Dieu, où ils » ont causé une telle corruption qu'il est à présent comme » abandonné; et parce que l'Hôtel-Dieu est à présent situé » au milieu de la ville et dans la grande rue d'icelle, » d'où les pauvres, qui y meurent, « rapportent grande » infection au voisinage, » on arrête de transférer ledit Hôtel-Dieu « dans la tannerie donnée par défunt Clusle, » dans son testament, laquelle est située proche la porte » Notre-Dame, sur la rivière de Bonard. »

CHAPITRE IV.

Importance, commerce, industrie et population de la ville.

§ I.

Importance de la ville au moyen-âge.

Au moyen-âge, et jusque vers la fin du XVIe siècle, Charlieu a été, dans un rayon de dix à douze lieues, la ville la plus importante du pays. Celles qui lui étaient supérieures, comme Mâcon, Lyon, Montbrison, Clermont, Moulins, en étaient à une grande distance. Les autres, plus rapprochées, dont quelques-unes la surpassent aujourd'hui, Roanne, Charolles, Villefranche, n'étaient pour ainsi dire que de gros bourgs, ou lui étaient à peine comparables. Avant les guerres civiles, dont elle a beaucoup souffert, elle était plus étendue qu'aujourd'hui, de l'orient à l'occident (1), comme semblent le prouver d'anciens titres et les nombreuses fondations, retrouvées sous terre, dans cette double direction, principalement au nord de la route de Roanne.

J'ai dit, en parlant de la guerre de Charles VII contre

(1) *Almanach du Lyonnais*, de 1754.

les Anglais unis aux Bourguignons, que le duc de Savoie, qui se portait comme médiateur, demandait qu'on remît entre ses mains plusieurs places d'importance, entre lesquelles Charlieu. Le lecteur n'aura pas oublié non plus qu'après le traité d'Arras, entre Charles VII et le duc de Bourgogne, tous deux se disputèrent, pendant fort longtemps, Charlieu, sur lequel le traité n'était pas explicite; ce qui prouve le prix qu'ils y attachaient.

A l'époque des guerres de Louis XI contre le duc de Bourgogne, *Loys de Brachechien*, l'homme de confiance de Messire Guillaume Gouffier, seigneur de Boisy, Roanne et Saint-Haon, écrivait à Maître Guillaume Chanceau, châtelain de Boisy : « Vous devriez bien adviser, avant de
» mal contenter ceulx de Charlieu, en prenant et arrestant
» de leurs biens en la terre de la Motte (à Saint-Romain,
» paroisse dépendant de la seigneurie de Boisy); vous
» savez qu'ils sont assez voisins de ladite terre, et de jour
» en jour pourraient courir ladite terre et parfaire grants
» dommaiges. »

Le sénéchal de Lyon, bailli de Mâcon, dans des lettres de 1486, par lesquelles il fait défense au prieur d'ouvrir des portes dans les murs d'enceinte de Charlieu, s'exprime ainsi : « Cette ville fut de toute antiquité une bonne ville
» marchande, assez grande, environnée de murs et rem-
» parts, de tours avec des fossés, portails et portes né-
» cessaires; et, ainsi close et fortifiée, elle est gardée et
» défendue pour ledit seigneur notre Roi, sous son obéis-
» sance et domination, comme on a coutume de faire
» dans les autres bonnes villes du royaume. »

Dans le traité de 1442, entre les Bénédictins et les habitants, au sujet de la pêche des fossés de la ville, il n'y eut pas moins de 80 bourgeois pour représenter la ville.

Au XVIe siècle, il y en eut aussi un grand nombre, dont quelques-uns fort riches. Plusieurs devinrent, par eux ou leurs descendants, possesseurs de seigneuries dans les environs. Les Dupont furent seigneurs de Dinnechin; les Desirvinges, de Sevelinges; les Gayan, de Jarnosse; les Cyberand, de Boyé; les Dufournier, de Tigny. Ces familles et d'autres moins considérables s'élevèrent par le commerce, l'industrie, le notariat, le barreau, l'exercice des fonctions publiques. Quelques-unes auront une mention spéciale à la fin de cet ouvrage.

§ II.

Commerce et industrie.

J'ai dit quelque chose à ce sujet en faisant l'histoire de Mareschal, bourgeois de Charlieu au XVe siècle; ce que j'ai à y ajouter est malheureusement trop court.

La tannerie, le tissage et le commerce des bestiaux furent toujours très florissants à Charlieu, est-il dit dans une notice sommaire sur cette ville, du siècle dernier (1). Dans les anciens titres, concernant les habitants de Charlieu, on trouve souvent, en effet, la profession de tanneur (escofferius). Il y avait aussi dans la ville des marchands de toute espèce, et c'est assurément la qualité qui domine dans les actes anciens et modernes. A en juger par quelques-uns de ces actes, il semble que, au moyen-âge, c'est à Charlieu que la noblesse des pays environnants venait s'approvisionner d'étoffes pour ses vêtements. Il nous reste un assez grand nombre d'obligations du XIVe siècle et du

(1) *Almanach du Lyonnais*, de 1751.

suivant, consenties au profit de marchands de la ville, pour achat de drap (ex causa emptionis panni habiti et recepti), par de nobles chevaliers (viri nobiles, milites, domicelli). Un autre objet considérable d'industrie et de commerce, ce fut, principalement depuis le XVIe siècle, la fabrication et la vente des toiles.

Le rôle des tailles de 1688, qui ne comprend guère que les chefs de famille et les maîtres dans chaque profession, porte 68 tisserands, 38 cordonniers, 53 marchands de toute espèce, 13 tailleurs d'habit, 12 charpentiers, 11 mégissiers et corroyeurs, 10 maçons, 9 bouchers, 9 chapeliers, 6 apothicaires, 5 menuisiers, 5 maréchaux, 4 boulangers, 4 serruriers, 4 selliers, 2 tonneliers. Il indique donc dans chaque profession un nombre de maîtres, au moins aussi grand que de nos jours; ce qui prouve combien étaient considérables alors à Charlieu, pour le temps, le commerce et l'industrie.

Il y avait anciennement trois foires à Charlieu, qui se tenaient le vingt-quatre février, le dimanche gras et le vingt août; ces deux dernières duraient huit jours. Elles tombèrent en désuétude sur la fin du XVIIe siècle (1). Il y avait deux marchés: l'un le mercredi, et l'autre le samedi de chaque semaine; le premier cessa vers le milieu du dernier siècle (2). Ces foires et ces marchés étaient francs, en vertu de lettres patentes des rois de France. Cette franchise consistait en ce que celui qui venait au marché ne pouvait être arrêté, ni en allant, ni en venant, même

---

(1) *Almanach du Lyonnais*, de 1754.
(2) Id. id. et celui de 1759. Ce marché n'avait pas lieu en 1580, date des lettres d'Henri III, citées ci-après, car on n'y parle que de celui du samedi.

pour dettes contractées en ville ; car les anciennes lettres données à ce sujet portaient : *Quicumque venerit ad forum Cariloci, quamvis debeat debitum in villa, nisi forum fuerit ei prohibitum, veniens et rediens salvus debet remanere.* Il fallait, pour saisir le débiteur d'une dette, même contractée en ville, que le marché lui fût interdit, c'est-à-dire que le titre du créancier exprimât formellement l'exception. On ne sait duquel de nos rois émanent ces priviléges, qui furent confirmés par lettres patentes d'Henri IV, en 1602 (1), à l'exception, cependant, de la foire du vingt août, qui fut instituée par Henri III, au mois d'octobre 1580, pour la Saint-Philibert, fête patronale de la ville, avec les faveurs dont je viens de parler. Les lettres données à ce sujet et dont une copie est arrivée jusqu'à nous, contiennent aussi la franchise du marché. Les juges de Charlieu avaient soin de maintenir ce privilége, soit par leurs ordonnances de police (ils en étaient alors chargés), soit par leurs jugements, en cas de poursuites et de saisies contraires. Ce n'était pas seulement la saisie de corps qu'ils prohibaient, mais aussi celle des objets appartenant au débiteur. Ainsi, en 1671, le juge de l'époque fit rendre à un étranger son cheval, qui avait été saisi à l'auberge, en se fondant *sur les priviléges du marché, et sur ce que on ne doit faire aucune saisie le samedi, suivant les ordonnances* de lui juge ou de ses prédécesseurs.

(1) *Almanach du Lyonnais*, de 1754.

§ III.

Population.

Il ne nous reste aucun document sur la population, antérieurement au XVI⁰ siècle. En 1515, il y avait trois cent trois habitants au rôle de l'imposition des deniers royaux (rotulo impositionis denariorum regiorum). Je crois qu'ils étaient tous, ou la plupart, pères de famille. Il y en avait ensuite qui étaient exempts par leur pauvreté, et d'autres par leur qualité ou les fonctions qu'ils remplissaient.

La milice était, en 1670, de 500 hommes, qui se mirent sous les armes pour la réception de l'évêque de Mâcon.

Le rôle des tailles de 1688, cité dans le paragraphe précédent, comprend 472 taillables, tous, ou presque tous, chefs de famille, ou maîtres dans leur profession. Il y avait, en outre, plusieurs habitants non portés, parce qu'ils étaient exempts de la taille avec toute leur maison.

Le *Dictionnaire de la France* de l'abbé des Thuileries porte (en 1726 environ) la population de la ville à 1934 habitants; la *Géographie du royaume de France*, par Dumoulin (1767), attribue à Charlieu 430 feux et 1934 habitants, le même nombre que l'ouvrage que je viens de citer; le second auteur a sans doute copié le premier dans le chiffre de la population. Ce chiffre ne concorde pas avec le nombre de feux qu'il indique. La population devait être plus forte et l'était sans doute en effet, car elle s'était certainement accrue de 1726 à 1767 (a).

(a) En 1765, on attribua à Charlieu le nombre d'officiers municipaux que comportait, d'après l'édit de cette année, une population de 2,000 à 2,500 âmes. Charlieu avait donc, en 1767, plus de 2,000 âmes.

D'après le premier ouvrage cité, la population de Roanne avait déjà fortement dépassé celle de Charlieu, au commencement du XVIII° siècle. Aussi y avait-il, dès cette époque, des relations fréquentes et suivies entre ces deux villes. « Un messager portait les lettres de Charlieu à la » poste de Roanne, tous les mardis et vendredis, et en » rapportait celles qui s'y trouvaient (1). »

En 1754, il y avait à Charlieu une école où on enseignait les éléments du latin et *les humanités* (2).

Les fonctionnaires publics étaient nombreux. Il y eut de tout temps un juge seigneurial (bailli), avec ses deux acolytes obligés, le procureur fiscal et le greffier; et un nombre correspondant de procureurs et d'huissiers; plus, quelquefois, un juge seigneurial criminel (prévôt). Depuis le XIII° siècle, il y eut en outre un juge royal (châtelain), avec procureur du Roi et greffier, et depuis le commencement du XVII°, un grenetier au grenier à sel, puis un contrôleur du grenier à sel. En 1670, commença le contrôle des actes, qui amena un fonctionnaire de plus. Il ne faut pas oublier les notaires qui étaient, en 1630, au nombre de neuf; et de cinq, seulement, en 1754.

(1) *Almanach du Lyonnais*, de 1754.
(2) Id. id.

CHAPITRE V.

Administration de la ville.

§ I.

Administration de la ville, jusqu'en 1765.

J'ai raconté (chap. I, sect. II de cette 2ᵉ partie) la tentative faite par les habitants pour s'ériger en commune, au XIIIᵉ siècle. Cette tentative n'ayant pas réussi, les Bénédictins restèrent maîtres de l'administration de la ville. Ils y exercèrent les droits attribués, dans les cités libres, à ces magistrats électifs appelés maires, échevins, consuls; ils y firent notamment la police par le ministère de leur juge ou bailli. Cependant les habitants avaient nécessairement des intérêts collectifs et quelquefois opposés à ceux des Bénédictins. En ce cas, les bourgeois n'ayant pas d'officiers municipaux pour les représenter, agissaient tous en personne. C'est ainsi qu'il en parut 80 dans le traité de 1442, entre la ville et le monastère, au sujet de la pêche des fossés de la ville. Cependant, au siècle suivant, ils nommèrent, pour la poursuite de certaines affaires et de procès, un ou plusieurs d'entre eux, qui prenaient le titre de syndics de la ville (syndici villæ, 1507), ou de procureurs de ville (1588). Au XVᵉ siècle, commence aussi à paraître la qualification de consul, donnée à des bourgeois ; mais ce titre n'avait aucun rapport à l'administration municipale. On le donnait, à Charlieu, aux collecteurs de taille.

La taille était l'impôt levé au profit du Roi. Concédée, d'abord pour un temps, par les Etats-Généraux, puis rendue permanente par Charles VII, vers le milieu du XV⁰ siècle, il devint nécessaire d'établir des règles fixes pour sa perception. Une de ces règles fut l'élection des collecteurs et répartiteurs de la taille par les habitants de chaque paroisse. Ils avaient été nommés, d'abord, par les officiers des finances du Roi, qui se maintinrent encore, en beaucoup d'endroits, dans cet usage, contrairement à la loi, jusqu'à l'édit de François Ier, en 1517, qui rendit l'élection des collecteurs de tailles générale dans le royaume.

Avant cette époque, les habitants ne pouvaient probablement pas se réunir en assemblée publique, sans la permission des moines, même pour leurs affaires d'intérêt collectif. Dorénavant, ils le purent pour élire leurs consuls. L'autorité royale, plus forte que celle du seigneur, les appelait, chaque année, à faire cette élection. Ils jouissaient donc en quelque sorte, sous ce rapport, des attributions de la commune, sans en avoir le titre. Dès-lors l'usage, favorable aux libertés de la ville, put s'introduire de les convoquer et de les assembler aussi pour les autres affaires de la cité. Au XVIII⁰ siècle, ils ne pouvaient se réunir sans l'autorisation de l'intendant de la province, au moins pour autre chose que pour l'élection des consuls; puisqu'ils la lui demandèrent en 1763, pour délibérer sur le point de savoir s'ils interviendraient dans l'instance au sujet de la laide, pendante au grand-conseil, entre les Bénédictins et quelques particuliers.

Quoique les attributions spéciales des consuls fussent la répartition et la levée des tailles, ils furent cependant quelquefois appelés, par la force des choses, à représenter la ville et à faire quelques actes d'administration. Au temps de la Ligue, la correspondance entre Charlieu et Lyon, dont j'ai parlé précédemment (chap. III, sect. Ire, 2e partie), se fit par leur intermédiaire. Ils avaient alors un secrétaire ou greffier, qui parfois signait seul les lettres en cette qualité; dans quelques-unes, il ajoutait cette mention : *Par ordonnance de mesdits sieurs.* Souvent aussi les signatures des consuls se trouvent avec la sienne. Les lettres sont toujours écrites aux noms des consuls et habitants.

Les autorités supérieures, locales ou royales, paraissent avoir reconnu en tout temps aux consuls le droit de requérir les mesures propres à assurer le bon ordre dans la ville, la sécurité des habitants, et de demander la convocation de ceux-ci en assemblées publiques. C'est quelquefois par leur intermédiaire que le gouvernement faisait parvenir à la ville les ordres qui la concernaient.

Lorsqu'il y avait lieu d'assembler les habitants pour quelque affaire commune, ils étaient convoqués à la requête des consuls et du juge royal ou seigneurial, au son de la grosse cloche de la paroisse, un dimanche ordinairement, à l'issue de la messe ou des vêpres. L'assemblée se tenait sur la place publique, au-devant de l'église paroissiale: elle était présidée par le châtelain, juge royal, ou autorisée par lui. Elle le fut par le bailli, juge seigneurial, pendant le temps que la châtellenie resta transférée hors de la ville, de 1660 à 1696. Tout le monde était admis à prendre part à la délibération, puisque on voit figurer, dans des procès-verbaux, des citoyens de la plus infime condition. Ces procès-verbaux étaient ordinairement rédigés et reçus par un notaire, dans la forme des actes authentiques, ou par le juge président de l'assemblée (1).

Telle fut l'administration de la ville jusqu'en 1692. A cette époque, le gouvernement de Louis XIV, pressé par le besoin d'argent, imagina, pour s'en procurer, d'imposer à toutes les villes du royaume des offices de maire et d'officiers municipaux appelés assesseurs, et de les vendre le plus cher possible, soit à des particuliers, soit aux villes elles-mêmes (2). Il est probable que les Bénédictins achetèrent ces titres, au moins les principaux, et qu'ils en revêtirent, comme plus tard, leurs officiers de justice ; car il leur importait de ne pas les laisser passer à d'autres, qui auraient pu leur disputer les attributions qu'ils s'étaient données jusque là sur l'administration et la police de la ville. Au moins est-il sûr que, en 1705, leur bailli se qualifiait aussi de lieutenant de maire. Vers le même temps, les habitants possédaient les offices secondaires de procureur du Roi et de greffier de la communauté, qu'ils avaient achetés, et dont les *gages* étaient de 44 livres 8 sols par an.

Cette administration, plus pécuniaire et honoraire que réelle, n'a pas laissé de trace. Elle finit en 1716, par un édit qui supprima tous les offices municipaux créés en 1692.

La nécessité de se procurer des fonds les fit rétablir et revendre par le gouvernement, en 1722. Ils furent de nouveau supprimés en 1724 et rétablis en 1733, toujours dans un but financier (3). Les Bénédictins achetèrent les charges de maire

(1) Procès-verbaux de 1629, 30, 32 et 1687.
(2) *Essai sur l'Histoire du Tiers-État*, par A. Thierry, édition Furne, p. 228.
(3) Même ouvrage, p. 231.

et de procureur de la ville, que ce dernier édit faisait revivre ; ils en donnèrent les titres à leur bailli et à leur procureur fiscal. Cet achat leur coûta 4600 livres, dont moitié fut fournie par le prieur, Dom de Kessel, et moitié par le couvent (1).

Les autres offices municipaux ne trouvèrent pas d'acheteurs, à ce qu'il paraît, et ils furent réunis *au corps et communauté* de la ville, c'est-à-dire, que les habitants furent probablement forcés de les payer. Ces offices réunis furent sans usage pour les habitants, puisque, au lieu de les faire exercer par quelques-uns d'entre eux, ils se contentèrent de présenter au Roi, sur la demande de l'intendant de la généralité de Lyon, un artisan pour *homme vivant et mourant*, auquel seul ils furent conférés pour la forme. Le fisc royal avait des droits à percevoir à chaque décès du titulaire ; et comme la ville ne mourait pas, elle présentait un *homme*, au décès duquel les droits étaient perçus, comme s'il avait eu le titre réel.

Les officiers des Bénédictins firent, au contraire, quelque usage de leurs titres, puisque on trouve mentionnés des registres de délibération tenue par eux, de 1745 à 1766. Mais ces registres ne sont pas parvenus jusqu'à nous.

Le même édit de Louis XV de 1733, qui avait rétabli les offices municipaux, créa en même temps celui de gouverneur pour toutes les villes closes du royaume. Celle de Charlieu, entourée de murs, se trouvait comprise dans l'édit. Le nouveau titre se vendait comme tous les autres. Il fut acquis, en 1750 seulement, par M. Louis Dupont, ancien lieutenant au régiment de Boulonnois (2). Le trai-

(1) Livre capitulaire, p. 113 à 114, chapitre du 6 mars 1738.
(2) Lettres patentes, dont l'original est entre les mains de la famille.

tement en fut fixé à 120 livres par an, qui devaient, aux termes de l'édit, se prendre, comme ceux des officiers municipaux, sur les revenus de la ville, et, à leur défaut, sur les fonds indiqués par le Roi. La ville ayant produit des attestations suffisantes établissant qu'elle n'avait ni deniers patrimoniaux, ni octroi, le Roi, en conseil d'Etat, ordonna que les *gages* seraient payés par les receveurs des finances de la généralité de Lyon (1). L'office de gouverneur se maintint jusqu'à la révolution ; et le même M. Louis Dupont, à qui il fut conféré en 1750, le possédait encore en 1788, comme l'atteste le marché écrit qu'il fit, cette année-là, avec un serrurier, pour mettre une grille à sa chapelle de saint Roch.

§ II.

Administration de la ville, de 1765 à 1789.

L'édit royal du mois de mai 1765 vint enfin donner à toutes les villes de France une municipalité réelle, basée sur l'élection. Cet édit n'avait pas le même motif que les autres, il avait pour but la régularité de l'administration communale. Les Bénédictins virent avec peine l'érection d'un *corps de ville* à Charlieu ; car, outre qu'elle leur enlevait les offices municipaux, qu'ils avaient achetés à baux, deniers comptants, et les revenus qu'ils en avaient retirés jusqu'alors, elle suscitait à leur autorité un pouvoir rival, que ne manquerait pas d'appuyer l'esprit d'opposition,

---

(1) Autres lettres patentes entre les mains de la famille.

très vif alors à Charlieu, des habitants contre leurs seigneurs.

D'après la nouvelle loi, la ville, comptant de 2,000 à 2,500 âmes, son conseil devait être composé d'un maire, de deux échevins, de quatre conseillers de ville, de dix notables, d'un receveur syndic et d'un secrétaire greffier, tous élus par élection à trois degrés. Les électeurs au premier degré se composaient des corps d'état, des membres d'une même profession, qui nommaient *des députés*, chargés d'élire les notables. Les notables, à leur tour, choisissaient le maire, les échevins, les conseillers, le receveur et le greffier. De plus, ils présentaient au Roi, pour la place de maire, trois sujets, sur lesquels il choisissait. Les notables devaient être pris dans les différents corps d'état, et eux-mêmes siégeaient, parfois, au conseil municipal.

Les corps et professions qui élurent, à Charlieu, des députés, furent le clergé, les officiers de justice, les avocats, les médecins, les procureurs et notaires, les chirurgiens, les barbiers, les marchands tanneurs, épiciers, drapiers, merciers et grenetiers : quelques corps trop peu nombreux s'étaient réunis à d'autres, avec lesquels ils avaient de l'analogie. La noblesse devait aussi avoir un député, mais elle refusa de le nommer. Chaque corps s'assembla séparément pour la nomination de son député (1).

Les députés nommés furent convoqués le dimanche, 25 août 1765, après vêpres, en l'Hôtel-de-Ville, par Henri Dutreyve, seigneur d'Egrivay, président en l'élection de

---

(1) Registre des délibérations du conseil, en tête duquel sont consignées les nominations.

Roanne et demeurant en la même ville, prenant la qualité de maire perpétuel de Charlieu. Ils élurent les notables, qui furent convoqués, huit jours après, pour le choix des officiers municipaux, au même lieu et par le même M. Dutreyve. Mais lorsqu'on se présenta à l'Hôtel-de-Ville, la porte en était fermée. M. Buynand, juge seigneurial des Bénédictins, s'était emparé de la clef et refusa de la livrer. En conséquence, la réunion eut lieu dans la maison de M. Dutreyve. Les notables élurent pour premier échevin M. de la Ronzière, seigneur de la Douze ; pour deuxième, M. Michelet ; pour conseillers de ville, MM. Petit, avocat, Beraud, chirurgien, Barnaud et Gacon ; pour syndic receveur, M. Michelet de Rochemont ; et pour greffier, M. Rouillet-la-Varenne. Ils présentèrent au Roi, pour la place de maire, MM. Bardet, avocat, Carré, greffier en chef de la châtellenie, et Alex, procureur (1).

Cependant, la conduite de M. Buynand ayant été dénoncée au contrôleur général et blâmée par celui-ci, qui autorisa même le conseil municipal à faire des poursuites, en cas de besoin, la clef de l'Hôtel-de-Ville, qui était alors en rue Mercière, fut rendue ; mais tous les meubles et papiers en avaient été enlevés (2).

M. Carré, nommé maire par le Roi, fut installé le 3 février 1766. La première séance du nouveau conseil municipal fut fixée au 27 du même mois ; après quoi, il devait se réunir de quinzaine en quinzaine, suivant ce qui fut alors arrêté. Les séances extraordinaires, celles où les notables prenaient place au conseil, furent aussi détermi-

(1) Même registre des délibérations.
(2) Id. Id.

nées d'avance, à des intervalles plus éloignés (1). Le corps municipal fut présidé, même lorsque le maire était présent, par le châtelain, qui en était membre de droit, à ce qu'il paraît, ainsi que le procureur du Roi.

Dans la séance du 27 février, M. de la Ronzière, l'un des échevins, qui avait été chargé de rechercher les revenus et charges de la communauté, fit son rapport à ce sujet. Il dit qu'elle possédait, en rue Mercière, une maison servant d'hôtel-de-ville, qui tombait en ruine; deux droits de pâturage, l'un dans une prairie, à Saint-Nizier, l'autre dans une bruyère, sur le territoire de Charlieu, dont les titres étaient perdus; qu'elle paraissait avoir joui autrefois, et devrait jouir, en effet, des fossés et remparts de la ville, d'autant plus, que ce sont les habitants qui y font les réparations nécessaires; que, cependant, les Bénédictins s'en sont emparés sans qu'on sache de quel droit. Il met encore au nombre des revenus de la ville, l'octroi qui lui avait été accordé pour s'acquitter de sa part du don gratuit extraordinaire, ordonné par édit du mois d'août 1758. Ce don gratuit, qui s'élevait, pour Charlieu, à deux mille livres, absorbait, disait-il, presque tout entiers les revenus de l'octroi, quoiqu'il frappât sur le vin et sur la viande.

Quant aux charges de la ville, elles consistaient, suivant l'échevin : 1° dans les réparations de la maison de ville; 2° le loyer de la maison curiale, fixé à 80 livres, par l'intendant; 3° la fourniture du bois de chauffage et de l'éclairage des soldats dans le corps de garde; 4° les appointements du secrétaire greffier; 5° les gages et habille-

---

(1) Id. Id. Tout ce qui sera dit, ci-après, des opérations du conseil, le sera d'après le même registre.

ments de deux valets et d'un tambour de ville ; 6° les réparations et l'entretien des pavés, des égoûts, des portes et murs d'enceinte, dont la ville avait, malgré la tranquillité intérieure, senti deux fois le besoin, depuis le commencement du siècle ; l'une, lors de la peste, et l'autre, toute récente, à *cause des contrebandiers de Mandrin* ; 7° les frais pour plusieurs procès à soutenir, notamment celui porté au grand-conseil par les Bénédictins, qui prétendent au droit de laide sur les grains. Les habitants de Charlieu en ont toujours été exempts, ajoute l'échevin rapporteur, et il n'a jamais été payé que par ceux qui n'ont pas eu la hardiesse de le refuser. Les religieux sont si entreprenants, qu'ils percevraient des droits sur tout, dit-il encore, si on était assez sot pour les acquitter. Dans son rapport, il leur lance encore bien d'autres traits malicieux, quand l'occasion s'en présente.

Quant aux papiers, il n'avait pu recueillir que le registre précédant celui ouvert pour le nouveau corps municipal ; et il avait vainement réclamé au fils de défunt Collet, qui avait été greffier de la ville pendant vingt ans, le surplus qu'on avait dû trouver à son décès.

Collet fils, mandé devant l'assemblée, apporta quatre pièces de peu d'importance, et soutint qu'il n'en avait pas trouvé d'autre. Il signa sa déclaration.

Le rapport, mis aux voix, fut approuvé et envoyé au contrôleur général, pour servir de mémoire, conformément aux articles 48, 49 et 50 de l'édit.

Dans la réunion du 16 mai 1766, on revient encore sur les charges de la ville, sur ses besoins financiers et administratifs. On délibéra, à ce sujet, une espèce d'état, sans doute demandé par l'autorité supérieure, qui comprend l'évaluation de chaque article.

Les réparations à la maison de ville sont estimées à 1500 livres.

Celles du pavé des rues et places publiques, pareille somme de 1500 livres.

On fait observer que, jusque là, chaque propriétaire a établi le pavé au-devant de sa maison, sans règle, et suivant son caprice, l'un plus haut, l'autre plus bas, de manière que les eaux restent stagnantes en beaucoup d'endroits.

La réparation des murailles de la ville est portée à 1000 livres.

Quant à celle des portes et à leur entretien, on fait remarquer que des particuliers en sont chargés, moyennant la redevance d'une bûche ou d'un fagot, pour chaque char de bois entrant en ville; que cette perception étant exorbitante, il conviendrait d'autoriser les habitants à rentrer dans ce droit, sauf indemnité, s'il y a lieu; que la même observation s'applique à la redevance, levée par des particuliers, sur l'huile et les planches. Le remboursement de ces droits est évalué à 1000 livres.

Ces charges sont dites extraordinaires; quant aux charges ordinaires et annuelles, elles sont évaluées ainsi qu'il suit:

Entretien annuel du pavé et des égouts,	500 livres.
— Des portes, murs, fossés et promenades,	100 »
— De la maison de ville,	50 »
— Des meubles de ladite maison,	30 »
Frais de bureau, éclairage et chauffage,	60 »
Appointements du secrétaire greffier,	120 »
Gages et habillements de deux valets de ville et deux tambours,	200 »
Loyer d'une maison pour le presbytère,	80 »

Enfin, au syndic receveur, quatre deniers par livre de remise sur les sommes entrant dans sa caisse.

Reste une dernière charge éventuelle, mais fort onéreuse, celle du logement, presque continuel, en temps de paix, de deux compagnies de dragons, auxquels on ne peut donner pour casernes que des maisons particulières. Les écuries, étant peu nombreuses, sont fréquemment occupées par les chevaux de troupe. Le chauffage et l'éclairage au corps de garde sont aussi un article de dépense assez considérable. La charge du logement des troupes a été aggravée par le retrait de deux deniers par jour, accordé par chaque homme et chaque cheval logé jusqu'au moment de la dernière guerre. S'il y avait continuellement des troupes à Charlieu, elles occasionneraient à la ville une dépense de 1500 livres par an.

Pour pourvoir à ces dépenses, l'assemblée, à qui l'autorité supérieure en demandait les moyens, à ce qu'il paraît, en indiquait deux : l'établissement de l'octroi et celui d'un impôt personnel ou espèce de capitation. Cet impôt aurait été payé par tous les chefs de famille et par leurs enfants, garçons ou filles, ayant domicile séparé. A cet effet, ils auraient été tenus de venir, dans les deux mois de la publication, se faire enregistrer, en présence d'un des officiers municipaux, par le greffier, qui aurait perçu pour chacun 36 sols, dont 30 pour la ville, 1 pour le papier et 5 pour lui. Les étrangers qui seraient venus se fixer à Charlieu auraient été tenus de se faire enregistrer dans les deux mois de leur arrivée.

Le produit de cet enregistrement est évalué à 600 livres pour la première année, et à 36 livres pour les suivantes.

On proposait, pour le tarif de l'octroi, savoir : à l'entrée du vin, 2 sols par ânée; et le produit en est estimé 150 livres par an; 9 sols par chaque ânée, débitée en détail à l'auberge et au cabaret; et 30 sols par tête de bœuf ou vache tués en ville. Le produit de ces deux articles est estimé 900 livres.

Le conseil insiste sur la nécessité de remettre la ville en possession des différents droits perçus, par les gardiens des portes, sur les bois à brûler, et par d'autres particuliers sur l'huile et le bois travaillé; il en évalue la redevance à 70 livres.

L'assemblée proposait enfin que chaque boucher et boulanger, en se faisant enregistrer, comme il a été dit, s'engageât à ne vendre sa marchandise qu'au prix fixé par la taxe faite sur l'avis de trois officiers municipaux.

Déjà le conseil avait, à ce qu'il paraît, adressé au contrôleur général une lettre au sujet des abus sur la taxe du pain et les poids et mesures; et le contrôleur avait demandé par qui la police était faite à Charlieu, et s'il n'y avait pas *un office de police élu*. On répond que les Bénédictins se sont emparés de la police; que c'était le châtelain qui la faisait autrefois et qu'il devrait la faire encore, car elle est fort négligée.

Dans cette séance, M. Dutreyve, ancien maire de la ville, remit quelques pièces qui étaient restées entre ses mains, plus *huit clefs de la ville.*

Dans la réunion du 3 février 1767, on résolut d'insister auprès du contrôleur général, pour en obtenir l'établissement des deux impôts proposés. Je ferai remarquer ici que le contrôleur pouvait bien ne pas admettre la capitation, redevance insolite et quelque peu bizarre; mais quant à l'octroi, il ne pouvait y faire d'objection sérieuse, puisque déjà cette espèce de droit avait été perçue pendant un bon nombre d'années, pour l'acquittement du don gratuit. Cet octroi avait rendu plus de 2000 et quelquefois jusqu'à 2500 livres par an. Il cessa, à ce qu'il paraît, à la fin de 1767. Vérification faite par le conseil de ville, le 21 janvier 1768, des comptes du secrétaire, directeur des aides, il se trouva que, le don gratuit acquitté, il restait à la ville 1632 livres. On résolut de demander au contrôleur général l'autorisation de l'employer à rebâtir ou à échanger l'Hôtel-de-Ville, qui était sur le point de s'écrouler.

L'obstacle à l'établissement de l'octroi venait principalement de l'opposition secrète des moines, comme nous le verrons ci-après.

En 1768, le corps municipal fit écrire, par M. de la Ronzière, premier échevin, une lettre au contrôleur général, pour en obtenir la faculté de prendre part à la répartition des impôts, qui était alors faite par des commissaires nommés par l'intendant.

Le 11 février 1769, le Roi nomma maire, pour trois ans, M. Michelet de Beauvoisin, en remplacement de M. Carré. Le nouveau maire fut installé le 5 mars de la même année.

Dans la séance du 23 juillet 1769, le conseil résolut la formation de deux compagnies de milice bourgeoise, *pour réprimer l'insolence des libertins et coureurs de nuit, et pour les cérémonies publiques, telles que processions et entrées de grands seigneurs*. Les officiers furent élus sans désemparer, et on demanda au *commandant de la province* l'autorisation de mettre cette nouvelle milice sous les armes. Un procès-verbal dressé, le 1er juin 1771, par le maire, le premier échevin et les deux capitaines de la milice, fait connaître que les hommes qui la composaient ne se soumettaient qu'avec peine à la discipline; et l'un d'eux, plus récalcitrant que les autres, fut condamné à passer six heures au corps de garde. La milice bourgeoise semblait une nouveauté à la génération de cette époque; et cependant, un procès-verbal de justice, de 1699, porte qu'il y en avait eu de temps immémorial; ce qui ne peut être douteux, car il fallait bien que les habitants se missent sous les armes pour garder leur ville en temps de guerre. En cette même année 1699, ils demandèrent eux-mêmes la permission au juge de la ville de s'armer, soit pour conserver l'habitude de l'exercice, soit pour se récréer. Ils prenaient habituellement les armes pour la procession de la Fête-Dieu; et en 1670, il y eut 500 miliciens environ à la réception de l'évêque de Mâcon.

Une ordonnance de police, de 1627, rendue par le châtelain, juge royal, enjoint aux habitants d'obéir à leurs *caporaux*, pour la garde des portes, chacun en son quartier, à peine de 5 livres d'amende; l'ordonnance est adressée au *capitaine* de la ville. A cette époque, on avait encore présentes à la mémoire les guerres funestes de la fin du XVI° siècle, qui avaient fait sentir le besoin d'une milice bien organisée; mais en 1771, la tranquillité intérieure était rétablie depuis longtemps, en sorte qu'on dédaignait la discipline et le service régulier comme inutiles.

On n'avait pas perdu de vue l'octroi, en 1766; il y avait eu de nouvelles démarches pour l'obtenir; un arrêt du conseil d'Etat, du 24 mai 1768, l'avait permis, en conformité duquel le Roi donna, le 13 juillet suivant, des lettres patentes pour l'établir. Mais suivant une délibération du conseil municipal, du même mois de juillet, *quelques personnes qui avaient le plus grand intérêt à s'y opposer, avaient retardé l'enregistrement des lettres patentes, puis s'étaient servies des noms de quelques habitants pour former opposition entre les mains du procureur général au parlement de Paris*; évidemment on désigne ici les Bénédictins. L'assemblée arrête de poursuivre la main-levée de l'opposition, et elle constitue sur-le-champ, un procureur au parlement de Paris, à qui on envoya 400 livres. Dans la même délibération, il est question d'une halle à établir pour le commerce des toiles.

L'opposition aux lettres patentes pour l'octroi n'était pas encore levée le 29 février 1772, comme on le voit par une délibération de cette époque, où il est question des frais de l'instance à ce sujet, toujours pendante au parlement de Paris. Le procès ne fut peut-être jamais terminé.

Les corps municipaux furent supprimés en 1771; cependant celui de Charlieu fut rétabli par commission, en 1775, et avec le même nombre d'officiers et les mêmes qualifications (1); mais ses opérations administratives sont restées inconnues.

Dans l'intervalle de 1771 à 1775, il n'y eut, à Charlieu, aucune administration municipale. Les recteurs de l'hôpital ayant eu besoin, pour quelque mesure importante, de l'assentiment de la ville, présentèrent requête à l'intendant de la généralité de Lyon, dans laquelle ils lui disaient que, depuis la suppression du corps municipal, *Sa Grandeur n'ayant pas nommé de syndics pour la gestion des affaires communes, était priée d'ordonner la convocation* des habitants, suivant le mode usité anciennement; d'ordonner aussi que la délibération serait inscrite sur les registres de la ville; qu'ils seraient, à cet effet, retirés des archives de l'Hôtel-de-Ville, puis replacés par le châtelain, juge royal, président de l'assemblée, *jusqu'à ce qu'il plût au conseil de nommer des officiers mu-*

---

(1) *Almanach du Lyonnais*, de 1784.

nicipaux, *ou tout au moins un secrétaire greffier pour veiller à la conservation des papiers.*

Sous le rapport administratif, Charlieu dépendait de l'intendant de Lyon, qui y avait un subdélégué (1). Cependant, l'autorité de cette espèce de préfet de l'ancien régime ne paraît pas s'être fait sentir dans notre cité avant la seconde moitié du XVIIIe siècle, parce que ce n'est probablement qu'à cette époque qu'elle s'étendit à toute l'administration, après avoir été d'abord beaucoup plus restreinte.

(1) *Almanach du Lyonnais*, de 1784.

CHAPITRE VI.

Contributions diverses.

§ I.

Comment et par qui elles étaient imposées et levées.

Les documents relatifs à ce chapitre n'embrassent que les deux derniers siècles. Dans cet espace de temps, les contributions du royaume étaient fixées par le conseil d'Etat, qui en faisait lui-même la répartition entre les diverses provinces ou généralités. Lyon était le chef-lieu d'une de ces circonscriptions financières appelées généralités. La généralité de Lyon comprenait les trois provinces de Lyonnais, Forez et Beaujolais ; elle était subdivisée en circonscriptions secondaires, appelées élections. Charlieu faisait partie de l'élection de Roanne. La somme à laquelle la généralité de Lyon était imposée par le conseil d'Etat, était répartie, entre les élections, par le lieutenant-général et l'intendant de la ville de Lyon et des trois provinces, qui rendaient une ordonnance à ce sujet. Puis la répartition entre les villes et paroisses de chaque élection, était faite par les élus, officiers formant un tribunal ou bureau au chef-lieu de l'élection. Enfin, dans chaque paroisse, la répartition au dernier degré, celle entre les habitants, était exécutée par les consuls, assesseurs ou collecteurs des tailles, car leurs noms variaient suivant les pays. A Charlieu, ils étaient appelés consuls : on les élisait tous les ans, suivant le mode expliqué au chapitre précédent, au nombre de quatre ; c'est-à-dire que l'élection se faisait par l'assemblée générale des habitants, qui s'en remettait quelquefois aux consuls sortants du choix de leurs successeurs. Comme leurs fonctions ne consistaient pas seulement à répartir, mais aussi à lever l'impôt, loin d'être recherchées, elles étaient plutôt repoussées par chacun. C'était une lourde charge, puisqu'ils étaient solidairement responsables du paiement de l'impôt, et que rien d'honorable ne s'y rattachait. Aussi avait-on soin de la faire porter alternativement sur les personnes à qui elle pouvait incomber. Elle présentait pour tout dédommagement une rétribution de quatre deniers par livre des sommes perçues, que les consuls retenaient par leurs mains (1). Pour se débarrasser de la perception, les consuls la remettaient souvent, à leurs périls et risques, à des personnes qui s'en chargeaient moyennant rétribution (2). Il semble même qu'il y en ait eu qui en faisaient métier au XVIII° siècle, puisqu'elles prenaient le titre de *leveurs à gages* (3) des tailles de la ville.

L'impôt était perçu sur le rôle dressé par les consuls de l'année précédente et vérifié par les officiers de l'élection de Roanne. En vertu de ce rôle, ainsi vérifié, commandement de payer était fait aux retardataires par minis-

---

(1) Mandement des élus de Roanne aux consuls de Charlieu, de 1672. Cette rétribution fut portée à six deniers sur la fin du siècle.

(2) Actes authentiques des XVII° et XVIII° siècles.

(3) Actes authentiques de 1736 et 1786.

tère d'huissier ; et, à défaut par eux d'y satisfaire, on saisissait leurs meubles. Dans le rôle des tailles de 1688, étaient exempts et privilégiés le curé et les prêtres sociétaires de Saint-Philibert, comme n'ayant pas de fonds sur la paroisse ; les religieuses Ursulines, comme ayant obtenu un arrêt d'exemption ; le seigneur de Gatelier, qui était alors M. de Matha, comme gentilhomme ; Claude Leblanc, en sa qualité de héraut d'armes ; et les habitants ayant le droit de bourgeoisie à Lyon, qui étaient alors, à Charlieu, au nombre de trois. Le contribuable porté sur le rôle, et qui prétendait à l'exemption, ou se croyait surtaxé, faisait assigner les consuls et la ville pardevant les élus en l'élection de Roanne, tribunal spécial dont j'ai parlé, institué pour les finances publiques, et composé d'un président et de six assesseurs, qui décidait sur toutes les difficultés en matière d'impôts. Une sentence de cette juridiction prononça, en 1623, l'exemption des tailles, comme héraut d'armes, de François de Ronchivol, qui avait été porté au rôle de cette année. Une autre sentence de la même juridiction ordonna, en 1682, la radiation de deux marchands ambulants du Dauphiné, par la raison qu'ils n'étaient pas domiciliés et n'avaient pas boutique ouverte en la ville. L'appel, quand il y avait lieu, se portait en la cour des Aides, à Paris.

A Charlieu, la taille était personnelle et non réelle ; elle était payée par ceux qui habitaient la ville, et non par ceux qui y avaient seulement des biens. Aussi, les mineurs en étaient-ils exempts, à ce qu'il paraît, par la signification faite aux consuls par une veuve, pour ses enfants, en 1692. C'est pour cela aussi qu'elle donnait lieu à la répartition, comme aujourd'hui notre contribution mobilière, et que, de même que pour cette contribution, ce qu'on retranchait à l'un causait une augmentation proportionnelle à tous les autres. Le domicile avait donc une grande importance relativement à cet impôt. Le contribuable qui avait le sien à Charlieu et qui voulait le quitter, était obligé, pour ne plus y payer l'impôt, de se pourvoir en *récedo* en l'élection de Roanne, et d'obtenir une sentence pour transférer sa résidence ailleurs. Encore cette sentence ne produisait-elle son effet que deux ans après sa date; et pendant ce temps, il fallait payer la taille à Charlieu, quoique on eût cessé d'y résider. En 1733, les père et fils Gacon, qui avaient maison à Saint-Hilaire, résolurent de quitter Charlieu, où ils se prétendaient surchargés, pour aller y demeurer; mais comme leur cote était considérable et qu'il importait à la ville de les retenir, elle fut réduite, dans l'assemblée générale des habitants tenue en 1734, de 67 livres 9 sols à 40 livres.

Outre les consuls, il y avait à Charlieu, dès la fin du XVe siècle, un greffier des tailles. Les greffes des tailles furent créés par Henri III et vendus par lui, pour se procurer de l'argent. Ceux de la généralité de Lyon, dont Charlieu faisait partie, furent revendus plusieurs fois et à des intervalles inégaux, par le gouvernement royal, à la charge, par le nouvel acquéreur, de rembourser l'ancien, ce qui n'eut pas toujours lieu. Ces offices n'avaient pas été portés à leur prix dans les premières ventes, ou bien les produits s'en étaient beaucoup accrus. Comme ils n'avaient été établis que dans un but financier, les villes pouvaient les posséder. Charlieu acheta celui qui la concernait, en 1623, de l'acquéreur primitif. Dans le même temps, elle avait déjà l'office de commissaire des tailles. Elle fut plus tard obligée de les revendre dans un moment de détresse. Les attributions de ces officiers paraissent avoir été, pour le commissaire, de prendre part, avec les consuls, à la répartition des tailles, et, pour le greffier, de rédiger les rôles, d'en délivrer des extraits, etc. (1). Cependant ces offices cessèrent, à ce qu'il semble, au XVIIIe siècle, puisqu'il y avait, dès les premières années de ce siècle, un *commissaire député par Monseigneur l'intendant de Lyon, pour être présent et assister au partage des tailles de la ville de Charlieu* (2). D'un autre côté, le corps municipal de la ville, dans sa séance du 28 février 1768, émit le vœu qu'il lui fût permis de prendre part à la répartition de l'impôt, avec *les commissaires nommés par l'intendant* ; et il s'excusait d'avoir élevé le traitement de son secrétaire greffier à 120 livres, sur ce qu'il avait pensé que ce secrétaire serait chargé de la rédaction de la grosse des rôles, à *l'instar des villes voisines*.

Pour terminer ce qui concerne ce paragraphe, j'ajouterai que les sommes perçues par les consuls étaient versées par eux entre les mains du receveur des tailles fixé à Roanne (3).

§ II.

Charges et dépenses communales.

La ville, la communauté des habitants, comme on disait autrefois, avait nécessairement des charges à supporter, soit pour sa sûreté, comme la réparation et l'entretien des murailles, soit pour soutenir ses intérêts, comme

(1) Rôle de 1689.
(2) Requête en réduction d'impôt, de 1703.
(3) Quittances et rôles, de 1689.

les procès où elle se défendait contre les exigences des moines. Pour tout cela elle n'avait pas de revenus, comme en avaient les villes libres de cette époque et comme en ont celles de nos jours. Elle ne possédait aucun octroi, aucun droit d'entrée, ou de marché. Les droits de cette espèce qu'il pouvait y avoir alors, appartenaient aux religieux, qui n'auraient pas souffert qu'on en établît d'autres en concurrence avec les leurs; car nous avons vu, dans le chapitre précédent, qu'ils s'opposèrent à l'octroi, qui était demandé par le corps de ville, sur la fin du siècle dernier. Il fallait donc pourvoir à tout avec la bourse des habitants.

Ce n'est pas, cependant, que la ville ne fût apte à posséder. Dans un dénombrement de ses fonds et revenus, fourni, en 1610, par les consuls, aux commissaires des francs-fiefs et nouveaux acquêts, on voit qu'elle avait un pré sur la rivière de Sornin, près du pont de pierre, dont le produit était abandonné à un serrurier chargé de l'horloge de la ville; et une terre, entre la muraille et les fossés, dont jouissaient ceux qui avaient les clefs et le soin des portes et pont-levis. Nous avons appris aussi, dans le chapitre précédent, que d'autres droits, notamment celui de *buchille*, existaient et étaient également laissés à des habitants qui, moyennant ces redevances, étaient tenus à certaines obligations pour les portes de la ville. Que ces droits se fussent établis par l'usage ou par contrat, ils n'en avaient pas moins leur racine dans la propriété de la communauté des habitants, qui avaient bâti les murailles et les portes; et cependant, comme la ville n'était pas érigée en commune, il lui eût sans doute été très difficile, pour ne pas dire impossible, d'en établir de pareils ou d'autres à son profit.

Lors donc qu'elle avait à pourvoir à quelque besoin urgent, elle était obligée de s'imposer, ce qu'elle ne pouvait faire qu'en vertu de *lettres d'assiette*, émanant du bureau des trésoriers de Lyon. Pour les obtenir, il fallait la permission du châtelain et l'avis du procureur du Roi de Charlieu (1). La répartition et la perception de l'impôt communal étaient, comme celles de toutes les autres, faites par les consuls. C'étaient aussi eux qui percevaient les revenus que la ville pouvait avoir.

Quand la ville devait à un particulier et qu'elle ne payait pas, pour l'y forcer, le créancier se pourvoyait pardevant les trésoriers de Lyon (a), pour en obtenir des *lettres d'assiette*. Ces lettres étaient ensuite vérifiées par les élus de Lyon, qui, par *d'autres lettres de commission*, mandaient aux consuls de Charlieu d'imposer la ville pour la somme nécessaire au paiement.

Dès les premières années du XVII° siècle, on trouve la ville aux prises avec le besoin d'argent; besoin qui n'a pas discontinué sous l'ancien régime, et qui fut le sujet ordinaire, pour ne pas dire le seul, des assemblées d'habitants, fréquentes dans ce siècle. En 1603, elle fut sur le point de se voir poursuivie par un des consuls de l'année précédente, qui avait avancé pour elle 130 livres tournois. Cette somme avait été employée, partie aux frais d'un voyage que le consul créancier avait fait avec le sous-prieur du monastère et un autre habitant, à Lyon, dans le but d'obtenir l'exemption *des troupes et gens de guerre*

(1) Requête et ordonnance du 6 juin 1632.
(a) Officiers chargés de la surveillance et de l'administration des finances publiques, concurremment avec l'intendant, qui finit par s'arroger une partie de leurs attributions.

qui étaient en ces quartiers au commencement de l'année ; partie à soutenir un procès contre quelqu'un de la ville, en la cour des Aides, à Paris.

En 1620, elle fut poursuivie par un procureur au parlement, qui prit lettres d'assiette, pour une dette de 54 livres. Les frais de ces lettres portèrent à plus du double la somme, qui s'éleva alors à 117 livres.

Cependant, vers cette époque, ou à peu près, elle acheta le greffe des tailles, qui lui rendit 223 livres en 1623 ; mais elle fut bientôt obligée de le revendre pour payer ses dettes.

Au nombre des charges de la ville mentionnées en 1621, on trouve l'allocation, par l'assemblée des habitants, de la somme de 90 à 100 livres, pour un prédicateur de carême. Par le procès-verbal de l'assemblée de 1622, on voit que la ville s'était chargée *de la nourriture et entretènement de deux Pères Capucins ; l'un desquels avait prêché le carême.*

En 1623, la ville fut obligée de demander des lettres d'assiette sur elle-même, pour deux mille livres qu'elle devait environ. Cette dette provenait de la dépense faite à réparer une brèche du mur de ville, près la porte Chanteloup ; d'argent donné dans le but d'empêcher l'entrée dans la ville de troupes, qui se trouvaient de passage (pour éviter les dégâts qu'elles y auraient faits sans doute) ; de procès soutenus contre le prieur, pour des droits qu'on lui déniait, entre autres, celui de laide, et contre un héraut d'armes, qui prétendait à l'exemption des tailles ; de voyages faits à Lyon auprès du gouverneur, dans le but d'en obtenir une diminution des tailles, et, suivant toute apparence, des présents qu'on lui avait faits pour se le rendre favorable ; du reste du prix du greffe des tailles, qui n'était pas encore entièrement payé; et enfin d'une dette de 121 livres. J'ai donné cette énumération pour faire connaître les causes les plus ordinaires des dépenses de la ville.

Pour obtenir les lettres d'assiette, les habitants députèrent à Lyon leurs consuls, munis de leur procuration authentique; et, chose étonnante, ceux-ci dépensèrent, pour les obtenir, plus de 290 livres. Il en coûtait à la ville près de quinze pour cent pour s'imposer elle-même à son profit.

Pendant les sept années qui suivirent, les dettes de la ville ne firent qu'augmenter; en sorte qu'elles s'élevaient à 6000 livres environ, au mois d'avril 1630. Dans l'assemblée des habitants qui fut tenue ce jour-là, on résolut de vendre et on vendit en effet, séance tenante, les deux offices de commissaire et de greffier des tailles, moyennant 2700 livres.

En 1630 et 1631, les maux causés par la peste vinrent encore augmenter la détresse financière de la ville. L'assemblée des habitants du 30 mai 1632 résolut de faire des démarches auprès des trésoriers généraux de France à Lyon (b), pour obtenir une diminution des tailles; et en attendant, elle fit demander des lettres d'assiette pour la somme de 350 livres, montant d'une dette urgente, qui n'était malheureusement pas la seule; car il y avait plusieurs *particuliers créanciers* de la communauté (1).

Après cette époque, les renseignements ne sont plus assez complets pour faire connaître l'état des affaires de la ville

---

(b) Voir la note *a*, ci-devant, sur ces fonctionnaires, dans ce même paragraphe.

(1) Procès-verbal dudit jour.

d'une manière précise. On ignore comment elle se libéra et à quelle époque. Il ne paraît pas qu'elle ait jamais été aussi endettée ; mais elle le fut encore souvent.

On a pu voir, dans le chapitre précédent sur l'administration, que ses ressources n'étaient pas moins nulles au XVIII° qu'au XVII° siècle, et le besoin qu'elle éprouvait de s'en créer, pour couvrir des dépenses de première nécessité.

§ III.

Contributions directes.

La principale contribution directe était la taille, dont j'ai expliqué la nature au paragraphe Ier de ce chapitre. L'année la plus ancienne, où le montant de cet impôt soit connu, est celle de 1688, où il s'éleva, y compris le droit de collecte de six deniers par livre, à 6386 livres. Cette somme fut répartie entre 472 contribuables. La plus forte cote était de 76 livres, payée par un marchand; la seconde de 55 livres, par un apothicaire; la moindre, d'un denier (1). L'année suivante, 1689, la taille fut exactement de la même somme.

En 1690, elle fut, toujours y compris le denier pour livre, de 7333 livres ; en 1691, de 7366 ; en 1693, de 7035 livres, et en 1694, de 7044 livres.

Il y avait plusieurs sortes de tailles : taille grande, taille des étapes et munitions de l'armée, taille de *l'entretènement* des gens de guerre, taille des fortifications (autres que celles de Charlieu), taille petite, subsidiaire, dixième;

(1) **Rôle de l'année 1688.**

en certain temps, taille des réparations de Lyon, taille des arquebusiers du gouverneur et le taillon, etc. (1).

En 1626, les habitants de Charlieu furent imposés à 404 livres, pour la *garnison de la compagnie du gouverneur*, établie à Régny; en 1630, pour *étapes*, à 598 livres; en 1656, pour *quartier d'hyver*, *utancilles des troupes*, à plus de 1714 livres (2).

En 1690, ils payèrent, pour la petite taille, *étape, milice et supplément d'étape*, 2081 livres; ce qui éleva la totalité de leurs impôts de cette année, grande taille comprise, à 9414 livres.

Une quittance d'impôt, de 1704, pour un contribuable de fortune moyenne, porte 3 livres 7 sols pour grande taille, 22 sols pour ustensiles, 10 sols de capitation et 10 sols pour étapes.

Outre ces impôts ordinaires ou extraordinaires, la ville avait une charge très lourde à supporter dans le logement des gens de guerre. Nous avons entendu, dans le chapitre précédent, les doléances du corps municipal à ce sujet. Aux XVII° et XVIII° siècles, il y eut presque constamment de la cavalerie en garnison à Charlieu. On la logeait comme on pouvait, partie chez les habitants, partie *en chambrée*, dans les maisons non occupées, ou qu'on louait pour cet usage. La ville était obligée de faire l'avance du fourrage pour les chevaux; elle était remboursée, plus ou moins exactement, par le trésorier de l'extraordinaire des guerres à Lyon (3). En 1689, elle fut obli-

(1) Quittance d'impôts de 1627, et acte authentique de 1636, par lequel on les donne à lever.
(2) Procès-verbaux des assemblées de ces années.
(3) Quittance de 1689.

gée d'emprunter 300 livres pour acheter les fourrages nécessaires à deux compagnies de dragons logées dans ses murs.

En vertu de l'édit royal du mois de février 1745, on imposa aux marchands et artisans de Charlieu les offices *d'inspecteur et de contrôleur des jurés des corps des arts et métiers*, créés dans le but de procurer de l'argent au trésor public. Ils leur coûtèrent 1760 livres, qui furent payées en 1750. Des gages de 80 livres par an, ayant ensuite été attachés à ces offices, les marchands et artisans de la ville désignèrent, en 1755, trois d'entre eux pour remplir ces offices et toucher les gages (1). Quelques années après, ces offices furent réunis à la communauté des habitants, moyennant 800 livres, pour le paiement desquelles il fallut établir sur la ville une contribution, qui fut autorisée par l'intendant de la généralité de Lyon, sur la fin de l'année 1759 (2).

En 1762 environ, la ville fut assujétie à payer au Roi, à titre de don gratuit, une somme de 2000 livres par an, pendant trois années : heureusement, elle se déchargea de cet impôt, dont le nom était tout-à-fait menteur, sur un octroi qui fut établi, ou d'office, ou sur sa demande, pour le temps nécessaire à l'acquittement du don gratuit (3).

En 1789, la ville paya 10091 livres 11 sols 10 deniers d'impôt, dont voici le détail :

(1) Procès-verbal de la nomination.
(2) Note des pièces remises au corps municipal, par l'ancien maire, dans la séance de 1766.
(3) Procès-verbal de vérification des comptes du receveur des aides de la ville par le corps municipal de Charlieu, du 18 août 1766.

Principal,	4294 l.		
Droit de quittance,	2		
Droit de collecte,	103	5 s.	
Accessoires,	2802	10	
Quatre d. pour droits de collecte,	46	14	2 d.
Capitation,	2796		
Quatre d. pour droits de collecte,	46	12	
Pour droit de quittance,	10		8
Total (1).	10091 l.	11 s.	10 d.

Nous trouvons ici un impôt, dont le nom n'a pas encore paru dans les pages précédentes, la *capitation*. Il fut établi par Louis XIV en 1695, suspendu en 1698, et rétabli définitivement en 1701 : c'était une contribution personnelle, payable par tous les Français indistinctement, et contre laquelle il n'y avait pas de priviléges. Il n'y avait d'exempts que ceux dont les autres contributions ne dépassaient pas 20 sols. Par *principal*, il faut entendre, sans doute, la taille ; je ne sais quels étaient les *accessoires*.

La ville ne paya, en 1790, que 8839 livres d'impôts, dans le détail desquels on trouve, outre ceux dénommés précédemment, les *corvées*, pour 807 livres (2).

§ IV.

Contributions indirectes ou Aides.

1° Droits sur le vin. — Les droits sur le vin sont fort anciens en France, et sans doute ils ont été payés à Char-

---

(1) Ancienne note d'un membre du corps municipal.
(2) Note citée.

lieu, fort anciennement aussi ; mais il n'est pas venu jusqu'à nous de pièce relative à ces droits, antérieure à 1671. Des quittances de cette époque et des années suivantes font voir que le droit de débit du vin au détail était, pour deux ânées, de 5 livres 4 sols à 5 livres 8 sols.

Il y avait alors, comme aujourd'hui, des commis pour visiter, marquer le vin à vendre au détail, tenant registre *d'assiette*, dont ils délivraient le double au *tavernier*, en ce qui le concernait. On ne pouvait non plus transporter le vin sans congé, ni l'entrer en ville sans payer des droits, qui étaient, de 1697 à 1702, de 4 sols 8 deniers pour deux ânées (1) ; en 1710, de 12 sols et 6 deniers pour le débitant au détail, et de 4 sols environ, pour le propriétaire de la vigne d'où provenait le vin (2).

2° Droits sur le sel, ou gabelle.

Sous l'ancien régime, comme sous le nouveau, le gouvernement s'était réservé le monopole du sel, qu'il faisait débiter, par ses agents, dans les différents dépôts établis à ces fins et appelés greniers à sel. A Charlieu, il y en avait un auquel étaient attachés un receveur et un contrôleur. Cet impôt était très vexatoire, parce que chaque habitant ne pouvait prendre son sel que dans le grenier déterminé pour sa résidence, et qu'il était obligé de justifier de sa consommation par un certificat du receveur. S'il ne paraissait pas avoir pris dans ce grenier une quantité de sel en rapport avec l'importance de sa famille et de sa fortune, il était poursuivi pardevant un juge spécial, qui s'intitulait, en 1681, *visiteur général des gabelles du Lyonnais*, à la requête du procureur du Roi des gabelles, pour *fausson-*

---

(1) Quittances diverses.
(2) Id.

nage; c'est ainsi qu'on appelait la fraude en cette matière, ou pour n'avoir *pas suffisamment gabellé* (1).

A Charlieu, on était d'autant plus sévère, que cette ville se trouvait dans une situation très favorable à la contrebande. Les diverses provinces de la France n'étaient pas également soumises à la gabelle. Les unes payaient le sel plus cher, d'autres moins, et quelques-unes s'étaient *rédimées*. Le Lyonnais, dont Charlieu faisait partie, se trouvait entre deux provinces rédimées, la Dombe et l'Auvergne, et le transport des marchandises de la Saône à la Loire, qui était alors très considérable, se faisait par Charlieu ; ce qui devait faciliter dans cette ville l'importation clandestine du sel de la Dombe, voisine des bords de la Saône. Aussi y eut-il, en 1714, une longue instruction criminelle contre le receveur du grenier à sel de Charlieu, soupçonné de tirer frauduleusement du sel de la Dombe par Belleville, lieu principal de débarquement des marchandises destinées à la navigation de la Loire.

Pour prévenir ou surprendre le faussonnage, il y avait de nombreux *commis des gabelles* et des *gardes des gabelles embrigadés*.

Charlieu, faisant partie du Lyonnais, se trouvait en pays de petite gabelle (2), c'est-à-dire où, des deux prix du sel établis en France, on ne payait que le plus faible.

3° Contrôle. — Le contrôle, que nous appelons aujourd'hui enregistrement, fut établi à Charlieu en 1694, en vertu de l'édit de Louis XIV de l'année précédente, qui l'ordonnait pour tout le royaume. Cet édit n'y assujétissait que les actes des notaires de tout ordre, royaux, aposto-

---

(1) Procédure de 1681.
(2) Denizard, v^{bo} *Gabelle*.

liques et seigneuriaux. Un arrêt du conseil d'Etat fixa le tarif des droits, qui furent, comme aujourd'hui, les uns fixes, les autres proportionnels. Ces droits furent concédés, pour six ans, à un fermier général pour tout le royaume, qui envoya partout ses *procureurs* ou *préposés* pour établir des bureaux.

Le premier *contrôleur des actes des notaires de Charlieu et dépendances* fut M. Dutreyve, qui reçut, pour les inscrire, deux registres : l'un sur papier timbré, l'autre sur papier ordinaire, tous deux paraphés par le fondé de procuration du fermier général. Sa commission est du 1er mai 1693 ; il prêta serment, le 14 du même mois, devant le châtelain royal. Cet office, comme presque tous ceux de l'ancien régime, avait ses priviléges, qui étaient le droit de porter l'épée, l'exemption *de tutelle, curatelle, de collecte, de logement des gens de guerre, de guêt et de garde* (1).

(1) Copie authentique des pièces réunies en un cahier.

CHAPITRE VII.

JUSTICE.

Il y eut à Charlieu, à partir du XIIIe siècle, deux justices, la justice seigneuriale et la justice royale, émanant chacune de la source qu'indique leur dénomination. Je vais parler de l'une et de l'autre, en commençant par la justice seigneuriale, qui est la plus ancienne.

§ I.

Justice seigneuriale.

La justice seigneuriale est peut-être aussi ancienne que le monastère, car l'abbaye fut fondée à l'époque où la féodalité commençait à se former; or, elle était assez puissante pour s'attribuer ce droit, que s'arrogeaient partout les propriétaires terriens un peu considérables. Tous ne le possédèrent pas au même degré, en sorte qu'on distingua plus tard trois espèces de justice seigneuriale : la haute, la moyenne et la basse; la première comprenant les deux autres. Les Bénédictins avaient à Charlieu la justice à tous les degrés.

Certains passages de la charte d'affranchissement de la ville font présumer que, lorsqu'elle fut donnée, le prieur rendait souvent encore la justice en personne, seul, ou avec des assesseurs (Art. 38) ; comme cela avait dû être primitivement. Toutefois, l'article 4 paraît lui donner la faculté de se substituer un juge *non suspect*. On trouve plus tard ce juge sous le nom de bailli, rendant la justice seul, avec l'assistance d'un greffier et d'un procureur fiscal. Il s'intitulait, au XV⁰ siècle : *Judex ordinarius totius terræ et juridictionis venerabilium virorum dominorum prioris et conventus Cariloci, membrorum, ressortorum ejusdem.* Il mettait, de son chef, la formule exécutoire aux actes des notaires : *Notum facimus universis præsentes litteras inspecturis*, et les faisait sceller, par son greffier, sous le sceau de sa cour, *sub sigillo curiæ nostræ*. Cet usage paraît avoir cessé à la fin du XVI⁰ siècle.

Le bailli se qualifiait, comme on vient de voir, juge de la terre et juridiction de Charlieu et du ressort, parce que sa compétence embrassait, outre la ville, les paroisses environnantes, où le monastère avait également droit de justice en tout ou en partie, telles que Chandon, Saint-Hilaire, Saint-Bonnet-de-Cray, Saint-Denis et Saint-Nizier. Les religieux n'avaient pour toutes qu'un seul juge.

Parfois, notamment pendant une partie des XVII⁰ et XVIII⁰ siècles, la juridiction criminelle fut séparée de la juridiction civile. Cette dernière resta au bailli, *juge civil et de police*. L'autre fut donnée au *prévôt, juge criminel*. Quand le même officier les réunissait toutes deux, il s'intitulait : *Juge bailli de la ville et prévôté de Charlieu.*

Jusqu'au XIII⁰ siècle, la justice des Bénédictins fut absolue et sans appel ; mais à cette époque, elle devint, comme beaucoup d'autres, sujette à l'appel aux juges royaux, dans des cas déterminés ; de plus, une justice royale s'établit en concurrence avec elle dans la ville même, ou tout près de ses murs. Ces deux changements, qui eurent lieu par les mêmes causes, vont être expliqués au paragraphe suivant.

§ II.

Justice royale.

Saint Louis acheta, en 1238, le comté de Mâcon, dans le territoire duquel était situé Charlieu. Avant lui, la royauté, déjà puissante, commençait à dominer les seigneurs ; les vertus du saint roi augmentèrent beaucoup l'autorité de la couronne. Dans tous les différends importants, on en appelait à sa sagesse, et il y intervenait en personne, ou par ses mandataires. On se rappelle qu'il envoya à Charlieu, en 1260, le bailli de Mâcon, pour mettre la paix entre les moines et les habitants qui voulaient s'ériger en commune. Il en fit de même à Lyon ; et, pour prix de son intervention, il se réserva l'appel des tribunaux des comtes de Lyon à son bailli de Mâcon.

C'est peut-être aussi pour la même cause, que l'appel des sentences rendues par le juge du prieuré fut porté à Mâcon ; car tout porte à croire que l'usage s'en introduisit sous le règne de ce monarque.

Il paraît qu'il y avait, sur le territoire de Charlieu et dans les environs, des terres relevant immédiatement du Roi ; soit qu'elles fissent partie du comté de Mâcon, soit qu'il les eût obtenues par quelque autre acquisition. Il est en effet question, dans la charte d'affranchissement (Art. 28), de la *cense* du Roi, située dans la ville ou sous ses murs. Cette cense donna lieu probablement à l'institution du juge royal qu'on trouve établi dès l'année 1265, sur la paroisse de Saint-Nizier (1), et peut-être dans le château du faubourg Chevalier, situé sur les confins de cette paroisse et de la ville (2).

Ce juge, qui prit ensuite le titre de châtelain royal, était, comme celui du monastère, assisté, dans ses fonctions, d'un greffier et d'un procureur d'office ; il ne devait connaitre que des causes civiles ou criminelles concernant les sujets du Roi, et des cas royaux ; c'est ainsi qu'on appelait certaines causes réservées à ces magistrats par l'usage ; elles n'étaient pas suffisamment déterminées, ce qui donnait lieu à de fréquents conflits de juridiction. A Charlieu, les contestations entre le monastère et les châtelains, au sujet de la compétence de ceux-ci, ne cessèrent point depuis l'établissement de la justice royale jusqu'à la sécularisation des religieux, au moment de laquelle un procès entre eux et le châtelain était encore pendant au parlement de Paris. Ces contestations feront le sujet du paragraphe suivant.

La juridiction du châtelain n'était pas bornée à Charlieu, elle s'étendait sur 18 paroisses (3). Les appels de la châtellenie se portaient, comme ceux de la justice seigneuriale, au bailliage de Mâcon.

Charlieu ne ressortit de Lyon que lorsque le bailliage

(1) Mémoire des pièces envoyées à Paris par le prieur pour son procès au parlement contre le châtelain, en 1779.

(2) Voir ce qui a été dit chap. Ier de cette 2e partie, section Ire, paragraphe Ier.

(3) *Almanach du Lyonnais*, de 1754, et pièces relatives aux contestations entre Charles VII et le duc de Bourgogne au sujet de Charlieu.

de Mâcon y eut été transporté, au XIV⁰ siècle. Les appels furent alors portés devant le sénéchal, juge supérieur établi par Philippe-le-Bel en 1312 (1), et, plus tard, devant le présidial, créé en 1550 (2). S'il y avait lieu à un troisième degré de juridiction, la cause était portée au parlement de Paris.

On suivait à Charlieu le droit romain (3). D'ailleurs, la ville était située dans le Mâconnais, pays de droit écrit, comme l'atteste Papon dans le prologue du second volume de son *Notaire*.

En matière d'impôt, Charlieu ressortit à Mâcon jusqu'au traité d'Arras entre le roi de France et Charles-le-Téméraire, en 1435. Après ce traité, malgré lequel le Roi vint à bout de garder la ville, comme je l'ai dit ailleurs (chap. I, sect. II de cette 2⁰ partie), elle fit partie de l'élection de Roanne; les difficultés en matière d'impôt furent portées devant les élus de cette dernière cité en première instance, et en appel, à la cour des Aides à Paris.

§ III.

Conflit entre les deux justices.

La première difficulté, dont il reste quelque trace, entre le prieur et le châtelain au sujet de la justice, est de l'année 1286. Le châtelain instituait des sergents, no-

---

(1) Montfalcon, *Histoire de Lyon*, p. 414.
(2) Id. p. 586.
(3) Mémoire des Bénédictins contre le curé Dupont.

taires et tabellions royaux, qui faisaient concurrence à ceux du prieur. Celui-ci obtint du roi Philippe IV des lettres pour les faire expulser. Elles restèrent sans effet (1), ainsi que d'autres à la date de 1321, où le Roi reconnaissait cependant au prieur le droit exclusif de nommer de tels officiers. Les usurpations du châtelain à cet égard furent enfin réprimées par le bailli de Mâcon en 1349 (2).

Le châtelain voulut en même temps empiéter sur la juridiction du prieur ; mais celui-ci fut maintenu dans ses droits par lettres patentes de Philippe-le-Long, adressées au bailli de Mâcon en 1330 (3).

Je passe sous silence d'autres entreprises du châtelain en 1377 et 1379, et de nouvelles lettres royales de cette dernière année ; et j'arrive au XVe siècle.

A cette époque, l'usage s'était introduit d'accorder aux personnes qui les demandaient, en les payant sans doute, des lettres de sauvegarde qui mettaient la personne et les biens de l'impétrant sous la protection de l'autorité royale. Ces lettres étaient délivrées, non par le Roi lui-même, mais en son nom, par ses baillis (4). Les sujets du prieuré qui obtenaient de ces lettres, se considéraient, ou étaient considérés par le châtelain, comme étant de sa juridiction. Le prieur s'opposa à cette prétention et intenta un procès au châtelain, pardevant le bailli de Mâcon, sénéchal de Lyon, qui le condamna. Les sentences

(1) Mémoire des pièces envoyées pour le procès au parlement du prieur contre le châtelain, en 1779.
(2) Id. id.
(3) Id. id.
(4) Lettres de 1445 accordées à Robert de Belmont, par le bailli de Mâcon, sénéchal de Lyon.

rendues par lui, sous le prétexte des lettres de sauvegarde, furent cassées, et les parties furent renvoyées devant le juge du prieuré (1).

Vers le milieu du même XVe siècle, la lutte devint encore plus vive entre les deux justices rivales; et avant d'aller plus loin, il est à propos d'en expliquer les caractères et de dire pourquoi elle restait ardente à travers les siècles. Les châtelains tiraient de leur office des revenus d'autant plus considérables, que leurs attributions étaient plus étendues; leur intérêt particulier les portait donc à agrandir celles-ci au préjudice du prieur. Ce motif n'était pas le seul qui les excitât. Ils étaient entraînés par l'esprit de l'époque, plus particulier aux légistes, qui tendait à donner de l'extension à l'autorité royale, en restreignant celle des seigneurs. Ils sentaient que leurs tentatives à cet égard seraient toujours traitées avec indulgence, si elles n'étaient appuyées. Enfin, les habitants voyaient avec plaisir une diminution des droits de leurs seigneurs, et ils favorisaient toute tentative faite par le châtelain dans ce but. Le juge royal de Charlieu se trouvait tout naturellement à la tête de l'opposition qui existait entre les moines et les hommes de leur dépendance.

Aussi, la lutte allait-elle quelquefois jusqu'à la haine et à la violence. Des lettres obtenues de Charles VII, en 1443, par le prieur, pour réprimer les entreprises du châtelain, font présumer qu'il avait à craindre des voies de fait de la part de ce dernier, puisque le Roi prend le prieur sous sa *sauvegarde* par ces lettres, et fait défense au châtelain d'empiéter sur ses droits, sous peine de *châtiment.*

En 1460, sous le règne de Louis XI, roi si ombrageux,

(1) Mémoire de pièces précédemment cité.

Olivier de Laloué, châtelain plus audacieux que ses prédécesseurs, eut recours à la calomnie, pour abaisser le prieur, qui était alors Simon de Ronchivol. Il l'accusa d'avoir voulu livrer la ville aux ennemis du Roi, d'avoir fait battre le châtelain, son devancier, au point de le mettre en danger de mort, et enfin d'avoir dit hautement qu'il ferait mettre Laloué lui-même en tel lieu qu'on ne le verrait plus. Cette imputation fut d'abord admise ; le temporel du prieur et les biens de ses officiers furent saisis, en vertu de lettres patentes du Roi, par un commissaire spécial, à la requête du procureur du Roi et du châtelain même.

Le prieur se pourvut au châtelet de Paris, pour faire déclarer l'accusation calomnieuse, et en vertu d'une sentence de ce tribunal, du 27 avril 1461, le châtelain fut emprisonné ; et il fut ordonné qu'il ne serait élargi que sur caution, en attendant l'enquête sur les faits par lui imputés au prieur. Il en appela vainement au parlement, qui confirma la sentence, par arrêt du 3 décembre 1463. Le procès fut alors repris au châtelet, où Laloué succomba pleinement. Il fut condamné, le 3 avril 1464, à faire amende honorable, sans chapeau ni ceinture, tenant en main une torche de cire, du poids de quatre livres, et à demander pardon au prieur et au procureur du Roi, tant en la chancellerie et devant le grand-conseil qu'aux auditoires du châtelet et du bailliage de Mâcon. Il fut, de plus, condamné aux dépens, à une amende de 500 livres parisis envers le Roi, et de 250 envers le prieur, pour dommages à lui faits en attirant ses justiciables (1). Par suite de cette sentence, le prieur obtint

(1) Mémoire cité.

main-levée de la saisie de son temporel et des biens de ses officiers.

Sur la fin du XV⁰ siècle, les droits de la châtellenie, qui comprenait *justice, maison, auditoire, cens, servis, rentes, devoirs, péages, gardes*, étaient tous ensemble donnés à bail à un seul fermier. Ce fermier étant venu à mourir en 1491, le prieur, nommé Antoine Geoffroy, fit ouvrir les coffres qui renfermaient les titres et papiers et s'en empara. Sur la plainte qui lui en fut faite par le procureur du Roi, Charles VIII envoya au châtelain ordre de faire restituer les pièces enlevées, avec tout pouvoir d'instruire sur cet enlèvement (1). On ne sait ce qui en résulta; mais à partir de cette époque, on ne trouve plus de traces de la rivalité entre les prieurs et les châtelains avant 1578. En cette année-là, une sentence de la sénéchaussée de Lyon régla les droits respectifs ainsi qu'il suit : les officiers du prieur devaient avoir exclusivement la juridiction sur les sujets du monastère et les habitants de la ville; celle du châtelain n'atteignait que les sujets du Roi qui n'étaient pas de la censive et directe du prieuré, à la réserve des cas royaux (2).

Le XVII⁰ siècle vit triompher la cause des Bénédictins. La châtellenie fut engagée à M. de Rébé, archevêque de Narbonne, par le Roi, qui ne sembla plus aussi directement intéressé à en soutenir les droits. D'un autre côté, le prieuré avait un chef puissant dans la personne de M. de Roquette, évêque d'Autun, qui jouissait d'un grand crédit à la cour. Ce personnage présenta requête au conseil d'Etat, pour obtenir que le châtelain n'exerçât plus dans

(1) Mémoire cité.
(2) Id.

la ville ; qu'il n'y eût plus ni auditoire, ni prison. Sur ses instances, trois arrêts furent rendus favorables à ses prétentions ; le premier, en 1660, et le dernier, en 1675. Par ces arrêts, la châtellenie fut transférée au bourg de Changy. La translation ne fut pourtant pas, je crois, réellement faite à Changy, mais dans quelque autre lieu plus rapproché, hors de la dépendance du prieuré. Seulement, pour la régularité de ses actes, le juge les datait de Changy. Ce fut peut-être pour rendre la translation plus réelle, et éloigner davantage le châtelain de la ville, qu'un autre arrêt du conseil d'Etat, de 1676, en changea encore le siége et le transporta cette fois à Régny (1). Il y resta jusqu'en 1685, époque où il fut rétabli dans la ville, ou non loin de ses murs (2).

Peu de temps après, en 1696, M. de Roquette acheta l'office de châtelain, moyennant une rente de 28 livres par an ; ce qui fait présumer que les revenus de cette charge avaient été beaucoup réduits par les derniers échecs qu'avaient subis les titulaires. Cette acquisition, si elle fût demeurée au monastère, pouvait mettre fin aux différends qui avaient jusque là causé tant d'embarras aux prieurs. Le juge royal étant alors institué par les religieux, en devenait dépendant, comme le bailli lui-même. Néanmoins, M. de Roquette revendit cette charge à M. Dutreyve, deux ans après l'avoir achetée, en 1698. De M. Dutreyve elle passa, toujours à prix convenu, à M. Tillard de Tigny, conseiller du Roi, lieutenant de maire à Charlieu. Elle lui coûta

(1) Mémoire cité.
(2) Plainte portée au bailli par un officier du prieuré contre les Ursulines, qui ont demandé monitoire au châtelain, après leur incendie.

trois mille livres (1) et resta dans sa famille jusqu'à la révolution.

Il ne faudrait pas confondre cette charge avec la châtellenie même qui, pour le surplus, continua de rester au pouvoir du Roi. Elle avait été dégagée, je ne sais à quelle époque, des mains de M. de Rébé, qui la détenait, comme je l'ai dit, au siècle précédent. Elle fut vendue, en 1751, à M. Gabriel de Regnault, prêtre, chanoine d'honneur de l'église d'Ainay à Lyon (2).

Pendant que l'office de juge royal appartenait au prieur, les châtelains étaient rentrés dans la ville et y avaient été tolérés. Quand la charge eut été revendue à un simple particulier, les Bénédictins voulurent faire expulser de nouveau le titulaire; mais cette fois, ils n'en purent venir à bout. Deux arrêts, l'un du conseil d'État, en 1702, l'autre du grand-conseil, en 1723, maintinrent le siège de la châtellenie à Charlieu.

Postérieurement à ces deux arrêts, la bonne harmonie se rétablit au point que les fonctions de juge seigneurial furent confiées, par les religieux, au châtelain lui-même, qui réunissait ainsi sur sa tête les deux juridictions (3). L'établissement du corps municipal, en 1765, vint ranimer les anciennes querelles. Le châtelain qui, à cette époque, ne remplissait plus en même temps les fonctions de bailli, était, à ce qu'il paraît, membre de droit de ce corps, avec le procureur du Roi. Il le présidait, même lorsque le maire était présent; ce qui lui donnait une grande influence dans les affaires de la ville. Ses attributions fussent peut-être

---

(1) Acte de vente authentique.
(2) *Almanach du Lyonnais*, de 1754.
(3) *Almanach du Lyonnais*, de 1754 et autres années.

revenues aux officiers du prieuré, si ceux du Roi n'avaient pas siégé dans la ville ; les moines intentèrent donc au châtelain un procès, sous le prétexte qu'il commettait une usurpation, en prenant place au corps municipal ; parce qu'il n'exerçait à Charlieu que par *territoire emprunté.* Le châtelain succomba à la sénéchaussée de Lyon, où l'affaire fut portée en première instance. Il en appela au parlement. La chute des parlements retarda la décision, et l'abolition des corps municipaux dut calmer un peu l'ardeur des moines à la poursuivre.

Un fait de peu d'importance en lui-même vint raviver les contestations litigieuses : le greffier de la châtellenie étant venu à mourir, les scellés furent apposés sur ses papiers, à la fois par le juge royal et par celui du prieuré. Les religieux firent assigner le châtelain au grand-conseil où il l'emporta. Alors ils firent reprendre l'instance restée suspendue au parlement. Cette fois, le procès fut poursuivi et soutenu avec beaucoup d'acharnement de part et d'autre. A l'appui de leurs droits, les religieux envoyèrent, en 1779, tous leurs anciens titres qui pouvaient être de quelque utilité. Un mémoire analytique en fut rédigé par leur commissaire à terrier. Je crois pourtant que le procès durait encore, quand survinrent la sécularisation du monastère et la révolution française qui suivit de près ; en sorte que les titres précieux pour l'histoire de leur couvent et de la ville, que les Bénédictins envoyèrent à Paris, pourraient se trouver aujourd'hui entre les mains d'un héritier de quelque ancien procureur au parlement.

CHAPITRE VIII.

POLICE.

§ I.

Par qui la police était réglée et exercée à Charlieu.

Les documents concernant ce chapitre ne remontent pas au-delà du XVIIe siècle, et dès-lors ils nous montrent la police faite à Charlieu par les officiers de justice des Bénédictins. A la vérité, il y a une ordonnance, de 1627, qui fut rendue par le châtelain, au sujet de la fermeture des portes de la ville. Sur les remontrances des consuls, il enjoint aux habitants d'obéir aux ordres de leurs caporaux, pour la garde des portes, à peine de cinq livres d'amende, et aux portiers de les tenir fermées depuis huit heures du soir jusqu'à cinq heures du matin. Cette ordonnance fut publiée à son de trompe, par un sergent royal, assisté *d'un trompette*. Il est donc possible que le châtelain eut d'abord disputé la police aux officiers du prieuré, comme il leur avait disputé la justice. Cela est d'autant plus probable, que les ordonnances de police les plus anciennes, émanées de ces derniers, sont presque toutes postérieures aux arrêts qui transférèrent la châtellenie hors de la ville, comme il a été expliqué au chapitre précédent. Du reste, on ne trouve, au XVII⁰ siècle, d'autre règlement de police fait par le juge royal, que celui que je viens de citer, de 1627 ; et quant au XVIII⁰ siècle, le corps municipal, interrogé par le contrôleur général, sur le point de savoir qui faisait la police à Charlieu, ne peut nier qu'elle ne le soit par les officiers du prieuré, et adopte les conclusions du procureur du Roi, présent à la séance, qui demande *qu'elle soit faite par le châtelain* (1).

Les ordonnances de police étaient rendues par le bailli. Elles sont toujours censées l'être à la requête et sur les remontrances du procureur fiscal, quoique le juge les fit de son propre mouvement. Les règlements étaient consignés sur les registres qui servaient à inscrire les jugements, à leur date et dans la forme ordinaire. Ils étaient publiés et affichés dans les carrefours de la ville.

La sénéchaussée de Lyon faisait aussi des ordonnances de police, exécutoires dans toute l'étendue de son ressort, et par conséquent, à Charlieu qui en était. Ses ordonnances étaient enregistrées sur les registres de justice, par ordre du bailli, sur la réquisition du procureur fiscal. Il y en eut une, de 1671, qui prescrivit l'expulsion des gens sans aveu, dans toute l'étendue du ressort ; et une autre, en 1768, qui fit défense aux justiciables de la sénéchaussée de tenir des chèvres ailleurs qu'à l'écurie.

Les parlements rendaient aussi des ordonnances de police qui étaient obligatoires dans l'étendue de leur juridiction ; Charlieu, comme tout le Lyonnais, dépendait de celui de Paris, qui rendit, en 1668, un arrêt portant dé-

(1) Séance du 16 mai 1766.

fense de faire aucune danse publique ou fête baladoire. L'arrêt fut enregistré et publié dans la ville; néanmoins, est-il dit dans une ordonnance du bailli, du 10 mars 1669 : « Nous avons eu avis que certaines personnes
» prétendent, aujourd'hui dimanche, faire danses publi-
» ques, fêtes baladoires et feux au-devant de l'église Saint-
» Philibert, où repose le très-saint Sacrement de l'autel,
» malgré lesdites défenses, contre l'honneur et la gloire
» de Dieu. Défenses sont faites à toute personne, de quel-
» que qualité et condition qu'elle soit, de contrevenir à
» la teneur des arrêts de nos seigneurs du parlement. »

Les contraventions étaient poursuivies à la requête du procureur fiscal, pardevant le bailli lui-même. Celui-ci ne dédaignait pas de faire l'office de nos commissaires d'aujourd'hui, en se transportant où besoin était pour surprendre les délinquants; et du reste, il ne paraît pas que les actes répréhensibles fussent constatés par procès-verbaux, quoiqu'il fût *enjoint à tous huissiers et sergents de tenir la main* à l'exécution des ordonnances de police, *à peine de suspension de leurs charges et de l'amende.* Il est probable que ceux-ci se contentaient de les dénoncer; un passage de l'ordonnance générale de 1685, rapportée ci-après, semble prouver que là se bornait leur devoir.

En 1671, le juge fut averti qu'un marchand de grain vendait secrètement du blé dans les maisons de la ville, un samedi, jour de marché, au lieu de l'amener à la halle, conformément au règlement de police. Il se rendit sur le champ dans la maison indiquée, surprit le marchand en flagrant délit, et, sans désemparer, le condamna à dix livres d'amende.

En 1699, ayant appris que le marché qui devait se

tenir en ville était tenu en dehors, à la porte Chanteloup, contrairement à ses ordonnances, il s'y transporta, et trouva un étranger qui venait d'acheter un filet. L'acheteur fut condamné à cinq livres d'amende; le filet fut confisqué et immédiatement revendu aux enchères moyennant 52 sols. Le juge ordonna que la somme de 7 livres 12 sols, montant de l'amende et du prix du filet, serait employée aux réparations de son auditoire, déduction faite de 16 sols pour le salaire de l'huissier.

Il se transportait aussi quelquefois lui-même chez les marchands pour vérifier les poids et mesures, muni des étalons, saisissant et confisquant ce qui n'y était pas conforme, et dans les cabarets, pendant la grand'messe, pour mettre à l'amende les hôteliers qui donnaient à boire et à manger en ce moment, contrairement aux règlements de police.

Dans ces diverses expéditions, il était toujours assisté de son greffier, du procureur fiscal et d'un ou deux huissiers.

§ II.

Objets des ordonnances de police.

1° Salubrité. — L'ordonnance la plus ancienne de police, émanée du bailli, qui soit venue jusqu'à nous, est de 1653. A cette époque, où le souvenir de deux pestes, qui avaient ravagé la ville dans le même siècle, ne devait pas être effacé, il était naturel de prendre des mesures sanitaires pour empêcher le retour de ce fléau. Aussi y a-t-il une ordonnance, de cette année, qui en relate d'autres plus anciennes sur le même sujet, par laquelle il est enjoint aux habitants de faire ôter le fumier qu'ils laissaient amonceler devant leurs maisons ; de balayer les rues, grandes et petites, et d'en enlever la boue ; de boucher les issues des latrines débouchant sur la rue, et de supprimer les égouts qui tombent de manière à gêner la circulation ; le tout à peine de confiscation des fumiers et de 20 livres d'amende. L'ordonnance a pour motif : que les petites rues sont si remplies de fumier, que les charrettes ne peuvent plus y passer et que la ville est menacée d'une infection.

Une autre ordonnance, de 1699, défend de faire aucune saillie sur les rues, au-devant ou au-dessus des magasins, ou ailleurs, qui puisse gêner la circulation ; de rien exposer aux fenêtres ou y suspendre, qui puisse causer quelque accident.

2° Marché au grain. — Une ancienne ordonnance, renouvelée en 1671, défendait de vendre du blé ailleurs qu'au marché public ; et elle défendait aux boulangers, cabaretiers et autres vendant du pain, d'acheter du grain avant midi, et plus d'une fournée à chaque marché. En 1699, le grain étant très cher, le règlement de police fut encore plus rigoureux. Il fut défendu aux marchands de grain de quitter le marché avant quatre heures du soir ; aux gens de la campagne et autres étrangers, d'acheter avant midi.

3° Taxe du pain. — En 1669, le bailli ordonne de faire afficher, au-devant de son auditoire, la taxe du pain qu'il a arrêtée, et à laquelle les boulangers doivent se conformer, à peine de 25 livres d'amende.

4° Poids et mesures. — La même ordonnance de 1669 oblige les cabaretiers et marchands de toute espèce à apporter au bailli, dans la quinzaine, leurs crochets, poids et mesurés pour les faire marquer au poinçon du seigneur de la ville, sous peine de confiscation et d'amende. En 1699, il leur est prescrit de faire faire l'aune et ses subdivisions en matière solide et ferrée par les deux bouts, afin qu'elles ne se raccourcissent pas, et de les faire marquer aux armes des villes de Lyon ou de Charlieu.

5° Culte. — L'ordonnance de 1669 défend à tout marchand d'étaler ses denrées, même aux boulangers d'exposer leur pain, et de tenir boutique ouverte, les *jours de fête*. Celle de 1699 interdit les jeux de quille et de billard et autres, les dimanches, pendant la grand'messe de paroisse, les vêpres et la prédication.

Le règlement de 1671 porte que les bouchers ne peuvent vendre de la viande en carême, sans y être autorisés par le bailli, et après avoir prêté serment entre ses mains de n'en livrer qu'aux personnes ayant attestation d'un médecin et permission du curé; que, cependant, plusieurs bouchers se sont permis cette dérogation aux *saints canons* et aux ordonnances et règlements royaux, dont on veut dorénavant l'exécution fidèle.

6° Epizootie. — Défenses furent faites par le bailli, en 1669, à toute personne d'amener ou d'aller chercher de l'autre côté de la Loire, du bétail à cornes, de crainte de propager l'épizootie qui y régnait.

7° Vagabondage, vol et mendicité. — Une ordonnance de 1619 porte que, contrairement aux lois, les *sarrasins* et *bohémiens* se présentent de temps en temps dans la ville, où ils commettent mille désordres; que, cependant, ils sont reçus par des habitants, notamment au pont de pierre. Défenses sont faites de les favoriser, de leur donner confort et logement. En même temps, un habitant du pont de pierre est condamné à 25 livres d'amende pour leur avoir prêté son logement, à les renvoyer sur le champ, s'il ne veut encourir plus grande punition et devenir responsable de leurs méfaits.

Dans une autre ordonnance de police de la même époque, il est dit que beaucoup de vols sont commis dans la ville, parce qu'on n'a pas soin d'en fermer les portes; que les habitants, qui en sont chargés moyennant le droit de bûchée, la jouissance de jardins ou autres avantages, s'en acquittent mal; qu'on retire à l'hôpital quantité de gens sans aveu et mal intentionnés; que les propriétaires louent leurs maisons à des voleurs qui y recèlent le fruit de leurs larcins et vivent sans travail. Pour remédier à ces abus, il est enjoint aux maîtres de maison d'expulser, dans la quinzaine, tous les gens sans profession, non compris au rôle des tailles et suspects de quelque manière, qui peuvent être logés chez eux; ordonné que, faute par eux de le faire, ils seront responsables des vols commis par leurs locataires et poursuivis comme receleurs; que tous ceux qui sont chargés des portes les feront mettre en bon état et fermer à peine de dommages-intérêts. Défenses sont faites à l'hospitalier de recevoir aucun pauvre ou étranger, sans l'autorisation du bailli.

Cette ordonnance reçut son exécution. Mais il en résulta que les *fainéants, vagabonds, gens sans aveu* et mendiants, qui avaient envahi la ville, se répandirent dans les campagnes, et s'y dédommagèrent de leur mieux; ce qui obligea le juge de police à rendre une autre ordonnance, au mois de juin 1671, aux termes de laquelle tous ceux qui n'étaient pas originaires de pays ressortant au présidial de Lyon, devaient en sortir dans la huitaine. Pour mieux assurer l'efficacité de ce règlement, une troisième ordonnance de la sénéchaussée et juge présidial de Lyon, du mois d'août de la même année, sollicitée probablement par le bailli, prescrivit également l'expulsion des pays du ressort, dans le délai de huitaine, de tous les gens sans aveu.

8° Voirie. — Le bailli réprimait aussi les empiètements sur la voie publique. En 1671, il fit abattre quatre mangeoires en pierre, que l'aubergiste de la Croix-d'Or avait fait établir au-devant de sa maison, sur la place de la Bouverie, près de la porte Chanteloup, pour donner l'avoine aux chevaux, par le motif qu'elles étaient plus saillantes que l'ancien *hausseban* qu'elles avaient remplacé.

La même année, il fit démolir un mur qui avait été construit sur le grand chemin tendant de la porte des Moulins à la porte Chanteloup, par lequel passaient les marchandises venant de Belleville-sur-Saône au port de Pouilly-sous-Charlieu. Ce chemin devait avoir trente pieds de roi de largeur, suivant l'ordonnance de Blois, et le propriétaire du mur avait empiété en le bâtissant. Il fut condamné à 25 livres d'amende, et à reporter son mur à l'alignement.

§ III.

Ordonnance générale de police de 1686.

Je donne ici textuellement cette ordonnance, dont la lecture fera mieux comprendre l'état de la police à Charlieu, que tout ce que je pourrais dire de plus sur ce sujet, et qui est d'ailleurs intéressante sous d'autres rapports.

« Sur ce qui nous a été représenté par M⁰ Claude Ve-
» deau, avocat en parlement et procureur fiscal en cette
» juridiction, que, depuis longtemps, il s'est glissé de
» grands abus dans la ville de Charlieu et dans les parois-
» ses dépendantes du prieuré de Charlieu, tant au sujet
» de la justice et police que des droits du seigneur,
» prieur dudit lieu, pour à quoi obvier, nous Claude de
» la Ronzière, sieur de la Douze, juge bailli de la ville
» de Charlieu et paroisses dépendant dudit lieu, à la réqui-
» sition dudit M⁰ Vedeau, avons fait et faisons les règle-
» ments de police qui s'ensuivent :

» Premièrement, que suivant et conformément aux
» ordonnances de nos rois, défenses sont faites à toute
» personne de jurer et blasphémer le saint nom de Dieu,
» à peine, contre chaque contrevenant, de l'amende de
» cinq livres, pour la première fois, et de punition cor-
» porelle pour la seconde ;

» Que les hôtes et cabaretiers, tant de la ville que des-
» dites paroisses, seront tenus de nous avertir, lorsqu'il
» se fera ou dira quelque chose dans leur logis contre la
» Majesté divine, contre notre roi et le seigneur, aux
» mêmes peines ;

» Que les jours de fête, il ne se tiendra aucun marché
» dans ladite ville, auquel cas ils seront remis à la veille ;

» Que les hôtes et cabaretiers ne pourront donner à boire
» ni à manger à quelque personne que ce soit, pendant
» la grand'messe et les vêpres, les jours de fête et diman-
» ches, si ce n'est aux étrangers qui seront logés chez
» eux ;

» Que les bouchers et autres marchands, vendant en
» gros et en détail, seront tenus de fermer leurs bouti-
» ques, pendant tout le jour des fêtes et dimanches, à

» peine de confiscation de ce qui se trouvera exposé et de
» l'amende ;

» Que toutes les veilles des fêtes et processions solem-
» nelles, les habitants seront tenus de nettoyer les rues et
» porter le fumier hors de la ville ;

» Les marchés de la ville, qui sont le mercredi et le
» samedi, se tiendront, savoir : pour la distribution des
» grains, sous la halle du seigneur prieur ; défense à
» toute personne d'arrêter lesdits grains et autres denrées
» qui viennent au marché, à peine de confiscation et de
» l'amende contre les vendeurs et acheteurs ;

» Que la vente des fils et toiles se fera aux portes et
» dans l'enclos de la ville, et pour les volailles, gibier,
» agneaux, chevreaux, beurre et fromages et autres
» menues denrées, à la place Saint-Philibert, au-de-
» vant de l'église ; et pour le gros bétail, dans les places
» de voirie, au dehors des portes, aux même peines ;

» Que défenses sont faites à toute personne, de quelque
» qualité et condition qu'elle soit, de chasser et pêcher
» dans l'étendue des terres dudit prieuré ; à peine de con-
» fiscation des chiens et fusils, de l'amende et de plus
» grande peine, s'il y échet ;

» Que défenses sont particulièrement faites à toute per-
» sonne de faire dépaître leurs bestiaux dans les bois de
» haute futaie et taillis dépendant dudit prieuré, à peine
» de payer les dommages et l'amende ; comme aussi de ne
» couper aucun arbre par pied, ni aucun taillis dans les-
» dits bois, aux mêmes peines ;

» Que les hôtes ne pourront tuer aucun bœuf, vache,
» veau ou mouton pour les distribuer dans leur logis, en
» gros ou en détail, à peine de confiscation et de l'a-
» mende ;

» Que ceux qui n'ont point de four en propriété ne
» pourront cuire ailleurs que dans les fours banaux dudit
» prieuré, à peine, contre les contrevenants et ceux qui
» prêteraient leur four, de l'amende et confiscation des
» pains ;

» Que tous les habitants seront tenus de faire moudre
» leurs grains dans les moulins banaux du prieuré,
» aussi à peine de confiscation et de l'amende; défenses
» aux meuniers du voisinage de quêter ni enlever le blé
» dans la ville ;

» Que tous les marchands seront tenus, après la hui-
» taine de la publication de notre présente ordonnance,
» de nous rapporter leurs poids, aunes et mesures pour
» être échantillés (sic) et vérifiés aux matrices de ladite
» ville, poids et aunes de la ville de Lyon ;

» Et d'autant que jusqu'à présent, le public a souffert
» par l'exposition des bois et fumiers, qui sont dans les
» coins et au milieu des grandes rues, ruettes et ruelles,
» et par le flux latrinal de plusieurs latrines, qui coule
» dans lesdites rues, ils seront tenus, huit jours après la
» publication, de faire enlever lesdits bois et fumiers, et
» faire boucher lesdites latrines; défense d'ouvrir lesdites
» latrines si ce n'est par les décharges ;

» Et d'autant encore que, par le grand nombre de co-
» chons qui sont gardés dans ladite ville, cela engendre
» des putréfactions, écrouelles, et qu'il est arrivé plu-
» sieurs accidents par ces animaux, qui ont dévoré des
» enfants au berceau et autrement; que défenses sont
» faites, à l'avenir, d'entretenir aucun dans l'enclos de
» ladite ville ;..... enjoint à tous ceux qui en ont de s'en
» défaire dans quinze jours, pour tout délai, après lequel
» permis à nos huissiers de s'en saisir et de déclarer les

» propriétaires, à peine de suspension de leurs charges;

» Que tous lesdits habitants seront tenus de nettoyer
» les rues, le samedi soir de chaque semaine et veille de
» fête et procession;

» Et comme nous avons appris que la plupart des bou-
» chers achètent des bêtes malsaines et malades, qu'ils
» tuent et distribuent à la boucherie, au grand préjudice
» de la santé du public, défenses leur sont faites de faire
» entrer aucune bête dans la ville, après sept heures du
» soir en été, et quatre heures en hyver, et seulement par
» les principales portes, qui sont celles de Notre-Dame,
» des Moulins, Chanteloup et celle de Semur; et seront
» tenus, en entrant, d'en avertir le portier, ou celui qui
» reçoit la *buchille*, lequel nous avertira fidèlement de
» l'état desdites bêtes, à peine de révocation; et contre
» les bouchers contrevenants, de confiscation et d'amende
» pour la première fois, et de plus grandes en cas de ré-
» cidive;

» Que lesdits bouchers égorgeront leurs bêtes dans
» leurs écorchoirs; défense de le faire dans la boucherie,
» ni dans les rues, comme aussi d'enfler lesdites bêtes
» avec le souffle de la bouche, ni de vider les entrailles
» dans l'enclos de ladite ville, à peine......

» Que les hôtes et revendeurs et toutes autres person-
» nes ne pourront attendre les marchands hors de ladite
» ville pour acheter leurs marchandises, et aux marchands
» de la vendre, si ce n'est aux lieux susdits, à peine.....

» Défense aux hôtes et revendeurs de se pourvoir avant
» neuf heures du matin, en été, et dix, en hyver, aux
» peines susdites;

» Défenses de tenir et garder des chèvres dans les pa-
» roisses dépendantes du prieuré, à peine..... Enjoint à

» ceux qui en ont de s'en défaire dans la quinzaine ; passé
» lequel délai, permis à toute personne de les tuer en dom-
» mage et autrement.

» Pour l'exécution desquelles ordonnances, avons or-
» donné qu'à la diligence dudit sieur procureur fiscal,
» elles seront publiées et affichées dans tous les coins,
» carrefours de la ville et dans les paroisses du prieuré,
» aux jour et heure de marché, afin que personne n'en
» ignore ; enjoint à tous huissiers et sergents d'y tenir la
» main, à peine de suspension de leurs charges et de l'a-
» mende, lesquelles amendes seront payées au seigneur
» prieur de Charlieu, ou son ayant charge.

» Fait à Charlieu, le 29 mai 1686. »

CHAPITRE IX.

Divers usages civils.

Dans une obligation de 35 livres tournois, consentie, en 1433, devant un notaire de Charlieu, à des marchands de la même ville, par noble Pierre Bech, damoiseau, pour achat de drap (ex causa emptionis pannorum), se trouve une singulière stipulation, faite dans le but d'assurer le paiement. Il y est dit que si le débiteur ne paye au terme fixé, il promet de garder les arrêts à Charlieu, jusqu'à l'acquittement complet (alioquin, elapso dicto termino, tenere hostagia et arresta in villa Cariloci... et a dicta villa non recedere, donec et quousque dictis burgensibus fuerit plenarie et integre de dicta summa satisfactum); et cela, sous peine de vingt marcs d'argent d'amende envers le Roi, et de perdre ses deux chevaux (sub pœna viginti marcharum argenti, per eum committendarum et domino nostro regi applicandarum, et duobus equis).

Cette stipulation, que je crois avoir été rare chez nous, était fréquente en Bretagne; elle y faisait, en quelque sorte, partie des coutumes légales, et, en certains lieux, les arrêts étaient déterminés d'une manière précise par l'usage. Les femmes y étaient assujéties comme les hommes (1).

(1) Ducange, v°° *Hostagium tenere*.

Au moyen-âge et pendant le XVI⁰ siècle, les notaires passaient fréquemment leurs actes devant l'église paroissiale de Saint-Philibert (ante parochiam sancti Philiberti). Cet édifice était alors précédé d'un porche en bois, comme l'attestent les corbeaux de pierre qu'on voit encore dans la façade. Ce porche couvrait le parvis, et peut-être une partie de la place, qui s'étendait au-devant de l'église. Cette place, entourée de tous les autres côtés par les étaux des bouchers et les boutiques des marchands de toute espèce, était le cœur de la ville, le *forum Cariloci*. Religion, justice, commerce, administration, tout y était concentré. On ne peut douter, en effet, que le porche n'ait servi souvent d'auditoire au juge comme d'étude au notaire ; et les assemblées des habitants, pour les affaires de la ville, s'y tenaient ordinairement. Tout cela était parfaitement dans les mœurs de nos ancêtres, qui rapportaient tout à la religion. Ils contractaient, ils vendaient, ils achetaient, ils délibéraient, ils plaidaient, autant que possible, sous l'œil de Dieu, près de cette église, où la foi le leur rendait présent, où reposaient les ossements de leurs pères, où les leurs reposeraient un jour aussi.

La justice en paraissait plus sainte et les contrats plus irrévocables. Le serment qui terminait habituellement les actes en tirait une nouvelle force : Ledit débiteur promet devant le susdit notaire royal, par son serment sur les saints Evangiles de Dieu, réellement présentés, de payer à... (Promittit præfatus debitor, coram dicto notario regio, per juramentum suum, super sancta Dei Evangelia corporaliter præstita).

—

Il y avait, au XVI⁰ siècle, une horloge publique à Charlieu, fixée probablement sur la façade de l'église, où la place d'une horloge est encore reconnaissable par les heures marquées sur la pierre même. On ne sait en quelle année elle fut posée ; mais elle était déjà ancienne en 1596 ; car les consuls de la ville firent, à cette époque, marché avec un serrurier de Charlieu *pour l'entretenement du horloge*, aux mêmes conditions qui avaient été autrefois arrêtées avec *Jacques Petit-Jean, aussi serrurier de Charlieu*. Ces conditions sont l'abandon à l'horloger de la jouissance des pré et terre dits de la ville, et des pensions dues par deux habitants, pour les jardins qu'ils possèdent dans les fossés ; plus l'exemption des impôts, des guets, garde ou garnison, et de toute charge de ville, *ainsiqu'il est de coutume et d'ancienneté en ladite ville, pour l'entretenement du horloge*.

De son côté, le serrurier s'engage à faire, *par lui ou gens à ce connaissants, visiter et mettre l'horloge en apparence, de façon qu'il sonne et batte les heures justes à proportion du jour et de la nuit, au contentement du peuple et des habitants de Charlieu.*

Les horloges ne commencèrent à être un peu communes que vers la fin du XV° siècle. Si donc, au moment du contrat (1596), celle de Charlieu était aussi ancienne que le font présumer certains passages de cet acte, notre ville aurait été des premières à posséder une de ces ingénieuses machines.

Il y avait, à Charlieu, une société de l'Arbalète. Ces sociétés étaient communes en France, et deux villes voisines en possédaient, Villefranche (1) et Beaujeu (2). Elles eurent pour objet l'exercice au tir de l'arc, de l'arbalète, ou de l'arquebuse, suivant le temps où ces armes furent en usage. L'arbalète n'était que l'arc avec un manche, qui permettait d'ajuster avec plus de précision et de lancer la flèche avec plus de vigueur. Elle était moins ancienne que l'arc lui-même, et fut remplacée, au XVI° siècle, par l'arquebuse, arme à feu qui ne différait guère de nos fusils que par la manière de mettre le feu à la poudre.

Ces sociétés, quel que fût leur nom, de l'Arc, de l'Arbalète ou de l'Arquebuse, tiraient leur origine des exercices, recommandés ou prescrits aux XIV° et XV° siècles par nos rois, dont quelques-uns avaient accordé des prix ou autres avantages aux plus habiles. Ces sociétés subsistèrent même après que l'autorité royale eut cessé de s'intéresser à leurs exercices. Elles eurent aunnellement leur jour fixé pour le concours du prix, jour qui devint une fête pour toute la ville. Le prix fut déterminé par l'usage ou les conventions. A Villefranche, celui qui le remportait était exempt de la taille pour toute l'année (3). A Beaujeu, « il choisissait une reine qui partageait, pendant un an, les honneurs, les priviléges et les charges de son rang (4). »

La société de l'Arbalète de Charlieu n'est connue que par la convention passée, en 1560, pardevant notaire, entre ceux qui en faisaient partie, au nombre de vingt-trois, dans le *logis de la Tête-Noire*, et probablement,

---

(1) *Histoire du Beaujolais*, par M. de la Roche-la-Carelle, t. 2, p. 261.
(2) *Histoire des Villes de France*, Lyonnais, p. 449.
(3) *Histoire citée du Beaujolais*, même tome et même page.
(4) *Histoire des Villes de France*, à la page ci-devant citée.

avant ou après quelque repas de corps. Le premier article est des plus édifiants, il porte que *quand ils seront assemblés audit jeu et vers les buttes, ils ne jureront, ne blasphèmeront le nom de Dieu, ne se diront aucun propos injurieux l'un à l'autre, et n'useront de propos scandaleux, à peine de l'amende qui sera mise et employée en la boëte des pauvres.* Dans le second article, il est dit que tous seront tenus de contribuer, à frais communs, à la réparation et à l'entretien des buttes; dans le troisième, qu'ils seront tenus *d'assister*, les jours de fête, sur la convocation de l'un d'eux, *Roi du Papegay*

———

Au moyen-âge, les lettres n'étaient pas cachetées comme aujourd'hui. La feuille de papier, qui ordinairement n'était pas double, se pliait simplement en quatre. Un cordonnet, ou un morceau de parchemin traversait les quatre plis, et les bouts en étaient ramenés et fixés sur un des côtés du papier avec de la cire, sur laquelle était apposé le sceau du souscripteur.

L'adresse d'une lettre d'un procureur de Paris à un avocat de Charlieu, du XVe siècle, est ainsi conçue :

A honorable homme et saige Maistre Jehan de Bellemont, licencié en loys, advocat ez conseil, à Charlieu.

La lettre portait en tête : *Très cher sire*; au bas : *Ecript à Paris le 23e jour de janvier* (sans indication d'année); et ensuite : *Le tout vostre serviteur et procureur, Jehan de Chantalon.*

Jean de Bellemont, à qui cette lettre était adressée, écrivant pour consulter à Paris, sur un procès qu'il avait avec le prieur, ce même Jehan de Chantalon et un autre homme de loi, ne fait pour les deux qu'une seule épître en latin, qui débute par ces mots, placés au commencement de la première ligne: *Carissimi domini mei, magistri venerandi ;* mes chers seigneurs, maîtres vénérables. Il termine ainsi : *Vester in omnibus, Johannes de Bellomonte ;* le vôtre en toute chose, Jean de Belmont.

L'adresse est comme il suit: *Honorabilibus viris magistris Guillelmo de Laye et de Chantalon, procuratoribus meis*, à honorables hommes, Maîtres Guillaume de Laye et de Chantalon, mes procureurs. Au-dessous sont ces mots : *Reddatur Parisiis* , qu'elle soit rendue à Paris.

Une lettre, ou plutôt un billet écrit par l'homme d'affaire d'un seigneur à Jean Maréchal, bourgeois de Charlieu, dont l'histoire occupe le chap. II de cette 2ᵉ partie, porte à la première ligne: *Chier sire et parfait ami.* Le corps du billet se termine par ces mots : *Notre seigneur soit garde de vous.* Au bas il y a : *Le tout vostre* , suivi de la signature.

—

Par l'art. 38 de la charte d'affranchissement de la ville, l'expression de *punays* (ce mot y est ainsi écrit en français, quoique tout le reste soit en latin), est proscrite comme une injure, conjointement avec le terme de lépreux. Ce dernier est depuis longtemps oublié ; mais l'autre était employé naguères, à ce qu'il me semble, par les vieilles gens du peuple, à Charlieu et dans les environs.

—

L'ameublement de nos ancêtres tel qu'il était, il y a

250 ans, différait beaucoup du nôtre, comme en fait foi l'inventaire du mobilier d'un marchand de Charlieu, qui n'était ni des plus riches ni des plus pauvres.

« Item, un buffet, bois coral (chêne, l'expression coral est restée dans le patois du pays, mais défigurée), garni de deux armoires, avec deux serrures et leurs clefs, sur lequel s'est trouvé :
» Deux douzaines de plats, tant petits que grands ;
» Plus une douzaine d'assiettes ;
» Plus deux salières ;
» Plus une aiguière et une tasse,
» *Le tout d'étain.*
» Auprès dudit buffet ont été trouvés, en un râtelier (rayon), savoir : quatre pintes, trois pots, trois chopines et une aiguière, aussi *le tout d'étain.*

Cette nomenclature suffit pour montrer que la poterie, la fayence et le verre étaient rares et remplacés par *l'étain.*

Les matelas paraissent avoir été inconnus à cette époque, à en juger par le même inventaire. Les lits ne sont composés que de couettes et traversins :

« Item, un chanlit (bois de lit), aussi bois coral (chêne), simple, avec un lit garni de coutre (couette), coussin et couverture de bureau noir, les rideaux de toile et un ciel de lit de futaine. »

On ne mentionne pas de lit mieux garni que celui-ci.
Voici quels étaient les siéges de l'époque :

« Item, une table de bois noyer, garnie de deux bancs.
» Item, deux chaises basses, bois noyer.
» Item, deux escabelles. »

Il n'y avait d'autres meubles que des buffets et des coffres.

« Item, un baycul (bahut, coffre), fermant à clef.
» Item, un grand coffre, bois coral, dans lequel ont été trouvés les

» habits de ladite femme, environ vingt livres de fil et vingt livres de
» chanvre. »

Le coffre à tenir le linge se retrouve dans les maisons les plus pauvres de nos campagnes, sous le nom d'*arche*.

L'inventaire mentionne, pour armes trouvées chez le marchand, *une hallebarde et quelques anciens bâtons non ferrés*.

Aux XVIIe et XVIIIe siècles, les médecins, chirurgiens et apothicaires de Charlieu suivaient exactement, à l'égard de leurs malades, la méthode que Molière attribue à ceux de Paris :

« Clysterium donare,
» Postea seignare,
» Ensuita purgare,
» Reseignare, repurgare et reclyterisare. »
(3e intermède du *Malade imaginaire*).

L'extrait suivant du mémoire d'un chirurgien apothicaire de Charlieu, ez années 1685 à 1687, le prouvera amplement :

« Du 24 avril 1685, pour Monsieur, une saignée au bras, » l. 10 s.
» Du 17 mai, pour Mademoiselle Louison, un lavement et une saignée au bras, 1 10
» Du 18, pour Mademoiselle sa femme (on appelait alors Mademoiselle les femmes de la bourgeoisie, quoique mariées : le titre de Dame était réservé à la noblesse) ; une saignée, » 10
» Du 24, une médecine laxative, 1 15
» Du 2 juin, pour Mademoiselle Louison, une saignée, » 10
» Du 7 juillet, pour sa servante, une saignée au bras, » 10
» Du 7 mai 1686, pour Jérôme, une médecine laxative, 1 5

» Pour Dodon, deux prises de poudre laxative, 1 10
» Du 26 août, pour Mademoiselle Caton, une saignée au bras, » 10
» Du 22 mars 1687, pour lui (le chef de la maison), un lavement et une saignée au bras, » » 10

Sauf un cautère, quelques emplâtres, du sirop et de la tisane, le mémoire, qui est fort long, ne contient que des articles comme ceux que je viens de mettre sous les yeux du lecteur.

Un autre mémoire, de 1739 à 1747, fait voir que les médecins et apothicaires de Charlieu, loin de renoncer, dans le XVIII° siècle, à cette méthode curative, renchérissaient plutôt sur leurs devanciers à cet égard.

« Du 21 juillet 1739, un voyage à.....
» Plus le même jour, pour Monsieur, pour Madame et pour le valet, trois saignées au bras, » 1 livre 5 sols.

Le 1er octobre suivant, il saigne Madame. Il la saigne encore le 11 janvier 1740. Il ne lui ménage pas davantage la tisane, la rhubarbe, les clystères. En même temps, et tout en traitant la maîtresse de la maison, il saigne le valet *au bras* et la servante *au pied*. Ainsi, les *Figaro* ne manquaient pas plus à Charlieu que les *Purgon*; si nos ancêtres restaient malades, ce n'était pas faute d'une large application des préceptes de la faculté de médecine; et quand ils mouraient, ils avaient la consolation de quitter la vie suivant toutes les règles.

—

Suivant un usage judiciaire qui n'était point particulier à Charlieu (1), mais qui y a reçu plusieurs applications, la

(1) Denizard, v*bo* *Grossesse*, numéros 15 et 16.

fille ou femme libre, devenue grosse, pouvait dénoncer à la justice l'homme qui l'avait mise dans cet état; et s'il était prouvé que cet homme avait eu avec elle des familiarités et des rapports fréquents, il pouvait être condamné à se charger de l'enfant, à le nourrir et l'élever à ses frais. Il y a un traité, de 1749, entre une fille de Charlieu et un chirurgien apothicaire d'Ambierle, par lequel la fille renonce aux suites de la déclaration qu'elle avait faite devant le prévôt juge criminel de Charlieu, et se charge de nourrir et élever l'enfant, moyennant une somme fixe, donnée par l'apothicaire.

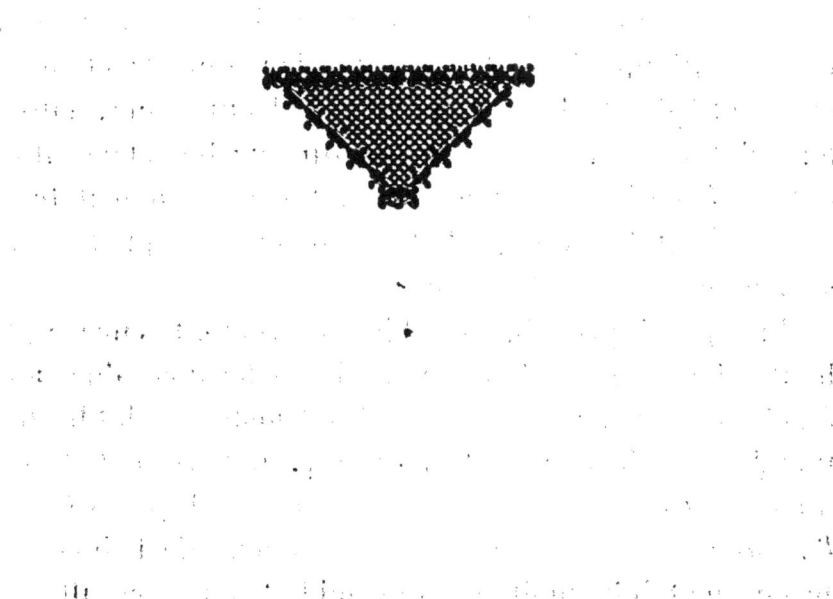

CHAPITRE X.

HOPITAL.

§ I.

Origine de cet établissement.

L'hôpital de Charlieu existait en 1259, comme le constate un inventaire de meubles et papiers fait en 1460, dont une grosse sur parchemin est aux archives de la maison. On y mentionne des lettres royales de l'année 1259, accordant à l'hôpital le droit de prendre, chaque jour, dans la forêt d'*Aveyse*, une certaine quantité de bois. Ce sont ces lettres, émanées sans doute de saint Louis (auctoritate regia), qui ont donné lieu à la tradition erronée que l'établissement avait été fondé par ce roi.

Il me paraît probable que l'hôpital remonte encore plus haut; dans une ancienne note des redevances dues à cet établissement par le monastère des Bénédictins de Charlieu, une de ces redevances est marquée pour le *jour de la fondation du roi Boso* (sic), et une autre pour la *fondation de l'évêque Ratbert*. Ratbert était fondateur de l'abbaye, et Boson en était bienfaiteur. Ne semble-t-il pas résulter des expressions que je viens de citer, que l'hôpital existait du

(1) Ce chapitre a pour fondement principal les pièces nombreuses qui composent les archives de l'hôpital, et qu'il eût été trop long de citer.

temps de ces personnages ; que ce sont eux-mêmes qui imposèrent en sa faveur au monastère, l'un en le fondant, l'autre en lui faisant du bien, ces rentes que nous trouvons être payées beaucoup plus tard, à certains jours où leur mémoire est rappelée ?

L'hôpital se rattachait primitivement à l'abbaye ; cela paraît indubitable, puisque l'aumônier des Bénédictins y exerçait anciennement un droit de patronage et confirmait la nomination des recteurs. De plus, et jusqu'à la fin du XVII° siècle, l'hôpital paraît avoir été moins destiné aux malades qu'aux pauvres passants étrangers. Ainsi, en 1658, les recteurs, dans leur marché avec un nouveau *concierge, gardien et hospitalier*, lui imposent pour condition, de *ne recevoir les pauvres passants et étrangers plus longtemps que de vingt-quatre heures*, de les avertir de l'état des malades, *quand il y en aura*, et de *ne jamais refuser la porte* aux pauvres de la ville.

Il y avait anciennement, dans chaque monastère, pour recevoir les hôtes étrangers (pour exercer *l'hospitalité*), deux appartements différents, l'un pour les personnes de distinction, l'autre pour les pauvres. C'est probablement ce dernier qui a été l'origine de l'hôpital de Charlieu. Il était, primitivement peut-être, dans l'enceinte du monastère, et plus tard, il fut transporté dans la ville.

§ II.

Administration de l'hôpital.

1° Administration avant 1653. — Elle était confiée à un seul recteur ecclésiastique, nommé par les habitants et confirmé par l'aumônier. Son caractère sacerdotal n'était pas toujours une garantie suffisante de bonne gestion. L'un de ces recteurs, prêtre de la paroisse de Saint-Philibert, fut remplacé, en 1507, à cause de sa mauvaise administration (ob indebitam administrationem). Les recommandations faites à son successeur par les habitants nous apprennent quels étaient les vices les plus ordinaires de gestion. Ils le chargent de tenir l'hôpital en bon état de réparation, de renouveler les titres et terriers ; ils lui interdisent toute aliénation, et lui enjoignent de faire révoquer celles qui auraient pu être faites indûment.

Dans les actes importants, tels que vente et échange, on trouve le recteur ordinairement assisté des consuls de la ville. Il paraît que, pour validité parfaite, le contrat devait être homologué en justice. Pour les acquisitions, il suffisait que l'aumônier du prieuré assistât le recteur.

Un inventaire des meubles et titres, de 1460, nous montre l'hôpital en meilleur état qu'il n'était plus tard, au milieu du XVIIe siècle. Il s'y trouvait une salle basse, une salle haute, un cloître et trois chambres. L'étendue était suffisante, si l'on se reporte au temps et eu égard à la destination de l'établissement, qui était le logement des voyageurs pauvres, et l'abri pour les indigents sans ressource de la ville. La salle basse contenait douze lits garnis de couettes et traversins. Dans une chambre, au premier étage, étaient en dépôt treize couettes de plumes (culcitræ plumæ), onze traversins (pulvinaria), quatorze couvertures (coopertoria), trente-huit draps en état passable (linteamina satis competentia), et dix-sept, en partie usés (fracta et nullius valoris). Il s'y trouvait aussi treize bonnets de nuit (capitoria). Le reste du mobilier consistait surtout en coffres de différentes grandeurs, qui étaient les meubles du temps, marqués à la marque de l'aumônier des Bénédictins (arcæ marcatæ ad marcam eleemosinarii); l'un de ces coffres fermant à clef, renfermait les titres de l'établissement.

Le mobilier consistait encore en quelques tables, des escabeaux (scamnæ), des bancs (scamnæ ad quatuor pedes), et en quelques ustensiles de cuisine. On remarque aussi, dans l'inventaire, une serge rayée (sergia radiata), donnée par un mercier de Charlieu, *pour mettre sur les corps morts.*

Entre les titres relatés dans l'inventaire, sont des concessions d'indulgence de quarante jours, accordées par l'évêque de Mâcon, en 1448, et d'autres, d'une année, pour la fête de tous les Saints, pour la Nativité de la Vierge et pour la Pentecôte, émanant du même siège et datées de 1456. Cependant il ne paraît pas, par l'inventaire, qu'il y eût une chapelle à l'hôpital au moment où il était fait.

Les autres pièces font connaître que l'hôpital avait alors une assez grande quantité de servis en argent, en seigle, en avoine, en huile, en poule, presque tous à Cours (Cors), au lieu de Verbuchin; sur le moulin, les terres et prés en dépendant, et à Lagresle. La plupart ont subsisté jusqu'au siècle dernier. La maison possédait, en outre, quelques fonds aux environs de la ville.

2° Administration depuis 1653 jusqu'en 1687. — L'année 1653 vit passer l'administration de l'hôpital entre des mains laïques. Trois recteurs furent nommés par l'assemblée des habitants, tenue dans la forme que j'ai expliquée, pour toutes les affaires communes. On ne sait qui provoqua cette mesure, conforme aux ordonnances des rois et notamment à l'édit de 1612; mais elle était urgente pour remédier au désordre qui s'était introduit dans la maison.

Les titres étaient égarés, les débiteurs ne payaient plus, et les nouveaux recteurs furent obligés de faire des recherches pour connaitre les propriétés de l'établissement. Ils vinrent à bout de mettre un peu d'ordre dans les affaires.

Le nombre des recteurs n'était pas bien fixe ; il était quelquefois de trois, le plus souvent de deux. La durée de leurs fonctions était également un peu variable. Le plus ordinairement elle était de deux ans. L'assemblée qui les nommait parait avoir décidé de l'un et de l'autre. Les recteurs prêtaient, avant d'entrer en fonctions, entre les mains du juge de la ville, le serment de remplir leur devoir le mieux possible. En sortant de charge, ils rendaient compte à leurs successeurs, pardevant le juge, à peu près dans la même forme que les tuteurs à leurs pupilles.

Les trois recteurs nommés en 1653 tenaient conseil entre eux toutes les semaines, et ils consignèrent le résultat de leurs délibérations dans un registre, qui fut sans doute le premier de ce genre pour Charlieu. Il est parvenu jusqu'à nous.

L'hôpital était alors tenu par un homme seul, qualifié de *gardien*, *concierge* et *hospitalier*. Il ouvrait la porte au soleil levant et la fermait au soleil couchant ; il recevait les voyageurs pauvres, pendant vingt-quatre heures seulement, à moins qu'ils ne fussent mal portants. Il avertissait les recteurs de l'état des malades et de leurs besoins quand il y en avait. Pour salaire, il avait sa résidence à l'établissement, avec sa famille, la jouissance du jardin, l'exemption des tailles et autres charges publiques (1).

Du reste, l'hôpital était, à l'époque dont nous nous oc-

(1) Contentions entre les recteurs et Rachet, par acte authentique de 1658.

cupons, un refuge pour les pauvres valides de la ville, autant que pour les malades; car la porte ne leur était jamais refusée dans le jour (1). De plus, il recevait des enfants trouvés, des orphelins, et faisait distribuer des aumônes à domicile, en argent, habillements, linge, bois. Il y eut même des dames de charité chargées de cette distribution.

L'établissement était au même endroit où nous le voyons aujourd'hui, et déjà il s'étendait de la grande rue à celle du Puits-de-Chèvre; mais il était très étroit et n'occupait, entre ces deux rues, qu'une bande de terrain resserrée entre les maisons et les jardins du voisinage. De plus, il était en très mauvais état. La salle des malades, pavée en cailloux, contenait six lits en bois de chêne, sans autre garniture que de la paille. Une planche, qui allait d'une colonne à l'autre, servait de table. Les portes étaient à demi-brisées, les fenêtres sans croisées ni volets; elles n'étaient fermées que par du canevas. Les murs menaçaient ruine; les planchers s'étaient affaissés, et il avait fallu les étayer en plusieurs endroits. Avec cette salle, il n'y avait alors, au rez-de-chaussée, d'autre pièce qu'une chambre délabrée, sans porte ni fenêtre, et dont le sol était envahi par les eaux. Le premier étage ne valait pas mieux, excepté une chambre, où le concierge logeait avec sa fille. La clôture même du jardin était tombée en plusieurs endroits.

La chapelle consistait en un autel, placé dans la salle des malades, enfermé dans une balustre de bois de chêne, et où il y avait pour toute décoration un vieux tableau, représentant saint Jean l'évangéliste, et deux petits chandeliers de bois peint (2).

(1) Mêmes conventions.
(2) Procès-verbal de visite de 1680.

Tel était l'état de la maison, qui méritait à peine le nom d'hôpital, quand on résolut de la reconstruire, en 1680. Cette résolution fut prise dans une assemblée des habitants, dont plusieurs firent des dons pour l'exécution du projet. Une circonstance contribua, je crois, à rappeler l'attention et les soins de la ville sur cet établissement, trop négligé jusqu'alors. L'Ordre des Hospitaliers de Saint-Lazare en prit possession en 1679, sous le prétexte que l'hospitalité n'y était pas exercée; et il ne le relâcha que sur la preuve du contraire, par sentence de la sénéchaussée de Lyon du 16 septembre de la même année.

Messieurs Talebard, marchand, et Bardet, apothicaire, recteurs nommés en 1680, par l'assemblée qui avait résolu la reconstruction de l'hôpital, se distinguèrent par le grand ordre qu'ils mirent dans les affaires. Ils firent transcrire dans un beau registre grand in-fol. qui existe encore, tous les titres, dans l'ordre de leur date. Le soin de faire rebâtir l'hôpital retomba presque entièrement sur eux, car ils restèrent longtemps en charge.

La reconstruction projetée se fit lentement, parce qu'on avait arrêté qu'on n'y emploierait que les revenus et les dons faits à cette intention. De plus, en rebâtissant, on voulait aussi agrandir; ce qui nécessitait des acquisitions, dont le prix venait ajouter aux dépenses. Il y eut une autre assemblée des habitants, en 1687, pour aviser aux moyens de terminer; plusieurs firent des libéralités. Toutefois, les bâtiments ne furent achevés qu'en 1690. Le rez-de-chaussée étant trop humide, on ne voulut pas y laisser les malades. Deux salles à leur usage, avec la chapelle, furent disposées au premier étage.

3° Administration de 1687 à 1766. — L'assemblée de 1687 ne s'occupa pas seulement de la reconstruction de l'hôpital; mais elle en constitua l'administration sur un pied tout nouveau. Elle établit un conseil, composé de l'aumônier du prieuré, du curé de la ville, ou, à son défaut, d'un des prêtres de la paroisse, du bailli ou de son lieutenant, et du légiste chargé des affaires de la maison, qui en étaient membres permanents. Les membres mobiles étaient les recteurs en charge et ceux qui en étaient sortis l'année avant. Il fut arrêté que ce conseil se réunirait le premier mercredi de chaque mois, et que les absents payeraient cinq sols d'amende au profit de la maison. Il fut aussi décidé que les élections des recteurs se feraient tous les trois ans, le dimanche avant la Saint-Jean. Cet article fut mal observé.

L'aumônier du prieuré prétendait que son titre lui donnait la primauté dans la direction de l'hôpital. Il y eut à ce sujet, entre la ville et lui, un procès qui se termina à son avantage, en 1686. Il fut reconnu pour directeur de l'Hôtel-Dieu. La nomination des administrateurs dut être confirmée par lui, et ils ne purent entrer en fonctions sans son autorisation. En la leur accordant, il y mettait pour condition qu'ils ne feraient aucune aliénation sans son consentement et celui des habitants, ni aucun bail à ferme sans sa participation et celle du bureau; et enfin qu'ils lui rendraient un compte particulier de leur gestion, indépendamment de celui qu'ils devaient au bureau.

Le nouveau conseil tint sa première séance, le 29 juin 1687. Il décida tout d'abord que les délibérations seraient constatées dans un registre, et signées de ceux qui y auraient pris part. Ses réunions, fixées d'abord à un mois d'intervalle, le furent ensuite à quinze jours, et enfin à tous les dimanches et fêtes, à l'issue des vêpres.

Dans une assemblée de 1698, les habitants adjoignirent

aux recteurs un receveur ou trésorier. Il lui fut prescrit de rendre ses comptes aux recteurs tous les trois mois, et de ne rien payer que sur le mandat de l'un d'eux. Du reste, la ville abandonna presque entièrement au nouveau conseil la direction des affaires de l'hôpital; elle lui avait même donné, dans l'assemblée de 1692, plein et entier pouvoir pour l'administration. Les habitants n'étaient plus consultés que dans les affaires graves.

L'acte le plus remarquable de la nouvelle administration fut l'introduction, dans l'hôpital, de l'institut des Hospitalières, et des statuts et règlements de l'Hôtel-Dieu de Cluny, tant au temporel qu'au spirituel, qui eut lieu en l'année 1692. Elle fit demander à Louis XIV, en 1713, des lettres patentes confirmatives de l'établissement réorganisé, ce qui lui fut accordé. Par ces lettres, le Roi concède à l'hôpital de Charlieu les mêmes priviléges qu'aux autres hôpitaux du royaume; il amortit, c'est-à-dire dispense de tout impôt, l'étendue des bâtiments cour et enclos, et exempte l'établissement de toutes les autres charges publiques ordinaires à cette époque. Il y met pour condition que les Hospitalières n'excèderont pas le nombre de six, et qu'elles ne feront jamais ni vœu, ni corps de communauté.

En 1702, il y avait dans la maison trois religieuses. Les recteurs paresseux s'en remirent à la supérieure du soin de la gestion, et il en résulta quelques abus, qu'on eut de la peine à faire disparaître, lorsque des administrateurs plus vigilants voulurent remettre les choses dans l'ordre.

En 1719, l'administration acheta de M. Dupuy de Falcon, seigneur de Vougy, le domaine Carabit, situé à Pouilly-sous-Charlieu, près de Tigny, et qui appartient encore aujourd'hui à l'hôpital. Il coûta, y compris le cheptel,

4300 livres, qui furent payées comptant. Le domaine dépendait auparavant de la seigneurie de Rongefert.

L'évêque de Mâcon vint à Charlieu en 1746. Il visita l'hôpital, sur lequel il avait droit d'inspection d'après les lois d'alors. Il prit personnellement connaissance des affaires de la maison, dont il se fit rendre compte par le bureau. Le conseil, présidé par lui, arrêta sous ses yeux un nouveau règlement très-bien conçu, très propre à corriger ou à prévenir les abus, s'il eût été bien observé.

Les bâtiments, élevés à la fin du XVIIe siècle, n'avaient pas une grande solidité, à ce qu'il paraît, puisqu'ils s'écroulèrent en 1750, après une durée de demi-siècle au plus. La chute fut si complète, que les lits des malades furent brisés et enfouis sous les décombres, sans que personne pérît cependant. Le linge et beaucoup de provisions furent perdus ou détériorés.

Ce n'est que trois ans après qu'on résolut de reconstruire, et l'adjudication des travaux fut donnée au mois de janvier 1754 seulement. On fit alors la chapelle et les deux ailes de droite et de gauche (ces ailes ont été allongées, en 1848, de chaque côté, jusqu'aux rues qui les bornent). Pour pourvoir à la dépense, on séquestra les revenus, et les pauvres en furent privés jusqu'au commencement de l'année 1767, pendant laquelle on ne put mettre que quatre lits en exercice, parce que tout n'était pas encore achevé. Pendant la construction, il n'y avait que deux Hospitalières, auxquelles le bureau allouait une somme fixe pour leur nourriture et leur entretien.

4° Administration de 1766 à 1789. — Pendant le période de temps embrassé dans l'article précédent, plusieurs personnes, non désignées dans le règlement de 1687, s'étaient glissées dans le conseil d'administration. Le prieur des Bénédictins s'y était introduit dans les dernières années du XVII° siècle, et peu à peu il en était venu, en 1745, à présider les réunions du bureau. Lui et l'aumônier autorisaient seuls les actes importants faits par les recteurs, notamment les acquisitions. Des prêtres de la paroisse, le médecin de la maison et quelques autres venaient aussi prendre place au bureau, sans aucun droit. En même temps qu'il admettait dans son sein ces éléments étrangers, le conseil s'arrogeait l'omnipotence sur toutes les affaires de l'hôpital, et il dédaignait de prendre l'avis des habitants, même pour les plus importantes. Du reste, il n'agissait pas de manière à se faire pardonner sa dictature; il avait pris sur lui de nommer les recteurs, et en 1766, il n'y en avait qu'un qui remplissait seul, depuis plus de huit ans, tout à la fois les fonctions de recteur et de trésorier. L'institution du corps municipal mit fin subitement à cet état de choses. Il y avait eu, presque de tout temps, de l'animosité entre les bourgeois et les Bénédictins, leurs seigneurs. Elle n'avait pas diminué au XVIII° siècle. Le corps municipal paraissait aux habitants un moyen de la satisfaire. Il n'y avait que quelques mois qu'il était constitué, quand tout d'un coup il se transporta à l'Hôtel-Dieu pour y élire deux recteurs à la place du recteur unique, qui était resté si longtemps en charge. Il se croyait ce droit, mal à propos peut-être, car il lui fut contesté jusque dans son sein, quelques années plus tard.

Peu de temps après, il fit un règlement d'administration, par lequel il éloignait du conseil *les religieux, de quelque Ordre qu'ils fussent*, et il instituait deux bureaux, l'un ordinaire et l'autre extraordinaire. Le premier, composé de deux recteurs élus tous les trois ans, le second comprenant, en outre, le juge royal ou son lieutenant, le procureur du Roi, le maire, l'un des échevins et le curé. Les recteurs devaient être autorisés par le bureau extraordinaire pour toutes les affaires importantes. Il était défendu au trésorier de recevoir un capital autrement qu'en présence du bureau. Outre ses comptes trimestriels, il était assujéti à en présenter un général de l'année écoulée, dans les premiers mois de la suivante.

M. Dutreyve, bourgeois de Charlieu, avait donné tous ses biens à l'hôpital en 1711, avec fondation de 60 livres pour la rétribution d'un prédicateur de carême à la paroisse. Il était d'usage que ce prédicateur fît un sermon dans l'église du prieuré, à la fête de saint Benoit, le dimanche des Rameaux et le Vendredi saint. En 1767, la nouvelle administration fit défense à celui qu'elle avait choisi d'aller prêcher au prieuré. Les Bénédictins lui contestèrent le droit de nommer le prédicateur; l'affaire fut portée d'abord devant l'évêque de Mâcon, et puis au conseil d'Etat. Tous deux décidèrent en faveur de l'hôpital.

Une visite faite par l'évêque de Mâcon, au mois de septembre 1774, eut des résultats importants pour l'établissement. On résolut de revenir sur les aliénations anciennes, et de les faire annuler en justice, s'il était possible, au cas où les détenteurs ne voudraient pas traiter à l'amiable. Par suite de cette détermination, on recouvra une maison à Charlieu, le domaine de Noailly, appelé *le Chef-d'Oillat*, qui avait été vendu en 1750, en payant aux acquéreurs 1550 livres pour les améliorations qu'ils y avaient faites; un pré, deux terres et un bois taillis, situés partie à Nandax, partie à Coutouvres, vendus en 1742, moyennant 999 livres, prix de l'acquisition. Enfin, on obtint, pour la plus value d'une maison à Charlieu, 2300 livres.

La nouvelle administration, qui prétendait mieux faire

que ses devancières, laissa pourtant surgir un grand abus ; ce fut le prêt des capitaux sur de simples billets, et quelquefois, ce qui est plus blâmable encore, à des personnes chargées de veiller aux intérêts de la ville et de l'hôpital. M. de la Ronzière, demeuré seul recteur en 1780, demandait en vain qu'on lui donnât des successeurs. Le maire et d'autres membres du conseil municipal, débiteurs de l'hôpital, différaient autant qu'ils pouvaient d'en régulariser l'administration, de peur d'être obligés de s'acquitter. Dans l'assemblée qui fut enfin tenue en 1781, sur la menace qu'il fit d'en référer à l'autorité supérieure, M. de la Ronzière demanda en vain la condamnation de cet usage abusif. Le maire était craint, ou il avait trop de complices. Il vint à bout de faire renvoyer la délibération sur ce point, et l'abus se maintint jusqu'au commencement de ce siècle.

§ III.

Revenus de l'hôpital à différentes époques et leur origine.

Au XVIe siècle, les revenus de l'hôpital étaient affermés de 30 à 36 livres, et, sur la fin, 45 livres.

Le prieuré lui payait des redevances considérables pour le temps en argent, pain, vin et viande. Elles étaient acquittées à jours fixes, pour certaines fêtes de l'année. J'ai fait remarquer, au commencement de ce chapitre, qu'il s'en trouvait deux pour les *fondations du roi Boson et de l'évêque Robert*, desquelles on peut inférer que l'hôpital remonte au temps où ils ont vécu.

Le célérier du prieuré, religieux chargé de la dépense de bouche, devait personnellement à l'Hôtel-Dieu *un flan et une tartre aux deux jours des Rogations.* Il les refusa en 1559 ; mais, sur la poursuite du recteur, il fut condamné par son propre supérieur, le prieur du monastère, à les fournir, ou à payer, pour la valeur, sept sols et quatre deniers tournois, qu'il avait donnés aux moines du couvent, envers qui il était tenu de la même redevance (a).

Vers le milieu du XVIIe siècle, les revenus de l'établissement étaient de 300 livres. Pour les grossir, l'assemblée de 1687 établit une contribution, illégale sans doute, sur les apprentis de tout état. On les divisa en deux catégories : la première, composée des clercs de palais, des apothicaires, chirurgiens, marchands et tanneurs, devait payer 3 livres. Les apprentis des autres professions composaient la seconde catégorie, qui ne payait que 20 sols. Les maîtres étaient tenus de déclarer leurs apprentis, sous peine de 3 livres d'amende, et ils étaient responsables de la contribution. Ce règlement ne fut pas exécuté, ou ne le fut que pour peu de temps.

En 1692, les revenus n'étaient pas suffisants pour quatre malades. Il fallait que les dons de charité y suppléassent.

En 1693, les rentes foncières seules montaient à plus de mille livres.

A la fin du XVIIe siècle, et jusque vers le milieu du suivant, l'hôpital s'enrichit considérablement par les donations nombreuses et importantes qui lui furent faites ; aussi, même après les dépenses coûteuses de la seconde construction, en 1769, les revenus s'élevaient-ils encore à 3222 livres.

(a) V. le chap. II, parag. VI, art. 3 de la 1re partie.

Autrefois les rigueurs de l'abstinence, qui étaient soutenues par la loi civile, donnaient lieu à certains revenus qui ont été abolis par la révolution. Au XVIIe siècle, il était interdit aux bouchers de vendre de la viande pendant le carême, sans l'autorisation du bailli, et à d'autres personnes que celles ayant permission du curé. La contravention était punie d'une amende de 25 livres, qui était partagée entre le prieur, seigneur de la ville, et l'hôpital. Sur la fin du dernier siècle, l'usage s'introduisit de mettre aux enchères, au profit de l'établissement, le droit de vendre la viande en carême. Le produit de cette adjudication fut très variable. Pendant onze années, de 1771, où elle a peut-être commencé, à 1782, le minimum fut de 132 livres, et le maximum de 300.

En 1787, on afferma au plus offrant tous les immeubles, non compris le domaine de Nandax, pour 1570 livres. Dans cette somme, le domaine de Noailly est pour 250 livres, le domaine Carabit pour 461, et celui de Saint-Bonnet pour 560.

§ IV.

Service des malades.

En 1658, le soin des malades était confié à un homme, appelé quelquefois *hospitalier*, à cause de ses fonctions. En 1680, l'hospitalier était un vieillard de 80 ans; quelques années après, trois filles de Charlieu, Françoise Déroche, Claire Gachet et Claire Durand, donnèrent à l'hôpital tous leurs biens, et en quelque sorte leur personne, en se vouant pour le reste de leur vie au service des malades. Une seule était encore vivante en 1691, et elle mourut sur la fin de la même année. On demanda alors à Cluny des Hospitalières pour établir leur institut à Charlieu. Il en vint quelques-unes pour former au service des malades et à l'observation de leur règle, les personnes du sexe qui se sentiraient de la vocation pour cela.

La première Hospitalière de Charlieu fut Marie Delapierre, fille d'un riche marchand de la ville, qui fit profession au mois de mars 1693. Elle fut imitée, quelques mois après, par demoiselle Roland de la Durie, fille du prévôt de Charlieu. C'est à ces deux sœurs que les religieuses de Cluny remirent, en se retirant, le soin des malades et la direction de l'intérieur de la maison.

Les personnes qui aspiraient à être reçues hospitalières à Charlieu étaient admises par le bureau, d'abord comme postulantes ou prétendantes, puis comme novices, après une épreuve de quelques mois. Si l'épreuve était satisfaisante, la supérieure remettait elle-même à l'offertoire d'une messe solennelle, où il y avait sermon, le chapelet de novice. Il fallait six mois de noviciat et une délibération du bureau pour être reçue à la profession. L'Hospitalière fournissait une dot fixée, en 1693, à 600 livres, et à 1000 livres, en 1746, et un trousseau, composé de linges, habits et vaisselle à son usage, en nombre déterminé ; plus, un meuble pour les contenir et un lit garni. Les stipulations à ce sujet étaient réglées par acte authentique, entre les recteurs et la religieuse, ou ses parents.

L'hôpital n'eut pas de médecin en titre avant 1693. Il n'est pas dit que celui qui fut nommé cette année reçût un traitement. En 1697, un chirurgien de Charlieu s'engagea, pour trois ans, à visiter les malades qui se présenteraient pour entrer à l'hôpital, afin de décider s'ils devraient être admis ; à les soigner dans les salles, à panser les plaies, fournir les onguents et faire les saignées ; le tout pour quinze livres par an. On ne trouve ensuite rien de relatif au service médical, jusqu'en 1768, où on prit pour chirurgien en titre, mais non rétribué, Louis Devillaine. L'année suivante, la maison eut pour médecin volontaire M. Ducoing, qui fit placer dans la salle des malades le premier poêle en fonte qu'on y eût vu.

Avant 1697, on n'a que peu de renseignements sur le nombre des malades traités à l'hôpital. Postérieurement à cette époque, ils sont assez complets, sauf quelques lacunes. J'en ai tiré le résumé, ou tableau qui suit :

1697 à 1722	26 années	632 malades	522 guéris	71 morts.
1730 à 1735	6	189	130	15
1739 à 1746	8	292	141	27
1780 à 1823	44	3631	3262	369
	84 années	4744 malades	4055 guéris	482 morts.

La moyenne des malades, par année, est d'un peu plus de 56, et celle des morts d'un peu plus de 9. La proportion des morts aux malades est donc de moins du dixième.

§ V.

Service religieux.

Il est à présumer que, pendant longtemps, il n'y eut pas de prêtre spécialement chargé du service religieux de l'hôpital et que ce service fut abandonné à la bonne volonté du clergé, alors très nombreux de la ville. On trouve pour la première fois, en 1692, un prêtre de la paroisse qualifié de chapelain de l'Hôtel-Dieu. C'est Messire Cuisenier, qui avait contribué d'une manière particulière à introduire dans la maison l'institut des Hospitalières de Cluny; aussi était-il, en 1695, directeur spirituel des sœurs.

A cette époque, il n'y avait pas de chapelle proprement dite, mais seulement un autel, fermé d'une claire voie et placé dans la salle des malades, qu'on avait transporté du rez-de-chaussée au premier étage, à cause de l'humidité. Le Saint-Sacrement y fut déposé pour la première fois en 1696, avec la permission de l'évêque de Mâcon. Le même prélat autorisa, en 1696, des bénédictions avec la sainte Eucharistie à certaines fêtes de l'année, notamment celles de l'Assomption, de sainte Marthe et de saint Jean l'évangéliste. Il y eut aussi, vers le même temps, un bref du Pape, par lequel il accordait des indulgences.

De 1702 à 1730 environ, le curé de Charlieu se chargea lui-même de la direction religieuse de l'hôpital. Ultérieurement, les Cordeliers firent le service spirituel, avec le titre d'aumôniers et chapelains. Le supérieur bénit, en 1734, une cloche de 80 livres, dont le parrain fut Dom Levaillant, chambrier du prieuré, et la marraine Marie de Bayle, veuve de Messire de Patural, écuyer, seigneur du Troncy.

Sur la fin de 1766, la chapelle actuelle fut bénie par M. Gacon, curé de Saint-Igny et archiprêtre de Charlieu, qui avait été commis par l'évêque de Mâcon. La cérémonie se fit très solennellement et avec grand concours de monde. Les Cordeliers, qui n'avaient cessé d'acquitter les fondations depuis l'écroulement de la maison, firent alors le service religieux de la chapelle jusqu'en 1771 ou environ.

A cette époque, Marguerite de Lamure de Chantois, veuve en premières noces de M. de Foudras, et, en secondes, du chevalier Martinière de Renaison, donna à l'hôpital une rente annuelle de 70 livres pour un prêtre qui devait être à la fois aumônier de l'hôpital et instituteur des enfants pauvres de la ville. La nomination en était remise au bureau, qui choisit l'abbé Perenin. Il fut remplacé, en 1781, par M. Bardet, vicaire de la paroisse, comme aumônier seulement, car il conserva l'école. Nicolas Cartelier, prêtre constitutionnel, succéda, en 1791, à M. Bardet, promu à la cure de Charlieu.

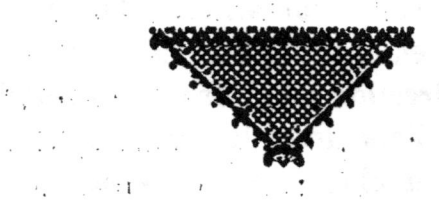

CHAPITRE XI.

Topographie de la ville et de la banlieue.

§ I.

Topographie de la banlieue.

Suivant une ancienne tradition, la vallée où est située Charlieu s'appela autrefois la *Vallée-Noire*, parce que, dit un ancien auteur, elle était couverte de forêts épaisses (1). Ce n'était pas seulement la vallée qui en était couverte, mais aussi les collines environnantes, où les hautes futaies se sont maintenues jusqu'à la fin du siècle dernier. C'est alors seulement qu'elles ont commencé à tomber sous la cognée, pour se convertir en taillis ou en terres à blé. Le seul coteau de Saint-Nizier faisait exception. Depuis le moyen-âge, il n'a cessé de porter la vigne.

Primitivement, et jusqu'à ce que Sornin eut été resserré dans son lit, la vallée était entrecoupée de marais, formés par les débordements et les irrégularités du cours de cette rivière; de touffes d'aulnes et autres arbres aquatiques croissant çà et là, par l'effet spontané de la végétation. Quelque riante qu'elle soit, aujourd'hui que Sornin, réduit à de justes limites, serpente dans des prairies ver-

(1) Papire Masson, *Descriptio fluminum Galliæ.*

doyantes, où paissent de nombreux troupeaux, entre deux collines, cultivées avec soin par le vigneron et le laboureur, elle a donc pu, dans des temps reculés, alors qu'elle était assombrie par les hautes forêts qui l'entouraient de toute part, mériter son épithète de *noire*. Dès-lors aussi, l'endroit où a été bâti le monastère a pu justifier, par son aspect peu flatteur, le nom que lui donnèrent les fondateurs par ironie, *Cherlieu* ou *lieu cher*, précisément parce qu'il était détestable (1).

La rivière de Sornin, qui coule près de la ville, a porté, suivant les temps, des noms latins très différents. D'après les auteurs de la *Gallia christiana*, il aurait été appelé *Somnus*, *Somna* ou *Sonna* (noms qui auraient été donnés aussi quelquefois à la ville), puis encore *Surna* et *Scorvinus*.

Dans la charte de fondation de l'abbaye, qui est de 876, il est dénommé *Scorvinus*; au XIVe siècle (1369 et 1373), et au commencement du XVe (1412), il est appelé *Sonneyn*; puis sur la fin du même siècle (1460), *Sorneyn*, et au XVIe siècle (1558), *Sornain*, dernier nom qui lui est resté et n'a subi, jusqu'à nos jours, qu'une modification orthographique.

Nous allons maintenant étudier les changements survenus sur ses bords, en suivant son cours, depuis son entrée sur le territoire de Charlieu, à Gâtelier, jusqu'à sa sortie, à Saint-Nizier.

Je n'ai rien à dire du vieux château de Gâtelier, ni de celui plus nouveau qui a été bâti au-devant. Le premier, à en juger par son architecture, remonte à trois ou quatre cents ans au plus.

---

(1) Charte de fondation, citée page 8 de cette histoire.

La grange de *Ruyllequartier*, qu'on rencontre, en descendant le cours de la rivière, à gauche sur la route, portait ce nom ainsi orthographié, dès la première moitié du XIV° siècle (1346). Elle appartint successivement à plusieurs riches bourgeois de Charlieu, puis à Mareschal, dont j'ai donné la biographie et qui fit défricher, pour le convertir en pré, un mauvais pâturage situé au-dessous, entre Sornin et la grande route, lequel est encore aujourd'hui à l'état de prairie. Une vigne faisait alors partie de la propriété.

Le pont de pierre existait et portait ce nom dès l'année 1432 : on le trouve dans des reconnaissances de servis de cette époque. Une rue qui venait y aboutir, en avait pris le nom (vicus Pontis de petra). Il fut, dit-on, réparé sous le règne de Henri IV, d'après une inscription découverte lorsqu'on l'a fait élargir, dans les premières années du règne de Louis-Philippe. Il doit aussi avoir subi quelques réparations en 1733, puisque nous avons de cette année-là une pièce constatant que, pour forcer le prieur à rompre son écluse qui maintenait les eaux à un niveau trop élevé, l'entrepreneur fut obligé de demander un ordre à l'intendant de Lyon.

Non loin de ce pont, sur le chemin de la *Frédurière*, était le territoire de *la Lombarderie* (1574), et l'endroit appelé *la Motte-Alex*.

Le moulin situé sur Sornin à une des extrémités de la ville, et qui a donné son nom à la porte qui en était rapprochée, était certainement le plus ancien des environs ; car il fut de tout temps banal, et les moines, seigneurs du pays, avaient intérêt à l'établir, tant pour eux que pour les habitants de leur dépendance.

A quelque distance de ce moulin, en suivant le cours de

la rivière, nous touchons au faubourg appelé *Gayan*. Ce nom lui vient, à ce qu'il me semble, de celui d'une riche famille bourgeoise de Charlieu qui y avait sa résidence. Si cette conjecture est fondée, la dénomination du faubourg ne serait pas antérieure au XVIe siècle, car la famille Gayan ne paraît pas avant cette époque. Suivant un *Almanach du Lyonnais*, la ville fut beaucoup plus étendue à l'ouest avant les guerres civiles qu'elle ne l'a été depuis; ce qui est confirmé par les substructions découvertes dans les terrains de ce côté. Le faubourg a donc pu être considérable, il y a trois ou quatre cents ans; il a pu comprendre tout l'espace, à l'ouest de la ville, entre Sornin et un autre faubourg, appelé *faubourg Chevalier*, dont il sera question ci-après, situé au nord-ouest de l'abbaye. Je crois même que, primitivement, tout ce quartier portait le seul nom de faubourg Chevalier. Ce n'est qu'après sa destruction, et lorsqu'on aura commencé à rebâtir près de Sornin, que cette partie aura pris le nom de Gayan. L'autre, située au nord du pont des Moines, ou son emplacement, aura conservé le nom de *faubourg Chevalier*.

La terre de Tigny appartenait, vers le milieu du XIIIe siècle, aux moines de Charlieu, qui l'avaient acquise d'un bourgeois de la ville appelé *Brun*. En 1259, ils donnèrent en abénévis, à Hugues, un des officiers de leur monastère, *la maison de Tigny*, avec *les terres et eaux* en dépendant. Ils lui permirent, en outre, d'y établir un moulin, le tout moyennant *six sols lyonnais de forte monnaie* de redevance annuelle. Ils se réservèrent le droit de pêche.

Le premier qui ait pris le titre de seigneur de Tigny, est Pierre Dufournier, châtelain royal de Charlieu, dans un acte d'achat de 1544. Son père, aussi châtelain de Charlieu, fit au prieur, en 1515, la reconnaissance de maison, grange, terres, bois et étangs qui, par leur situation à Pouilly et près du pont de *Tignie*, me paraissent être ceux mêmes qui ont ensuite constitué la seigneurie. La même reconnaissance comprend d'ailleurs le *moulin de Tigny*, avec l'avaloir et les écluses ; mais il n'y est nullement question de la seigneurie, qui date ainsi de l'intervalle entre 1515 et 1544.

On ne trouve de château mentionné dans aucun des titres que je viens de citer, ce qui prouve qu'il n'y en avait point avant celui que nous voyons aujourd'hui, dont l'architecture indique la fin du XVI°, ou le commencement du XVII° siècle.

Dès les premières années du XVI° siècle (1515), la petite plaine dans laquelle a été bâti le château, était déjà entrecoupée d'étangs, dont quelques-uns tout nouvellement formés. Ces étangs étaient alimentés par Sornin et le ruisseau *Chandonnois*, qui en traversait un ; son cours était un peu différent de ce qu'il est aujourd'hui (1).

Le bois situé au-dessus s'appelait, au XV° siècle (1484), *Frédurière ;* au siècle suivant, *Fréduerie* (1515) ; et les *Fredelières* (1574). Il entourait alors les étangs dont je viens de parler, et atteignait, suivant toute apparence, les bords de Sornin, du moins au-dessus du château.

Le pont de Tigny est mentionné dans des titres de 1370 ; mais il est bien plus ancien si, comme je le présume, son origine est romaine. Du reste, à l'époque dont je parle, il n'était point inutile comme aujourd'hui, puisque longtemps après, dans une pièce de 1484, on trouve mentionné un chemin allant de ce pont au bois de la Frédurière. Ce chemin passait au-dessous du moulin. Au XV° siècle, il

---

(1) Carte de Cassini, n° 86.

y avait, comme aujourd'hui, au-dessus de Tigny, une grande étendue de pré, appelée Prairie-de-Tigny, sur laquelle les habitants de Charlieu avaient des droits d'usage.

Sur la rive gauche de Sornin, entre l'embouchure du Chandonnois et la route actuelle de Roanne, était une *maladerie appelée Sainte-Marie-Madelaine* (1). Je ne sais à quelle époque elle avait été construite. Il n'y avait plus de malade en 1610. A cette époque, elle avait été réunie à l'hôpital de la ville. Il ne paraît pas qu'on l'ait employée à l'époque de la peste, lorsque l'hôpital était insuffisant. Elle fut adjugée, en 1679, par jugement de la sénéchaussée de Lyon, à l'ordre de Saint-Lazare, à qui le Roi avait abandonné les maisons vacantes de cette espèce. Je ne crois pas, cependant, que l'Ordre l'ait utilisée; au moins négligea-t-il d'entretenir les bâtiments et la chapelle dédiée à sainte Marie Madelaine, en sorte que le tout était en ruines à la fin du siècle dernier, et qu'il n'en reste pas de traces aujourd'hui.

Il y a plus d'un siècle qu'on parlait de jeter, sur Sornin, un second pont au-dessous de la ville, pour faciliter entre Roanne et Mâcon les communications souvent interrompues par les débordements de la rivière (2). Ce projet n'a reçu son exécution que dans les premières années du règne de Louis-Philippe.

Le moulin de Rongefert n'a été établi qu'en 1462. Un nommé des Verchières, bourgeois de Charlieu, possédait une grange et des terres sur le bord de la rivière. Il obtint des moines la permission d'y construire un moulin, moyen-

---

(1) Dénombrement des fonds et revenus de la ville fourni par les consuls en 1610.

Les maladeries ou maladreries étaient des hôpitaux pour les lépreux.

(2) *Almanach du Lyonnais*, de 1754.

nant la redevance annuelle de deux sols parisis et quatre bichets de blé, à la mesure de Charlieu, sous la condition expresse de ne venir chercher dans la ville aucun blé, avec *bœufs, chars, chevaux, ou autres animaux*. Les religieux firent cette dernière stipulation dans l'intérêt de leur moulin banal de Charlieu.

Dans le traité, le nom de *Rongefert* ne se trouve aucunement ; et cependant il apparaît, peu de temps après, dans un acte de 1484, puis dans une reconnaissance de 1519.

Sur la fin du XV⁰ siècle (1484), les hauteurs de Rongefert étaient, comme aujourd'hui, couvertes de vignes ; et d'autres terriers de cette époque font supposer qu'il en était de même de la majeure partie du côteau de Saint-Nizier, jusque près de la ville. Tout le plateau, entre *la Goutte-du-Chârne* (ainsi appelée dans un terrier de 1484, et plus anciennement *Esgrevay*, suivant le même terrier), et le *château du Mont*, était couvert de forêts.

L'ancien château du Mont n'existait plus en 1503, mais il fut rebâti en 1594, dans la forme que nous lui voyons aujourd'hui. En ladite année, il était occupé par une garnison royaliste qui inquiétait beaucoup Charlieu, entré alors dans le parti de la Ligue.

A la fin du XV⁰ siècle, existait à Charlieu un bourgeois appelé Jobin, qui me paraît avoir transmis son nom à la grange qui le porte encore.

A la même époque, la *Pance-Molle* commençait à perdre le nom de *Chantebourg* qu'elle portait auparavant.

Dans les prés au-dessus du pont des Moines, au nord-ouest de l'abbaye, était le lieu désigné sous le nom de *faubourg Chevalier*, dans des actes des XVI⁰, XVII⁰ et XVIII⁰ siècles (1598, 1656, 1669 et 1716). Au moyen-âge, il y eut là, en effet, un véritable faubourg, mentionné dans la charte d'affranchissement de la ville (Art. 35). Ce faubourg tirait son nom, suivant toute apparence, de la présence des hommes d'armes chargés de la garde d'un château qui devint la propriété du Roi, et que les habitants démolirent pour fortifier leur ville contre les Anglais. Ces insulaires détruisirent probablement le faubourg qui était en dehors de Charlieu, lorsqu'ils vinrent faire le siége de notre cité. Il ne fut pas rebâti, et il n'en resta rien, que la dénomination à l'emplacement qu'il avait occupé.

Au XVIe siècle, les *Brosses* étaient couvertes de bois. Il y avait, en 1528, comme aujourd'hui à *Montoisie*, une maison avec grange, prés, terres et étangs, appartenant à un riche bourgeois de Charlieu, appelé Seurre, qui l'hypothéqua pour une fondation pieuse en l'église Saint-Philibert. Dans le même siècle, *Chante-Oiseau* s'appelait, suivant la désinence plus douce de ce temps-là, *Chante-Oysel*.

Le ruisseau de *Bonnard*, qui coule au-dessous de *Chante-Oiseau*, laissait autrefois, comme aujourd'hui, une partie de ses eaux aux Cordeliers, puis il venait, en suivant le même cours, aboutir au pont des Moines, bâti à la fin du siècle dernier, et qui fut précédé d'une planche, dite *planche Juliers* et *planche des Moines* (1656). Là il réunissait ses eaux au *Somplain*, dont je parlerai tout à l'heure; et tous deux après avoir, suivant les temps et les évènements, rempli les fossés, ou fertilisé les jardins de l'abbaye, allaient se jeter dans Sornin par les mêmes issues, ou à peu près que de nos jours. C'est au nord de ce ruisseau, et dans l'angle qu'il formait avec l'abbaye et la ville, qu'était situé le *faubourg Chevalier*.

Il nous faut maintenant remonter au nord de la ville, et parcourir les bords du ruisseau de Saint-Nicolas. Moins fort que Sornin, il avait plus d'importance pour Charlieu, parce que le niveau de ses eaux permettait de les amener dans les fossés et qu'on pouvait ainsi les faire concourir à sa défense. En même temps, on les utilisait pour la mouture et d'autres industries, comme nous verrons bientôt.

Le lieu de *Malfaras* était ainsi dénommé dès 1370. On ignore s'il s'y trouvait alors un château. Mais il y avait plusieurs prés et des forêts qui s'étendaient jusqu'aux portes de la ville. De hautes futaies de chênes l'environnaient encore en 1654. L'*Almanach du Lyonnais*, de 1754, y mentionne une chapelle comme succursale, aussi bien que celle du Calvaire, bâtie en 1750, suivant le même ouvrage.

A la même époque de 1370, le côteau de *Montrachet* était couvert de vignes, et le plateau au-dessus était ombragé de forêts, où l'on chassait le sanglier. A la fin du XIVe siècle, l'abbé de Saint-Rigaud fut attaqué en justice, par les officiers du prieuré de Charlieu, pour avoir poursuivi et pris un tel gibier à Montrachet (1).

Le ruisseau de Saint-Nicolas n'a pas toujours porté ce nom; il paraît s'être appelé d'abord *Boart* (1432), puis *Somplain* (1440), dénomination qui lui est encore donnée dans un acte authentique de 1783, contenant traité, entre les moines et M. de la Ronzière, au sujet de son cours. Le nom de Saint-Nicolas, qui a fini par prévaloir, est donc tout nouveau.

Il lui vient de la chapelle dédiée à ce saint, qui fut construite près de ses rives. Elle occupait précisément la même place qui est tenue à présent par le four à chaux. Elle existait probablement dès 1432, puisque, dans une reconnaissance de cette année, on mentionne des

(1) Mémoires de pièces pour le prieur contre M. de Tigny, de 1776.

fonds contigus au chemin par lequel on va de Charlieu à Saint-Nicolas (juxta iter quo itur de Cariloco ad sanctum Nicolaum). Il y avait alors, sur ce chemin, des granges, des jardins. Une autre reconnaissance de 1524 frappe sur des terres situées sur la *ruelle* par laquelle on va du grand chemin de Saint-Nicolas au lieu du Préal (juxta ruettam quo itur à magno itinere sancti Nicolai ad locum du Préal). Le *Préal* était à droite du chemin, en quittant Charlieu.

Les passages que je viens de citer s'appliquent au pont, s'il y en avait un, aussi bien qu'à la chapelle. Au moins est-il certain que le petit pont de bois qui a précédé celui qu'on voit maintenant, portait aussi le nom de Saint-Nicolas. Quant à la chapelle, elle tombait en ruines en 1754 (1).

Au moyen-âge et jusqu'à la fin du siècle dernier, le Saint-Nicolas n'allait point, comme aujourd'hui, se jeter directement tout entier dans Sornin. La plus grosse partie en était détournée du côté de la ville, pour en remplir les fossés et ceux de l'abbaye, où elle se mêlait aux eaux du Bonnard, comme je l'ai dit tout-à-l'heure. La dérivation du Somplain, avant d'arriver près des murs de la ville, faisait tourner un moulin appelé *Copier*, au commencement du XVIe siècle (1630), du nom de son propriétaire sans doute; et plus tard *la Rivoire*, du nom d'un autre propriétaire, successeur du premier, dont la famille, marquante à Charlieu, avait probablement dans cet endroit son principal manoir. Le moulin existait encore à la fin du siècle dernier. Il reste des vestiges bien reconnaissables de l'ancienne dérivation du Somplain;

(1) *Almanach du Lyonnais*, de 1754.

particulièrement depuis la Rivoire jusqu'à l'angle nord de la ville.

En temps de paix, et lorsqu'il n'y eut plus besoin de ses eaux dans les fossés, cette fraction du ruisseau longea une allée, aujourd'hui en partie convertie en boulevard, appelée *Promenade de la Solitude*. Les tanneurs de la ville avaient établi sur ses bords de nombreux ateliers : ces ateliers sont demeurés jusqu'au commencement de ce siècle, que le Somplain, n'étant plus retenu par le travail de l'homme, a suivi sa pente naturelle, qui le portait à rejoindre Sornin par le chemin le plus court.

Pour franchir la branche du Somplain qui venait autour de la ville, vis-à-vis la porte de Semur, on établit, dans les derniers temps, un pont, dit des Capucins, parce qu'il était d'une grande utilité pour arriver à leur couvent, situé à quelque distance au nord. Ce couvent fut bâti à la place d'une ancienne chapelle dédiée à saint Roch (1).

Deux routes se croisaient sous les murs de Charlieu ; si toutefois on peut donner le nom de route aux chemins étroits, tortueux et mal entretenus qui souvent en tenaient lieu autrefois. L'une allait de Thizy à Marcigny dans la direction du sud-est au nord-ouest ; l'autre, de Belleville et de Beaujeu à Roanne, de l'est à l'ouest. La première passait sur le pont de pierre, qui servit pour elle seule jusqu'à l'établissement de la grande route actuelle de Beaujeu à Pouilly, dont je parlerai tout-à-l'heure. La seconde descendait des hauteurs de Rochemont et franchissait Sornin, qui coule au-dessous, sur un ancien pont, aujourd'hui presque en ruine, d'où elle re-

---

(1) *Almanach du Lyonnais*, de 1754.

nait se confondre avec le chemin de Charlieu à Châteauneuf (1). Cette route ne traversait pas la ville; mais, arrivée en face de la porte Notre-Dame, elle se détournait au midi, et côtoyait les murs jusqu'à la porte des Moulins, d'où elle se dirigeait sur Tigny, en passant par le faubourg de Gayan.

On a peine à comprendre, aujourd'hui, qu'on ait pu se contenter si longtemps d'une aussi mauvaise voie, pour une communication aussi importante que celle de la Saône à la Loire. C'est par elle, en effet, qu'eut lieu la jonction des deux fleuves, que l'Océan et la Méditerranée furent unis, jusqu'à l'établissement du canal de Givors et de celui du Centre. Les marchandises qu'on expédiait du midi vers le nord, remontaient la Saône jusqu'à Belleville. De là on les transportait, par le mauvais chemin dont je viens de parler, jusqu'à Pouilly, où on les embarquait sur la Loire (2).

Un des plus riches propriétaires du Beaujolais, d'une ancienne famille qui avait joué un grand rôle dans l'histoire de sa province, le marquis de Nagu, conçut le projet de faire remplacer par une grande route le mauvais chemin de Belleville à Pouilly (3). Il le fit adopter par le gouvernement, en 1760. Le tracé de cette route intéressait particulièrement Charlieu; il importait à cette ville que la nouvelle voie passât sous ses murs comme l'ancienne. Malheureusement le tracé l'amenait dans la vallée du *Botorel*, sur la rive gauche de Sornin, d'où il résultait qu'elle

---

(1) Carte de Cassini, n° 86.
(2) Sentence du juge de la ville, de 1671, contre un propriétaire qui avait empiété sur ce chemin.
(3) *Arch. du Rhône*, t. 11, p. 241 cts.

ne pouvait atteindre la ville sans franchir deux fois la rivière sur deux ponts, dont l'un, le pont de pierre, existait, mais l'autre, au-dessous de Charlieu, était à construire; et cette construction exigeait des dépenses. La ville offrit d'y concourir. Elle eut recours, pour soutenir ses intérêts, à M. le marquis de Vichy, qui fit, en 1782, des démarches auprès de l'ingénieur chargé de la route. Les habitants adressèrent à M. de Flesselles, intendant de la généralité de Lyon, un mémoire et un plan avec une lettre de M. de Vichy, auquel il répondit que la décision de cette affaire regardait le ministre; mais que si elle lui était renvoyée, il ferait en sorte de contenter les habitants de Charlieu. La chose en resta là, soit à cause de la révolution qui survint, soit à cause des difficultés qu'on prévoyait rencontrer en traversant les plaines marécageuses de Tigny. La route avait été continuée, cependant, de Tigny à Pouilly; mais la lacune du pont de pierre à Tigny n'a disparu, et le pont nécessaire pour la combler n'a été construit que dans les premières années du règne de Louis-Philippe.

§ II.

Topographie de la ville.

Suivant la *Gallia christiana*, la ville et la rivière de Sornin, qui arrose son territoire, portèrent quelquefois l'une et l'autre le nom latin de *Somna*. Je n'en ai pas trouvé d'exemple. La charte de fondation de l'abbaye (876) nomme Charlieu *Carus locus*; le concile de Châlon (887) l'appelle *Cari locus*. Au XV° siècle, on lui donne préférablement cette dernière dénomination.

La ville était entourée de fossés au commencement du XV⁰ siècle, puisqu'alors eut lieu la contestation entre les moines et les habitants au sujet de la pêche de ces fossés, contestation dont j'ai parlé ci-devant.

J'ai expliqué, dans le paragraphe précédent, comment ils se remplissaient d'eau, principalement par la dérivation du Somplain, aujourd'hui Saint-Nicolas. Ils embrassaient, comme les murs dont je parlerai tout-à-l'heure, la ville tout entière, avec l'abbaye, dans leurs contours.

Près de la porte Chanteloup, un habitant de Charlieu avait utilisé l'eau des fossés pour une scie à eau. Ce *serroir à faire ais et travon*, comme on l'appelait alors, fut en partie détruit en 1620 par la malveillance, puis brûlé en entier en 1631, sous le prétexte qu'une personne pestiférée y était morte. En 1685, le fossé était presque à sec au même endroit, car le prieur concéda au propriétaire d'une maison voisine le droit d'y ouvrir une porte, en perçant le mur de ville. Il y restait seulement quelques eaux mortes, où il lui fut permis d'établir un coffre à poisson.

Je ne reviendrai pas sur ce que j'ai dit dans un des chapitres précédents, au sujet des fortifications de la ville. J'ajouterai seulement que les murailles qui l'entouraient étaient, de loin en loin, flanquées de tours. Il y en avait une, notamment, à l'angle nord de la ville, appelée Tour-Fagot (1); et une autre, au-dessous de la porte Chanteloup.

Les murailles étaient encore presque entières en 1789.

---

(1) Plan de la ville, de 1769.

A cette époque, les fossés n'étaient pas non plus entièrement comblés (1).

On entrait dans la ville par quatre portes principales : la porte *des Moulins*, la porte *Chanteloup*, la porte *Notre-Dame* et le *guichet de Semur*. Aucune n'existe aujourd'hui ; mais on ne peut pénétrer facilement dans la ville que par les entrées qu'elles occupaient, qui en ont conservé les noms. Près de chacune de ces portes, il y avait une pièce pour le corps de garde, qu'on louait quelquefois en temps de paix (2).

Il y en avait d'autres, moins importantes et moins grandes ; tels étaient le guichet à la Denise et la porte Lancelot. Cette dernière, située à côté et au nord de l'abbaye, est encore représentée par l'issue de la ville conduisant au boulevard de la Solitude.

Des habitants étaient chargés d'ouvrir et de fermer ces portes aux heures fixées par les autorités, et même quelquefois de les entretenir, ainsi que les pont-levis, moyennant certains avantages. Ces avantages étaient la culture, en temps de paix, des terrains entre la muraille et le fossé, ou du fossé même dans les derniers siècles (3), et certains droits d'entrées sur les denrées introduites dans la ville. Celui qui se levait sur le bois s'appelait droit de *buchille* ; on le percevait à la porte Notre-Dame. Plusieurs de ces portes avaient encore leur pont-levis en 1754 (4).

---

(1) Plainte portée, en 1789, au conseil municipal, par les habitants contre un de leurs concitoyens, pour usurpation sur les murs et fossés.

(2) Dénombrement fourni par les consuls en 1650. Donation, en 1721, d'une maison joignant le corps de garde de la porte des Moulins.

(3) Même dénombrement.

(4) *Almanach du Lyonnais*, de 1754.

La porte Notre-Dame était ainsi appelée dès l'année 1484, et il est probable qu'elle l'était aussi antérieurement. Elle devait ce nom à une statuette de la Vierge, qui n'était pas en vénération moins grande que celle de l'église paroissiale, et sur laquelle la tradition rapportait d'anciennes légendes populaires. Cette porte était voûtée, et de chaque côté un mur de 25 pieds de hauteur, qui y faisait suite, se prolongeait en dehors. C'est sans doute entre ces murs que se trouvait le pont-levis. Comme ils menaçaient de s'écrouler en 1688, il fallut les démolir, et on les réduisit à six pieds d'élévation. La voûte était surmontée de bâtiments qui tombèrent de vétusté en 1714, et dont la chute l'ébranla et la fendit. A la même époque, le pont-levis était en fort mauvais état et presque hors d'usage. A la requête du procureur du Roi à Charlieu, M. Donguy, seigneur de Marchangy, élu en l'élection de Roanne, fut nommé commissaire, par l'intendant de la généralité de Lyon, pour examiner les choses et ordonner ce qu'il jugerait à propos. Après avoir pris l'avis de deux experts et celui des habitants, le commissaire ordonna de faire les travaux nécessaires pour consolider la porte, et de remplacer le pont-levis par un pont fixe en pierre. Un propriétaire voisin se chargea de faire exécuter l'ouvrage, moyennant le droit de buchille à perpétuité et la faculté de faire construire, sur la voûte de la porte, une chambre qui lui appartiendrait. Tout cela eut lieu en 1715 ou environ.

La porte *Chanteloue* est mentionnée, avec cette orthographe, dans des reconnaissances de 1525 et de 1529. En 1647, on trouve le nom écrit *Chanteloue* et *Chanteloup*.

La porte *des Moulins* fut appelée, primitivement, porte *Maizillère*; au moins portait-elle ce nom en 1517, *Maiseleria*, dans une reconnaissance, en latin, de cette date, car cette reconnaissance et d'autres actes de 1656 désignent la grande rue comme allant de la porte Notre-Dame à la porte *Maizillère*, qui ne peut être, ce me semble, que celle *des Moulins*. Cependant cette dernière dénomination commence à paraître dans un acte de 1652. Son nom de *Maizillère* semble lui être venu d'un puits qui n'en était pas éloigné, appelé puits *Mayselier*, dans la charte d'affranchissement (art. 9); et puits *Maizilliers*, ou *des Clayes*, dans une reconnaissance de 1705.

La porte des Moulins s'écroula en 1776, et les matériaux en furent vendus aux enchères, au mois de janvier 1777. Elle s'appuyait sur le mur du jardin du prieuré, que l'adjudicataire dut laisser intact. On lui imposa aussi la condition de laisser *les pierres de taille nécessaires pour élever deux piliers, de la hauteur de douze pieds, pour former une barrière qui clorait la ville* (1). Si ces piliers furent jamais faits, ils ont été à leur tour démolis depuis longtemps.

En 1709, les portes de la ville fermaient mal, et il y avait des brèches dans les murs. Cette année fut marquée par une *grande disette de grains*; beaucoup de pauvres étrangers, *après avoir été congédiés*, se glissaient de nouveau dans la ville; ils y tombaient malades, en si grand nombre, qu'on craignait qu'ils n'y *causassent une infection*. D'ailleurs, ils y commettaient, de nuit et de jour, beaucoup *de vols et larcins* (2). Pour obvier à ces inconvénients, on tint une assemblée des habitants, le 28 avril de ladite année 1709. Ils donnèrent procuration à M. Donguy, seigneur de Marchangy, dont il a déjà été question

---

(1) Procès-verbal d'adjudication.
(2) Procès-verbal de l'assemblée des habitants dont est parlé ci-après.

dans ce paragraphe, et domicilié alors à Charlieu, pour faire réparer les murs de la ville, *faire clore et murer le guichet à la Denise et fermer les principales portes, qui sont celles appelées des Moulins*, de *Notre-Dame, Chanteloue*, et les guichets de *Semur et des Cordeliers.* Celui-ci est sans doute le même dont j'ai parlé précédemment, sous le nom de porte *Lancelot ;* car la ville n'avait pas, du côté des Cordeliers, d'autre issue que celle-ci. Le prieuré en avait une, mais elle n'était pas à la charge des habitants.

La dépense monta à 200 livres, et on y pourvut avec les *gages des offices de procureur du Roi et de greffier de la communauté*, dont il était dû plusieurs années d'arrérages.

Les rues de la ville étaient sombres et boueuses. Les étages des maisons, en saillie les uns sur les autres, et la longueur démesurée des toits, permettaient aux piétons de circuler à l'abri de la pluie et du soleil; mais aussi ils interceptaient l'air et la lumière. Il n'y avait pas de pavé, ou bien il était mal uni, et sans la pente nécessaire pour l'écoulement des eaux, qui restaient stagnantes dans l'égoût unique creusé au milieu de la rue, et où la fange s'accumulait. Aussi, la plupart des rez-de-chaussée n'étaient-ils guère moins humides et guère moins sombres que des caves. Il ne paraît pas d'ailleurs qu'il y ait eu, avant les deux derniers siècles, des mesures de police un peu sérieuses pour la propreté des rues et la salubrité générale. Encore ces mesures furent-elles peu soutenues et peu efficaces.

Dans la charte d'affranchissement, on trouve trois rues dénommées : la rue *Joyeuse* (art. 9), où il y avait deux puits : l'un appelé *Mareschal*, et l'autre, *Mayselier ;* la rue du *Marais* et la rue de *Chalme* (art. 30). Dans les pièces du procès Mareschal, il n'y en a pas une de citée, pas même celle où était située sa maison, qui est si souvent rappelée.

Dans une vente, en latin, de cens et servis de 1484, on trouve mentionnée la Grande-Rue (Magna Carreria, en 1525 Magnus Vicus, seu Magna Carreria). Dans une reconnaissance en français de 1525, dans deux testaments, l'un de 1607 et l'autre de 1656, on la désigne comme *tendant de la porte Notre-Dame à la porte Maizillère;* ce qui pourrait faire présumer que son étendue était un peu incertaine.

La rue du *Puits-de-Chèvre* portait ce nom dès l'année 1518 (via Putei Capræ, dans un terrier en latin). Elle est dénommée *Puys-Chièvre*, en 1628 et 1644; et rue *Saint-Jacques* en 1734 (dans un acte de vente).

La rue *Chevroterie* paraît, avec ce nom ainsi orthographié, dès l'année 1528; cependant, dans un acte de vente de 1647, on parle de la rue de la *Motonnerie*, *tendant de la porte Chanteloue à la porte Notre-Dame*, ce qui ne peut s'appliquer qu'à la rue Chevroterie.

Le nom de *Chanteloup* n'a été appliqué que sur la fin du siècle dernier, ou peut-être au commencement de celui-ci, à la rue qui le porte. Dans une reconnaissance en latin, de 1438, elle est appelée *Carreria de Boateria*; *Bouterie* en 1604; *Boverye* en 1610; *Bouatterie* en 1665. En 1690, dans un bail à rente perpétuelle, elle est dite: rue *de la Bouetterie, tendant de la porte Chanteloue, pour aller à la boucherie et à la pierre de l'huile.* Comme la boucherie était au-devant de l'église, et la pierre de l'huile dans le voisinage, l'ancienne rue de la Boaterie est évidemment la rue Chanteloup d'aujourd'hui. D'ailleurs, dans le plan de la ville de 1769, on a mis : *Rue de la porte Chanteloup, appelée Boetterie.* Ce nom lui est venu sans doute de ce qu'elle aboutissait à la *place de la Boyterie, au-devant de la porte de Chanteloue* (1), c'est-à-dire, au marché aux bœufs ; il est dérivé de *bos, bovis,* ce qui est encore confirmé par l'autre nom, conforme à cette étymologie, de *Boverie* que nous lui avons trouvé en 1610.

La rue *Mercière* s'appelait rue de la *Fromagerie,* en 1528 et 1560 ; *Fourmagerie* en 1643 ; et rue *Mercière* en 1669.

D'après ce que je viens de dire, les principales rues de Charlieu avaient des noms déjà fort anciens en 1669 ; cependant, une ordonnance de police de cette époque, relative au nettoyage, et où on indique celles qui méritent une propreté spéciale, ne les désigne point (la seule rue Mercière exceptée) par leurs noms, mais bien par leurs points de départ et leurs aboutissants, comme si la dénomination eût laissé place à l'incertitude.

Du reste, il paraît hors de doute que la plupart des rues secondaires n'ont jamais eu de nom.

Dans l'ordonnance de police dont je viens de parler, on ne cite qu'une seule place, celle *au-devant de l'église paroissiale,* qui a pris, à ce qu'il me semble, à la fin du siècle dernier, le nom de place du Marché (2). Sur cette place étaient les boucheries de la ville, appartenant en partie au prieur et en partie à des habitants. Un de ceux-ci, Antoine Jobin, avait, dès l'année 1516, une maison dans ce quartier, au-devant de laquelle était une *petite place* qui

---

(1) Bail à ferme de 1685.
(2) Acte de vente de 1782.

en dépendait, avec des *bancs de boucherie*. Cette place s'appelait *place d'Huile*, parce que le propriétaire y faisait vendre, exclusivement à tous les autres habitants, de l'huile sur une grande table de pierre, dite, à cause de cela, *pierre de l'huile*. Ce droit donna lieu à un procès entre le propriétaire de la pierre et les autres habitants, dans le XVIe siècle. Les derniers succombèrent et le droit subsistait encore en 1782.

Les autres bancs de boucherie faisaient sans doute suite à celui du propriétaire de la pierre à huile, et *la maison du four banal* était tout près *de ladite boucherie* (1), c'est-à-dire à droite de l'église, dans l'une des maisons rebâties aujourd'hui sur la place.

La place devait toucher au cimetière, qui était alors par côté de l'église, au nord, et qu'on appelait *Cimetière des pauvres*, parce que les riches se faisaient enterrer dans l'église même (vente d'une maison, en 1484, *prope ecclesiam sancti Philiberti, juxta parvum cimiterium pauperum dictæ villæ*. Voyez aussi le chap. IV, parag. V, de la 1re partie). Ce cimetière dut devenir hors d'usage, lorsqu'on en eut établi un nouveau, hors de la ville, dans la seconde moitié du XVIIe siècle.

Il y avait autrefois, dans l'intérieur de la ville, des granges, des celliers et autres bâtiments qu'on ne trouve aujourd'hui que dans les champs. Une vente de cens et servis, de 1484, mentionne près de l'église Saint-Philibert une maison haute et basse, avec grange contiguë (*domus alta et bassa, cum grangia dictæ domui contigua*); une autre maison, dans la rue de la Boaterie, avec ses granges (*grangiæ*), verger (*viridarium*), manoir (*curte*), et

---

(1) Traité de 1536.

encore un petit cellier (parvum penus). Un terrier de 1525 fait connaître d'autres granges et celliers au-dedans des murs de la ville.

Ceci s'explique, à ce qu'il me semble, par la nécessité où l'on était souvent, au moyen-âge que les guerres étaient si fréquentes, de mettre à l'abri de l'ennemi, qui eût pu les enlever dans les campagnes, les récoltes, les animaux et les instruments d'agriculture. Le propriétaire qui avait ses terres aux environs de la ville et sa grange dans l'intérieur, courait beaucoup moins de risques que celui à qui cet avantage manquait.

§ III.

Topographie de l'abbaye.

En faisant l'histoire de l'abbaye, j'ai déjà parlé de sa topographie, et je n'ai que peu de chose à ajouter à ce que j'en ai dit. La disposition des principaux bâtiments était celle généralement admise pour les grands établissements monastiques. Au nord, la cour extérieure, avec une porte du côté de la ville, dont un ancien jambage existe encore en place dans le mur d'une maison, et qui s'appelait la *petite porte* (1581) (en 1669, elle était encore surmontée d'une tour carrée avec pont-levis) (1); et une autre porte sur la campagne, à l'ouest, du côté des Cordeliers, appelée *la grande porte* (1656). Aujourd'hui même, on n'entre dans l'abbaye, ou on n'en sort que par l'emplacement de ces anciennes portes. A gauche, en entrant du côté de la ville, se trouvaient l'auditoire de la justice et la prison

(1) Devis des réparations de 1659.

du monastère ; au nord, différents bâtiments peu importants, aujourd'hui démolis. Au nord-ouest, d'autres bâtiments, avec des tours aux angles, et dont l'ensemble, qui existe encore, fait présumer que c'était là que devait se tenir la force armée du couvent. A l'ouest, de l'autre côté de la *grande porte*, de grands bâtiments qui ont dû servir autrefois à la réception des hôtes. Ils se terminaient au sud par une tour d'une grande élévation, qui surpassait tous les édifices de la ville, et annonçait de fort loin au voyageur la domination seigneuriale des moines ; au midi, l'église, orientée suivant l'usage, savoir : l'abside à l'est, le portail à l'ouest. De l'autre côté de l'église, au midi, le cloître ; à l'est du cloître, la salle capitulaire ; au midi, le réfectoire au rez-de-chaussée ; le dortoir au-dessus, qui a dû régner primitivement sur la salle capitulaire, jusque vers l'église ; à la suite du réfectoire, et toujours au midi, les cuisines ; à l'ouest les caves, et au-dessus les greniers. Ceux-ci étaient séparés des bâtiments que j'ai désignés comme ayant dû être affectés au logement des hôtes, et qui les masquaient à l'ouest par une cour, fermée au nord par un portail, et aboutissant, au midi, d'un côté, à la grande tour dont j'ai parlé tout à l'heure, et de l'autre, aux cuisines.

Je ne reviendrai pas sur ce que j'ai dit du château, ou logement du prieur, construit vers la fin du XV° ou au commencement du XVI° siècle.

Le prieuré avait son enceinte et ses fortifications particulières, distinctes de celles de la ville ; il était même séparé de celle-ci par des murs, dans tous les points où il la touchait. Du côté de la campagne, il était entouré de murs et de fossés. Ces fossés se remplissaient d'eau, par le ruisseau de Bonnard et une dérivation du Somplain, comme je l'ai expliqué au premier paragraphe de ce chapitre. Quand ils cessèrent d'être utiles, on les combla et on les mit en jardins; on démolit les anciens murs pour en faire de simples clôtures.

Quant aux bâtiments de la cour, situés à l'ouest, ils furent, dans le même temps, à peu près détournés de leur destination et convertis par les officiers du couvent en logements particuliers, comme je l'ai dit dans l'histoire de l'abbaye.

APPENDICE AU CHAPITRE IV.

Notice sur quelques familles.

§ I.

Famille Dupont.

Il n'y a point de famille qui remonte aussi haut à Charlieu, qui y ait tenu un rang plus élevé, qui se soit maintenue aussi longtemps, sans déchoir, dans la ville ou dans le pays, puisqu'elle y est encore aujourd'hui honorablement représentée. Il est donc juste qu'elle occupe la première place dans ces notices.

La famille Dupont existait à Charlieu dès l'année 1202, avec rang de bourgeoisie, comme le constate une déclaration que donna à cette époque Girard du Pont (Girardus de Ponte, burgensis Carilocí), aux Cordeliers de Charlieu, par laquelle il reconnaît qu'il n'a aucun droit sur le mur que ceux-ci avaient fait bâtir près de sa maison et de son jardin.

Parmi les bourgeois qui signèrent le traité de 1442, dont j'ai parlé ci-devant, entre la ville et le monastère, au sujet de la pêche des fossés de la ville, se trouve un Jean Dupont (Johannes de Ponte). On en retrouve un autre de même prénom, qui est peut-être aussi le même, en 1516. En 1558, il y a un autre Jean Dupont, toujours à

Charlieu. La répétition de ce prénom dans la même famille fait conjecturer qu'on le maintenait par quelque usage particulier. La sœur du dernier Jean Dupont fut mariée à Gilbert de Chaulme-Jehan, écuyer, seigneur de Fourille ; et Jean Dupont prend aussi le titre d'écuyer, dans la quittance de la dot qui fut payée par lui.

En 1580, un Jean Dupont, autre, probablement, que le précédent, et bourgeois de Charlieu, acheta de noble Jacques de Rébé, écuyer, seigneur de Genouilly et de Beauvernay, les granges de la Motte-Alex et de la Lombarderie, situées à Chandon, pour mille écus d'or et quarante écus *d'épingles*.

En 1590, lors de la prise de Charlieu par les ligueurs, dont j'ai parlé dans un des chapitres précédents (chapitre III, section Ire), il y avait dans la ville deux frères Dupont, Jean et François, qui étaient du parti des politiques et avaient contribué à faire ouvrir les portes aux troupes royalistes. Ils avaient, comme la majeure partie de leurs concitoyens, pris les armes pour repousser les ligueurs, lorsque ceux-ci emportèrent Charlieu d'assaut. Malheureusement, ils furent faits prisonniers de guerre par les sieurs de Viteaulx et de Saint-Christophe, qui les mirent à grosses rançons ; leur maison fut pillée et saccagée, et leurs papiers furent perdus pour la plupart. De plus, comme ils s'étaient signalés dans le parti royaliste, leurs biens furent confisqués et donnés par le marquis de Saint-Sorlin, gouverneur de Lyon pour la Ligue, en l'absence de son frère, le duc de Nemours, à un certain Troncsard, qui avait rendu des services à la Sainte-Union. Ceci eut lieu au mois de mai de ladite année 1590. Au mois de septembre suivant, les frères Dupont présentèrent requête au susdit marquis de Saint-Sorlin, pour lui demander main-levée de la confiscation, disant que, lors de la prise de la ville par les ligueurs, ils s'y trouvaient comme habitants, avec leurs biens et leurs familles, obligés de se conformer aux ordres du sieur de Genouilly, qui y commandait, et protestant, du reste, de leur dévouement à la Sainte-Union, sous l'obéissance de laquelle ils désiraient vivre et mourir. Il y a apparence que la confiscation fut levée ; mais non sans perte considérable, outre celle qu'ils avaient éprouvée par le pillage de leur maison.

Ce fut peut-être ce malheur qui obligea Jean Dupont, l'un des deux frères, à engager, pour quatre cents écus, le greffe des tailles de la ville de Charlieu et de la paroisse de Saint-Nizier qu'il avait acheté par adjudication, au mois de mai 1592, pour 380 écus. Pour la même cause, peut-être, il contracta, peu de temps après, une autre obligation où il prend la qualité de seigneur de Bonnefont ; sa fortune n'en resta pas moins considérable.

En 1608, son fils, Philibert Dupont, épousa la fille de Jean de la Ronzière, châtelain et juge royal de la ville de Charlieu. Elle reçut en dot, de son père, un domaine, situé à Saint-Maurice-lès-Châteauneuf, appelé de Montgarend. La même année, le nouvel époux dégagea le greffe des tailles, que son père avait été forcé d'engager. Ces greffes étaient des offices inventés pour faire de l'argent, par le gouvernement, qui les faisait vendre aux enchères. On trouva qu'ils n'avaient pas été portés à leur prix, et ils furent remis aux enchères et adjugés une seconde fois au plus offrant. Celui qu'avait acheté Jean Dupont, en 1592, fut revendu de cette manière en 1599. Philibert Dupont, son fils, qui possédait alors cet office, refusa de le remettre au nouvel acquéreur, s'il n'était d'abord remboursé du prix primitif. Il y eut procès en la cour des Aides, qui prononça en faveur du nouvel adjudicataire, sauf à Dupont à se pourvoir auprès du Roi pour le remboursement de son acquisition. A cette époque, un tel recours était presque toujours illusoire ; et comme le greffe n'était pas encore trop cher, apparemment, pour les deux prix, ancien et nouveau, réunis, Philibert Dupont remboursa le nouvel acquéreur et garda le greffe, qui lui revint ainsi à 1925 livres. Puis il travailla, sinon à se faire rembourser du premier prix par le Roi, du moins à faire consolider entre ses mains la propriété de ce greffe si chèrement acheté. A ces fins, il se pourvut auprès de Henri IV, qui lui accorda, en 1608, des lettres patentes, datées de Fontainebleau, où il est dit : « Notre amé » Philibert Dupont, fils de feu Jehan Dupont, nous a » fait remontrer, etc.; et attendu que le fonds de nos finan- » ces ne peut, quant à présent, porter son rembourse- » ment, suivant ledit arrêt de la cour des Aides, avons » dit et ordonné... que ledit Dupont, ses hoirs et ayants » cause, jouissent paisiblement et pleinement, par for- » me d'engagement et faculté de rachat perpétuel, des- » dits greffes des tailles de Charlieu et Saint-Nizier, pour » la somme de 1925 livres.... sans qu'il ou sesdits hoirs » puissent être dépossédés, sinon en le remboursant ac- » tuellement de ladite somme, frais et loyaux coûts, etc.»

Quoique cette déclaration ne fût que de stricte justice, on peut cependant, eu égard au temps, la considérer comme une faveur basée sur l'ancienne affection de la famille au parti royaliste, ou sur la considération dont Philibert Dupont jouissait auprès de personnes influentes sur le Roi.

En 1622, le même Philibert Dupont acheta l'office de

grenetier au grenier à sel de Charlieu, et le Roi lui en donna des lettres de provision le 9 janvier 1623.

Il prêta à la ville de Charlieu, qui était fort obérée, 600 livres en 1628. La même année, les habitants, assemblés pour les affaires de la commune, lui donnèrent procuration pour aller recevoir à Lyon, en leur nom, 600 livres allouées à l'Hôtel-Dieu de Charlieu, sur la confiscation des biens de défunt François Damas, écuyer, sieur d'Eguilly. En 1630, il acheta de la ville l'office de commissaire des tailles de Charlieu. Cet office, comme celui du greffe des tailles dont il a été question dans cette notice, avait été créé par le gouvernement pour se procurer de l'argent ; et comme il n'avait pas été vendu trop cher, la ville l'avait acheté pour en avoir les bénéfices. Elle le revendit à Philibert Dupont, moyennant 2450 livres, dont elle avait besoin pour payer ses dettes. Il était dû à Philibert même 250 livres, dont il avait fait l'avance; il était à la fois l'homme de confiance et l'homme de ressource de la cité.

Au mois d'avril 1630, le Roi qui avait créé, sur la fin de l'année précédente, *une élection en chef* dans la ville de Roanne, avec *pareil nombre d'officiers, gaiges et droits, priviléges et exemptions* dont *jouissaient les officiers des autres* élections du royaume, *donna et octroya* à Philibert Dupont *l'office de conseiller* et *lieutenant en ladite élection, auquel, depuis l'édit de création, n'avait pas encore été pourvu.* Cependant, soit que Philibert revendit cet office sur le champ, soit que, pour quelque cause inconnue, il ne put être mis en possession en vertu de ces lettres, il acheta un pareil titre en 1631, de noble Messire Jean Donguy, pour le prix de 14952 livres, payables en plusieurs termes, dont le dernier échéait en 1635. Le revenu principal de cet office provenait de la levée de six deniers pour livre *sur tous les deniers contenus au rôle des paroisses*, imposés *soit pour les affaires* du Roi, *soit pour celles des villes, paroisses et communautés, et pour quelque cause que ce fût*. M. Dupont entra en fonctions au mois de janvier 1632. Cette charge de lieutenant en l'élection de Roanne demeura longtemps dans la famille; elle y était encore en 1680. Ces fonctionnaires, qu'on appelait alors communément les élus, formaient un tribunal chargé de la répartition des impôts et de la décision de toutes les difficultés qui s'élevaient, sur cette matière, entre les contribuables et entre les contribuables et le gouvernement.

Philibert Dupont mourut avant 1647, et laissa, à ce qu'il semble, trois fils : 1° Gaspard Dupont, seigneur du Liesme, qui fut conseiller du Roi et lieutenant en l'élection de Roanne; 2° Frédéric, qui fut conseiller du Roi, contrôleur au grenier à sel de Charlieu, avocat en parlement, juge bailli de Charlieu; 3° Jean Dupont, avocat au parlement, seigneur de Dinnechin. Ce dernier vendit, en 1647, le domaine de Pierrefay, situé en la commune de Saint-Nizier, à Jean Beraud, seigneur de Ressins et autres places, chevalier, trésorier général de France au bureau des finances de Lyon.

La terre du Liesme était située à Saint-Bonnet-de-Cray; elle consistait en *trois domaines et métairies*, dont l'une, appelée *Liesme*, avec justice haute, moyenne et basse, cens et servis, rentes nobles. Dans les papiers de la famille se trouve encore la provision de l'office de greffier en la juridiction et seigneurie du Liesme, donnée à Louis Marcbenoit, notaire royal et procureur ez cours de Charlieu, par ledit Gaspard Dupont, seigneur du Liesme.

Jean Dupont, seigneur de Dinnechin, avait épousé, en

1643, Marguerite Lemulier, fille de Jean Lemulier, lieutenant au bailliage de Mâcon; mais il mourut sans enfant, à ce qu'il paraît; car en 1666, Gaspard, son frère, le lieutenant en l'élection, possédait la seigneurie de Dinnechin, et il vendit cette année-là à Frédéric, son frère, le bailli, la terre et seigneurie du Liesme.

Dans un acte de 1671, ce dernier est aussi qualifié de seigneur d'Egrivay; il avait acheté cette terre ou l'avait eue par mariage, à une époque qui n'est point déterminée. Il était, à la même époque, châtelain royal de Charlieu, soit qu'il eût renoncé à ses fonctions de bailli pour prendre celles-ci, soit qu'il remplît en même temps les unes et les autres.

En 1677, suivant la déclaration de Louis XIV du 18 mars, Gaspard fit foi et hommage au Roi en la chambre des comptes de Dijon, pour sa terre et seigneurie de Dinnechin, qui relevait de la couronne, à cause du duché de Bourgogne et du comté de Mâconnais.

Gaspard mourut en 1687; il avait épousé Christine Durier, sœur de Messire Pierre Durier, seigneur de la Garde, et de Messire Christophe Durier, seigneur de Malzair; il en eut plusieurs enfants encore mineurs à son décès. Dans le conseil de famille, qui fut tenu pour régler la dépense relative à leur éducation, paraît Christophe Dupont, cousin germain des mineurs, sans autre qualité. Ce doit être un fils de Frédéric, alors décédé, puisqu'il ne paraît pas au conseil de famille.

Christophe avait conservé la seigneurie d'Egrivay qu'avait eue son père, et il fut, au commencement du XVIIe siècle, conseiller du Roi, *officier en la châtellenie royale, prévôt, juge criminel* de la ville de Charlieu.

Louis, un des enfants de Gaspard laissés par celui-ci

mineurs à son décès, entra *dans les gendarmes de la compagnie de la garde ordinaire du Roi*; en 1703, il *servait en qualité de quartier-maître près la personne* du monarque, qui lui accorda, cette même année, au mois d'octobre, des lettres de sursis pour tout procès jusqu'à la fin de décembre suivant. Ces lettres, datées de Fontainebleau, signées Louis et contre-signées Chamillard, sont motivées sur ce que le service dont M. Dupont était chargé près du Roi, ne lui permettait pas de s'occuper de ses affaires. Il devint, en 1709, aide-major au régiment d'infanterie de Bouhier, puis capitaine au même régiment, en 1710. Cette même année, il lui fut accordé de nouvelles lettres de sursis, motivées comme les premières. Il possédait en même temps la seigneurie de Dinnechin, qui lui était échue apparemment dans le partage de l'héritage paternel. Il se maria en 1713.

Depuis cette époque, la famille sembla avoir renoncé aux fonctions civiles pour s'adonner aux armes. En 1744, il y a un M. Dupont d'Egrivay (fils de Christophe sans doute) dans les gendarmes de la garde ordinaire du Roi et servant en cette qualité près de sa personne. Vers le même temps, un Louis Dupont (probablement fils de l'autre Louis, dont j'ai parlé) était lieutenant au régiment de Boulonnois. Il était, en 1750, seigneur de Dinnechin, et fut nommé gouverneur de la ville de Charlieu. Il conserva ces fonctions jusqu'à la révolution. Ses descendants possèdent encore aujourd'hui la terre de Dinnechin; et l'un d'eux a dignement porté les armes au service de la France, à l'exemple de ses ancêtres.

J'ai dit, en parlant de l'église Saint-Philibert, que cette famille y possédait la chapelle dédiée à saint Roch, avec un caveau pour la sépulture de ses membres.

Elle a des armes anciennes, vérifiées en 1697 par les *commissaires généraux du conseil, députés sur le fait des armoiries*. Elles furent enregistrées à l'armorial général, dans le registre coté *Lyon*, et le brevet en fut délivré par Charles d'Hozier, garde de l'armorial général de France.

Ces armes sont d'azur au lion d'or, armé, lampassé, tenant de deux pattes une hache levée, le tranchant en avant, et fixant le soleil; le tout également d'or. Ces armes ont eu quelquefois un pont pour support, ce qui les rendait *parlantes*.

Je ne terminerai point cette notice sur la famille Dupont, sans témoigner mes regrets de ne pouvoir l'offrir à M. Claude-Clément Dupont de Dinnechin, décédé en 1854, à l'âge de 80 ans. J'avais conçu une vénération toute particulière pour ce digne vieillard, auquel je dois beaucoup de documents employés dans cette histoire. Je prie ses enfants de recevoir en son lieu cet hommage, qui m'est inspiré par la reconnaissance et le respect pour sa mémoire.

§ II.

Famille De la Ronzière.

Après la famille Dupont, c'est la famille De la Ronzière qui a tenu le rang le plus élevé, dont l'origine est la plus ancienne, et qui a duré le plus longtemps à Charlieu. On la trouve tout d'abord dans les fonctions du notariat. Dès l'année 1400 et pendant tout le XV° siècle, il y eut des De la Ronzière notaires; et comme alors on latinisait tout dans les actes, jusqu'aux noms propres, il y en a quantité de cette époque signés *de Ronzeria*. C'est un notaire de cette famille qui reçut, en 1442, le traité entre les moines et les habitants de Charlieu, au sujet de la pêche des fossés. L'acte commence en ces termes : « Nicholaus de Ron» zeria de Cariloco, auctoritate regia, publicus notarius et » curiæ prioris et conventus Cariloci juratus, personali» ter constitutus, etc. » Au nombre des bourgeois qui représentaient la ville dans ce traité, il y a un autre *de Ronzeria*, de la même famille sans doute.

Au XVI° siècle, on trouve plus souvent dans les papiers de la famille, le simple titre de bourgeois que celui de notaire. Au XVII°, ce sont les titres de la magistrature qui dominent. En 1600, Jean De la Ronzière, témoin au mariage d'Anne d'Apchon avec Gilbert Duvernay, se qualifie chevalier, juge royal de Charlieu. Il remplissait encore ces fonctions en 1623. Vers le même temps, un autre De la Ronzière (Philippe) était grenetier au grenier à sel de Charlieu, prévôt, juge ordinaire, civil et criminel, c'est-à-dire juge seigneurial. Il devint, en 1629, seigneur d'Egrivay, et il échangea, à ce qu'il paraît, avec Jean, la place de prévôt contre celle de juge royal. Il parvint de plus, en 1636, aux fonctions d'élu en l'élection de Roanne.

Pendant le XVII° siècle, la famille occupa presque constamment la judicature royale et seigneuriale de Charlieu, partagée, comme au commencement, entre deux de ses membres. Vers le milieu du même siècle, la seigneurie d'Egrivay sortit de ses mains pour passer dans la famille Dupont, probablement par le mariage de Louise De la Ronzière avec Philibert Dupont; mais elle acquit ensuite la terre de la Douze. Du reste, elle était riche en propriétés territoriales.

Au siècle dernier, cette famille a été une des plus influentes de la ville, soit dans les assemblées générales, soit dans celles du corps municipal, tandis qu'il subsista. Elle paraît avoir été à la tête de l'opposition qui s'était formée contre les prérogatives seigneuriales des Bénédictins.

Le dernier rejeton mâle de cette famille est mort jeune, au moment où son éducation achevée et l'excellence de ses qualités faisaient concevoir les plus belles espérances pour son avenir. Son dernier représentant, du côté féminin, tient, comme ses ancêtres, un rang élevé dans la ville. Il occupe la première place dans l'administration municipale.

La famille De la Ronzière possédait dans l'église paroissiale la chapelle dédiée autrefois à saint Claude et maintenant à saint Joseph. On voit encore, dans la clef de voûte, ses armes, où il y a trois trèfles. J'ignore quelles en étaient les couleurs.

§ III.

Famille Dessirvinges.

Comme la famille De la Ronzière, la famille Dessirvinges paraît d'abord dans le notariat, et vers la même époque environ, c'est-à-dire au XV° siècle. Les notaires signaient leurs actes, en latin, *Dessirvingiis*.

Au commencement du XVI° siècle, un membre de cette famille possédait l'office d'aumônier du prieuré (venerabilis et religiosus vir, frater Joannes Dessirvingiis, eleemosinarius prioratus carilocensis). Sur la fin du même siècle, il y en avait un, greffier de la justice seigneuriale de Charlieu, et un autre juge d'Amplepuis. En 1594, dans cette année critique où la ville se trouvait pressée entre le parti royal et celui de la Ligue, il y avait un Dessirvinges au nombre des cinq consuls.

Au commencement du XVIIe siècle, Benoît Dessirvinges est greffier de la châtellenie de Charlieu, et Claude remplit les fonctions de procureur.

Vers 1640 ou environ, Robert Dessirvinges devient seigneur de Sevelinges, par son mariage avec l'héritière de cette terre, si je ne me trompe dans mes conjectures. En 1655, on trouve un Charles Dessirvinges, seigneur de Beaulieu, capitaine dans un régiment.

Sur la fin du XVIIe siècle, Robert Dessirvinges ayant été assigné en paiement de cens et servis dûs à l'hôpital sur des fonds dépendant de la terre de Sevelinges, il y eut cela de singulier que, au nombre des anciennes reconnaissances produites contre lui, il y en avait une de passée devant un de ses ancêtres en 1521 (coram Claudio Dessirvinges, clerico notario publico).

Au XVIIIe siècle, Louis-Robert Dessirvinges était seigneur de Sevelinges, de la Motte-Camp, du Liesme et autres lieux. Il demeurait à Charlieu en 1783.

Le dernier rejeton mâle de cette famille est mort à Paris célibataire, postérieurement à 1830.

§ IV.

Famille De la Rivoire.

Cette famille remonte aussi haut que les deux précédentes dans la ville, où elle a joué un rôle assez brillant jusqu'à la fin du XVIIe siècle ; c'est aussi par le notariat qu'elle est parvenue. Le XVe siècle vit plusieurs De la Rivoire (de Rivoria) notaires à Charlieu. Au XVIe siècle, il y en eut quelques-uns dans la magistrature. C'est chez l'un d'eux que le fameux hérésiarque Servet demeura pendant son séjour à Charlieu, comme je l'ai dit ailleurs (chap. III, 2ᵉ part.). La famille a probablement tiré son nom du lieu qui le porte encore aujourd'hui, entre la ville et le pont de Saint-Nicolas, où je présume qu'était son manoir originaire, en même temps qu'un moulin qui a subsisté jusqu'en 1789 environ.

Pendant le XVIIe siècle, il y eut plusieurs De la Rivoire dans le barreau et un dans la profession de médecin. Sur la fin du même siècle, on en trouve un au service militaire, qui devint capitaine de grenadiers en 1703. Vers la même époque, un membre de la famille était religieux à l'abbaye de Redon en Bretagne, et un autre était depuis longtemps fixé à Paris, où il avait fait dans le négoce une fortune considérable. En 1697, il maria une de ses filles à M. du Fourny, *commissaire des vivres de la maison de M. de Saint-Pouange*. Peu de temps après, la branche restée à Charlieu quitta aussi la ville, ou s'éteignit sans postérité.

La famille De la Rivoire avait son tombeau dans la chapelle de saint André de l'église du prieuré de Charlieu, comme je l'ai dit en parlant de cette église.

§ V.

Familles diverses.

Il y a eu, à Charlieu, plusieurs autres familles marquantes, mais dont le rôle a été beaucoup plus court, soit qu'elles aient quitté la ville, qu'elles aient disparu faute de descendance, ou qu'elles aient déchu de leur rang. Je dirai quelques mots de celles sur lesquelles j'ai trouvé des documents.

J'ai parlé de la famille Mareschal, en racontant l'histoire

du dernier de ses représentants (chap. II, 2ᵉ part.). Elle brilla pendant trois siècles, du XIIIᵉ au XVᵉ.

Sur la fin du XVᵉ siècle, apparaît la famille Cyberand, qui se produit, comme beaucoup d'autres, par le notariat. Au commencement du XVIᵉ siècle, un de ses membres est à la fois seigneur de Boyé *et juge ordinaire de Charlieu*. Au XVIIᵉ siècle, un autre Cyberand, aussi seigneur de Boyé, fonde le couvent des Ursulines, comme je l'ai dit en parlant de cet établissement (chap. VI, 1ʳᵉ partie de l'Histoire de Charlieu). Il mourut, je crois, sans postérité, et la famille s'éteignit avec lui.

D'autres familles, parvenues plus tard, ont disparu plus tôt, et n'ont jeté qu'un éclat de peu de durée. Telle est celle des Jobin, fort riche à la fin du XVᵉ siècle et au commencement du XVIᵉ, et qui a laissé en souvenir d'elle son nom à la grange qui le porte encore.

Telle est aussi la famille Picat, qui se fait remarquer dans la magistrature et les résolutions de la cité, dans les époques critiques de la transition du XVIᵉ au XVIIᵉ siècle.

Telle est encore celle, plus remarquable, des Gayan, qui remplit tout le XVIᵉ siècle et une partie du suivant; qui vit un de ses membres châtelain royal, un autre seigneur de Jarnosse, et un troisième pourvu de l'office d'aumônier du prieuré. L'un d'eux fut un furieux ligueur, dont j'ai eu occasion de parler (chap. III, sect. Iʳᵉ), et je crois qu'ils ont donné leur nom à ce faubourg de la ville qui le porte encore sur la route de Roanne.

La famille Donguy se montre à Charlieu vers le milieu du XVIIᵉ siècle et s'y maintient jusqu'au milieu du suivant. Elle était originaire de Lyon et y est retournée, ou plutôt elle ne l'a jamais quitté entièrement. Un Donguy fut, au XVIIᵉ siècle, président en l'élection de Roanne; c'est, je crois, en faveur d'un de ses frères que Louis XIV érigea, en 1675, la seigneurie de Mably en vicomté. Il y en eut ensuite deux autres, l'un seigneur de Malfarat, et l'autre seigneur de Marchangy, élu en l'élection de Roanne, mais ayant domicile à Charlieu. Ce dernier obtint une grande influence dans les affaires de la ville, dont il fut chargé à plusieurs reprises. C'est à lui ou à un autre membre de la famille, que Charlieu dut l'établissement de l'ancien cimetière et de la chapelle qui y fut construite, comme je l'ai dit en son lieu. Plusieurs Donguy, seigneurs de Malfarat, avaient en même temps le titre de lieutenant de la vénerie du Roi. Cette famille disparaît à Charlieu vers le milieu du siècle dernier.

La famille de Tigny n'est point originaire de Charlieu. Elle y est venue au commencement du XVIIIe siècle. On la trouve, du moins pour la première fois à cette époque, représentée par M. Claude-Marie Tillard, sieur de Tigny, chevalier du Roi, lieutenant de la mairie de Charlieu. En 1710, il joignit à cet office celui de châtelain royal, qui demeura, je crois, dans la famille jusqu'au moment de la révolution. Le dernier en titre, Claude-Marie-Gilbert Tillard de Tigny, se signala par son opposition à la domination que les Bénédictins voulaient s'arroger sur la ville et à leurs entreprises sur la justice royale qu'ils s'efforçaient de restreindre. Il entama, pour soutenir contre eux les droits de cette justice, au parlement de Paris, un procès qui durait sans doute encore au moment de la révolution.

FIN.

MERCURIALES
DU MARCHÉ DE CHARLIEU
de 1626 à 1786
Pour le Froment, le Seigle et l'Avoine.

Années.	Froment.		Seigle.		Avoine.	
	₶	s.	₶	s.	₶	s.
1626	1	8	1	3		9
27	2	1	1	10		8
28	1	5		19		8
29	2	1	1	12		9
30	4	2	3	6		18
Moyenne	2	3.1/2	1	14		10.1/2
1631	1	6		18		10
32	1	2		15		9
33	1			13		8
34		17		13		7
35	1			13		9
36	1	7		19		11
37	1	12	1	04		15
38	1	4	1			11
39	1			14		9
40	1	9	1	2		11
Moyenne	1	3.1/2		17		10
1641	1	16	1	12		11
42	2	4	1	14		9
43	2	4	1	14		14
44	4	4	1	17		13
45	1	5		17		11
46	1			15		12
47	1	3		18		9
48	1	3		18		13
49	2	9	1	19		14
50	1	17	1	7		9
Moyenne	1	18.1/2	1	7		11.1/2
1651	2	19	2	9		19
52	4	2	3	2		18
53	1	15	1	5	1	
54	1	8		17		16
55	1	9	1	3		12
56	1	10	1	2		12
1657	1	7		19		10
58	2		1	12		12
59	1	19	1	11		12
60	1	19	1	11		12
Moyenne	2	1	1	11		14.1/5
1661	2	8	1	16		13
62	1	16	1	4		12
63	1	14	1	4		11
64	1	18	1	11		11
65	1	17	1	14		10
66	1	14	1	6		7
67	1	2		16		12
68	1	6		16		9
69	1	8	1			11
70	1	4		15		10
Moyenne	1	12.1/2	1	4.1/4		10.1/2
1671	1	4		16		9
72		17		13		9
73		17		13		8
74	1	4		16		10
75	1	9	1	4		11
76	1	3	1			10
77	1	5	1			9
78	1	5		19		11
79	1	15	1	8		13
80	1	14	1	4		11
Moyenne	1	5.1/4		19.1/4		10
1681	1	6	1	2		11
82	1	3		17		9
83	1			16		9
84	1	6		17		11
85	1	4		17		12
86	1	2		16		10
87	1	1		14		9

Années.	Froment		Seigle		Avoine		Années.	Froment		Seigle		Avoine	
	#	s.	#	s.	#	s.		#	s.	#	s.	#	s.
1688	1	2		17		11	1730	2		1	10		12
89	1	3		18		8	Moyenne	2	0 1/4	1	7 1/2		13
90	1	11	1	7		9	1731	1	16	1	7		16
Moyenne	1	3 3/4		18 1/4		9 1/2	32	1	19	1	10		10
1691	2		1	15		10	33	2	3	1	12		11
92	1	15	1	6		12	34	1	18	1	8		11
93	3	10	3	1	1		35	2	3	1	13		10
94	2	3	1	13		16	36	2	11	2	2		11
95	1	14	1	5		12	37	1	17	1	7		10
96	1	8	1			9	38	2	8	1	18		15
97	1	12	1	3		9	39	2	16	2	1		19
98	3	3	2	12		14	40	3	5	2	15		15
99	2	16	2	5		16	Moyenne	2	5 1/2	1	15 1/4		13
1700	1	19	1	7		9	1741	2	18	2	10		18
Moyenne	2	4	1	14 1/2		12 1/2	42	1	15	1	4		12
1701	2	2	1	12		11	43	1	11		19		11
2	1	12	1	5		9	44	1	13	1	4		17
3	1	5		19		6	45	1	18	1	9		12
4	1	6		17		9	46	2	9	1	17	1	
5	1	7		18		12	47	3	4	2	13		17
6	1	3		18		8	48	3	15	2	9	1	
7	1	3		18		9	49	3	11	3	5		17
8	2	18	2	17		15	50	2		1	10		11
9	6	8	4	10		19	Moyenne	2	9 1/2	1	18		15 1/2
1710	2	8	1	14		9	1751	2	8	1	17		16
Moyenne	2	11 1/4	1	12 3/4		10 1/2	52	2	13	2	2		17
1711	1	19	1	14		10	53	2	2	1	12		16
12	3	10	2	19		16	54	1	17	1	7		11
13	4		3	3		19	55	1	19	1	9		12
14	2	6	1	15		18	56	2	7	1	17		12
15	1	5		15		6	57	2	19	2	8		14
16	1	1		15		8	58	2	16	2	6		12
17							59	2	17	2	7		14
18							60	2	10	2			12
19							Moyenne	2	9	1	18 1/2		13 1/2
20	2	5	1	15		14	1761	2	8	1	18		13
Moyenne	2	6 1/2	1	16 1/2		13	62	1	17	1	7		18
1721	1	19	1	5		10	63	1	18	1	8		13
22	2	2	1	7		14	64	2		1	10		18
23	2	5	1	9		19	65	2	13	2	4		15
24	2	9	1	14		19	66	3	13	2	19		17
25	2	3	1	4		10	67	3	6	2	16		15
26	2		1	6		10	68	3	7	2	15		15
27	1	16	1	6		10	69	3	5	2	15		15
28	1	10	1	4		11	70	4	19	4	10	1	4
29	1	19	1	10		14	Moyenne	2	18 1/2	2	8		16 1/4

Années.	Froment.	Seigle.	Avoine.	Années.	Froment.	Seigle.	Avoine.
	₶ s.	₶ s.	₶ s.		₶ s.	₶ s.	₶ s.
1771	4 18	3 19	1 4	1781	3 5	2 7	19
72	4	3	1 6	82	4 5	3 5	1 7
73	3 12	2 18	1 3	83	3 15	2 17	17
74	4	3 10	1 4	84	3 3	2 7	1 3
Moyenne	4 2 1/2	3 6 3/4	1 4 1/4	85	2 15	2 5	1
				86	2 18	2 4	1
				Moyenne	3 7	2 11	1 1

TABLEAU RÉCAPITULATIF DES MOYENNES.

		Froment.	Seigle.	Avoine.
1626 à 1630,	5 ans.	1₶ 3 s. 1/2	1₶ 14 s.	»₶ 10 s. 1/2
1631 à 1640,	10 ans.	1 3 1/2	17	» 10
1641 à 1650,	10 ans.	1 18 1/2	17	» 11 1/2
1651 à 1660,	10 ans.	2 1	1 11	» 14 1/4
1661 à 1670,	10 ans.	1 12 1/2	1 4 1/4	» 10 1/2
1671 à 1680,	10 ans.	1 5 1/4	19 1/4	» 10
1681 à 1690,	10 ans.	1 3 3/4	18 1/4	» 9 1/2
1691 à 1700,	10 ans.	2 4	1 14 1/2	» 12 1/2
1701 à 1710,	10 ans.	2 11 1/4	1 12 3/4	» 10 1/2
1711 à 1716,	6 ans.	2 7	1 17	» 13
1721 à 1730,	10 ans.	2	1 7 1/2	» 13
1731 à 1740,	10 ans.	2 5 1/2	1 15 1/4	» 13
1741 à 1750,	10 ans.	2 9 1/2	1 18	» 15 1/2
1751 à 1760,	10 ans.	2 9	1 18 1/2	» 13 1/2
1761 à 1770,	10 ans.	2 18 1/2	2 8	» 16 1/4
1771 à 1774,	4 ans.	4 2 1/2	3 6 3/4	1 4 1/4
1781 à 1786,	6 ans.	3 7	2 11	1 1

OBSERVATIONS : Dans le période de temps embrassé par les tableaux précédents, l'année où le prix du froment a été le plus bas est l'année

1672, dans laquelle il n'a coûté que 17 s.; celle où il a été le plus élevé est l'année 1709, dans laquelle il a coûté 6 ᶠᵗ 8 sols.

Il est à remarquer qu'en l'année 1662, pendant laquelle il y eut famine au nord de la Loire (*Hist. des Classes agricoles* par M. Bareste de la Chavanne, p. 251 et 285), le froment ne valut à Charlieu que une livre 16 sols.

COPIE

De la charte de priviléges donnée aux habitants de Charlieu.

Hec est copia privilegiorum burgensium et habitantium urbis Cariloci, concessa per Dominos tunc priorem et conventum Cariloci, consentiente bone memorie Domino Hugone, tunc abbate cluniacensi, coram Domino Petro de Roceys, ad hoc, a Domino Rege Francie, specialiter destinato.

1 In primis confitentur dicti abbas et prior et eorum conventus quod dicta villa Cariloci libera est et francha et quod in ea et ejus habitatoribus nulla potest fieri exactio tallia nulla neque susprisia, neque nulla nova consuetudo potest in ea introduci aut allevari.

2 Item. Si ab intestato, aut ex testamento, jure successionis aut legati alicujus defuncti, bona sua in dicta villa et franchesia ad aliquem de parentibus ejus aut liberis, aut etiam consanguineis, agnatis et cognatis in quarto gradu, aut infra constitutis, devenerint, nullam recognitionem debuerunt suscipere. Idem in viro et uxore intelligendum est. In aliis vero personis de bonis immobilibus, si aliquod predictorum bonorum eis invicem obvenient, debentur ecclesie pro recognitione tantum quantum pro venditione.

3 Item. Si aliquis in dicta villa res suas causa salvatio-

nis apportaverit, salve debent esse, nisi pro debito proprio et fidejussione aut proprio excessu arrestentur.

4 Item. Cuilibet moranti in dicta villa seu franchesia debet ei judex dari sine suspicione.

5 Item. Si aliquis fecerit injuriam in dicta villa et ejus franchesia et bona habeat, pro quibus facta injuria aut dicta valeat emendari, corpus ejus non debet capi nec arrestari.

6 Item. Si prior ecclesie Cariloci, aut aliquis de dicta ecclesia, aliquem de dicta franchesia in propria persona appellaverit, non tenetur firmare aut fide jubere, nisi super rebus quas ab eis tenet, quas res destando quivis debet obligare; et si bona non habeat, tenetur pro posse plegiare.

7 Item. Reo offerri debet petite inseptis sigillo aut sigillata.

8 Item. Si producuntur testes in curia contra aliquem, potest aliquis de ejus consilio in examinatione testium interesse.

9 Item. Res quas habitantes et habitatores Cariloci, seu etiam alii, in dicto loco et ejus franchesia ab ecclesia predicta tenent ad censum, possunt vendere et pignorare, seu quolibet alio modo alienare; excepto dumtaxat ecclesiis et locis religiosis et militibus; ita tamen, quod cum res venditur, debet ecclesia ab emptoribus percipere, pro venditione, quantam pecuniam quanta est tertia decima pars pretii rei vendite; salvo q. in vico jocoso, a puteo dicto Marechal, usque ad puteum dictum Mayselier, debet ecclesia percipere duplum quod dictum fuit in premissis.

10 Item. Res predictas, quam ab ipsa ecclesia tenent ad censum, possunt accensare cui volunt; exceptis ecclesiis et locis religiosis et personis supradictis, ita tamen,

quod si major census re aliqua statuatur q. dicta ecclesia percipiet, eadem non potest accensator, pro quolibet denario qui primum censum excedit, ultra duodecim denarios recipere de mutagio; q. de eo quod ultra dictos duodecim denarios percipiet, det ecclesie venditiones juxta modum qui in rebus venditis superius est expressum. Si autem ille qui primo tenebat ab ecclesia rem ad censum alii eam ut predictum est accensavit, et ille secundus eam vendat, debent tam ecclesia quam primus accensator, qui rem ab ecclesia immediate tenebat, quibuslibet ab emptoribus percipere integras venditiones que superius fuerunt expresse. Alii vero accensatores, scilicet secundus et tertius et deinceps, nullas venditiones aut laudes percipient de eisdem.

11 Item. Burgenses et habitatores, in dicta franchesia, possunt debitorem suum aut fidejussorem pignorare et etiam vendere pignora in foro dicte ville; et si negent pignus venditum, debet probare venditor venditionem, si hoc ab eo, infra quadraginta dies, exigatur. Ex tunc, autem, debet ei credi per juramentum sine alia probatione. Si etiam recredentia petatur a debitore, aut a fidejussore pignorato, infra octo dies post captionem pignoris; si supra sancta Dei Evangelia juraverit quod creditori in aliquo non tenetur rebus recredentia, datis tamen bonis et securis fidejussoribus, in manu creditoris aut ejus mandati pro recredentia ei facta.

12 Item. Si querela, contentio aut rixa inter homines dicte ville forte evaserit, quislibet potest eas pacificare.

13 Item. Si prior dicte ville alicui terras ad censum annualem dederit, debet sibi et heredibus suis in pace remanere; et si obedientiarius ecclesie idem fecerit de assensu prioris, sibi decreta remaneant pacifice in quiete.

14 Item. Si querela emerserit inter milites et burgenses dicte ville et clamor ad curiam prioris devenerit, debent a dicto priore sine amenda judicari.

15 Item. Si quis conqueratur ad curiam pro debito et sine contradictione debitum confiteatur, nulla emenda inde debetur.

16 Item. Si pro facta injuria aut dicta, clamor ad priorem, vel ad ejus certum mandatum, fuerit factus; is cui incumbit injuria tres solidos et dimidium solvat pro emenda.

17 Item. Si aliquis, in dicta villa, aliquem malitiose egrossavit, aut de pigno percussit et inde fiat effusio sanguinis et clamor ad curiam factus fuerit, solutis septem solidis pro emenda liberatur; hoc salvo quod primo sit passo injuriam satisfactum.

18 Item. Qui malitiose sanguinem de gladio fecit, videlicet scutello, ense, lancea, sive clamor factus fuerit aut non, sexaginta solidos et dimidium solvat pro emenda. In ceteris autem casibus, de quibus emenda debetur, debetur primo passo injuriam emendari.

19 Item. Qui falsam ulnam, falsum pondus, ad emendum aut vendendum, tenuerunt, et super hoc probati fuerunt aut convicti, 60 solidos et dimidium solvant pro emenda. Nihilominus, super hoc jurare tenentur quod tunc ex certa scientia non processerint; et si bis aut ter super hoc reprehensus fuerit (sic) et fama laboret contra ipsum, predictam penam solvat et officium irrecuparabiliter amittat.

20 Item. Non debet aliquis judicari ad mortem aut amissionem membri, in dicta villa, nisi burgenses dicte ville ad ipsum judicandum vocati fuerint et admissi.

21 Item. Si burgensis, aut habitator prefate ville, in

curia ecclesie Cariloci sumere jus voluerit, non potest et debet de priore (sic), nec ab alio, in nomine dicte ecclesie, in alia curia conveniri aut citari.

22 Item. Non debet aliquis veniens ad forum gagiari, nisi fuerit debitor principalis aut fidejussor.

23 Item. Nemo debet emere aliqua cibaria extra portas ville, in die mercati, exceptis comestis que statuta sunt vendi extra villam; quod si fecerit, rem emptam amittat.

24 Item. Burgenses dicte ville possunt tassare blada apportata in dicta villa, ab illis qui in dicta villa non manent, cum necesse fuerit ad opus ponende reclausure ville; videlicet pro quolibet quartallo cupam unam.

25 Item. Si burgenses claudere villam de fossatis volunt, ecclesia debet tertias acquitare; et si id idem de muris facere voluerint, prior et ecclesia debent calcem summare.

26 Item. Nemo potest conducere injuriatorem burgensem in dicta villa, nisi de mandato illius cui injuria est illata.

27 Item. Qui deprehensi fuerint in adulterio, ab illis quibus factum, debent 60 solidos et dimidium solvere pro emenda.

28 Item. Quicumque fuerit in censa Domini Regis de sex solidis, vel (mot déchiré), prescriptum burgensibus ville, solvere debet unum bichetum frumenti, ad plenam mensuram veterem mensuratum. Qui vero de quatuor aut de tribus fuerit, medietatem supradicti bicheti reddat et persolvat.

29 Item. Talis consuetudo, in dicta villa, quod quicumque molendina habeant in franchesia Cariloci debent muderare tres bichetos per cupam cumulatam; de quibus cupis XI facient bichetum.   ascendendo et descendendo

(mot déchiré), qui portaverit, tremicarius debet habere de quartallo farine manuatam.

30 Item. Prior debet facere coquere et bene preparare habitatoribus ville unum livroul (sic) bladi pro podrigia, et unum bichetum (plusieurs mots déchirés) habere monitorem, q. allocet et per villam eat, convidando panem ad faciendum, q. habeat pro voluntate domini prioris de pasta, quod si, termino statuto, allocationis requisitus fuerit de coquendo (plusieurs mots déchirés), secundam requisitionem alterius diei facere debet. Excipiuntur quidam furni de vico *de Palude* et *de Chalme*, in quibus prior et ecclesia nihil habent.

31 Item. Prior et ecclesia debent sumare bichetum (plusieurs mots déchirés), per villam; et pro quolibet bicheto bladi, mensurati ad bichetum, debent habere manutam bladi, ad manum venditoris.

32 Item. Ecclesia, aut mandator ipsius, habet in 60^a potis vini venalibus (plusieurs mots rongés) vini et obolatam pro quarta quam debent tradere et adcomodare; et propter hoc, debent tradere et commodare potos ad mensuranda et temptanda dolia dicte ville.

33 Item. In sale grosso, habent de septario (un ou deux mots rongés), ditur manuatam.

34 Item. Summata alterius salis, qui vocatur salicus, a venditore habent unum denarium, et ab emptore, unum denarium, si revendiderit. Si fuerit in propriis usibus hospitii, nihil debet; et propter hoc (un ou deux mots rongés), mensuram, que carta vocatur, commodare.

35 Item. Prior habet credentiam, in dicta villa, in cibis venalibus per xv^m dies; et habere debet certum nuntium, qui accredita recipiat; et si, elapsis xv^m diebus supradictis, accredita non persolvit aut reddidit, ex tunc non ha-

bet credentiam, in dicta villa, quousque omnia credita fuerunt persoluta.

86 Item. Prior et conventus tale banum habent in dicta villa, in mense maii, quod possunt vendere vinum legitimum et franchum, duobus denariis supra additis in quolibet poto vini, venditi rationabiliter mense aprilis precedenti; salva libertate burgi militum, in quo possunt omnes bibere, absque aliqua contradictione, quod si de dicto burgo vinum in villam afferatur, potest serviens prioris, si afferentem vinum invenerit, vas et vinum retinere, si aliam emendam portitor non immiserit. Sciendum est et quod habitatores ejusdem loci et alii vendere possunt et emere vinum, potum vini et plus, quantum eis placuerit, in mense maio supradicto.

37 Item. Carnifices, qui occidunt et vendunt boves et vaccas, assidue, in macello, debent ecclesie linguas boum et unam crapulam bovis, quilibet semel in anno, neque pejorum, neque meliorum, in festo omnium Sanctorum. Alii, qui occidunt porcos tantum, debent remones in festis annualibus et quatuor tibias, semel in anno, neque pejores, neque meliores, in festo omnium Sanctorum supradicto. Alii, qui occidunt arietes, debent, in Assumptione Domini, voussinam arietis. Illi qui vendunt oleum *à détails* (sic), debent nummatam olei, in Dominica quadragesima. Axerii debent 2 d. semel in anno, aut si maluerint, invicem, in quolibet sabbato podrigiam. Corduenarii unos sotulares, semel in anno, in festo beati Michaelis, neque meliores, neque pejores in foro apportatos. Illi qui vendunt vaccina opera debent unum par sotularium, neque meliorum, neque pejorum; et si maluerint, a festo beati Michaelis usque ad Natale Domini, cum in die fori venerint, unum denarium solvere tenentur; a Natali vero Do-

mini usque ad festum beati Michaelis, unum obolum. Ferraterii solvere debent 2 esperdoils (sic), semel in anno. Item, qui tenent estal (sic) piperis, cere, saginis, in foro, debent duos denarios semel in anno. Poterii debent 2 potos, semel in anno. In quadrigata allectuum debent habere 2 denarios, cum ab extraneis in foro vendita fuerint. In summata equorum 1 d. in colerio 1 podrigiam. Illi qui emunt boves et vaccas in foro debent obolum pro qualibet bestia, non ad opus (plusieurs mots effacés par le frottement), edendi. Illi qui emunt equos debent 4 denarios. Illi qui emunt asinos 2 denarios debent. Illi qui emunt telas debent de decem ulnis podrigiam,
nihil. Quod si ad proprios usus hospitii sui magis ultra unam emerint, nihil debent. In omnibus iis pro quibus tenentur solvere, intelligendum est in die fori ville memorate. In summa 1 d. debent habere.

38 Item. Si quis vocando aliquem conlotonem, punays, leprosum aut furem aut latronem, nec dicat quia, de quo aut pro quo, non tenetur ad emendam, sed ad simplicem clamorem.

30 Item. Si duo litigant in curia prioris, qui sint de villa aut franchesia, non debet prior petere aliquem pro assessore aut pro interlocutorio, nisi causa ita eat magna, quod prior aut curia sua non possint ipsam expedire per se; et tunc, de consensu partium, habeant assessores

TABLE DES MATIÈRES.

Aux souscripteurs de l'Histoire de Charlieu.	pages v
Liste des souscripteurs.	vii
Aux habitants de Charlieu.	xi
Introduction.	1

PREMIÈRE PARTIE.

Histoire ecclésiastique. — Histoire de l'abbaye.

CHAP. I. Histoire de l'abbaye depuis son origine jusqu'au XIIIe siècle.	7
CHAP. II. Droits seigneuriaux, administration spirituelle et temporelle du monastère.	29
§ 1. Administration spirituelle du monastère.	29
§ 2. Réception et installation des religieux.	30
§ 3. Règle du monastère.	32
§ 4. Droits seigneuriaux des Bénédictins.	35
§ 5. Administration temporelle.	42
§ 6. Revenus et charges.	47
1° Revenus du monastère à différentes époques.	49
2° Source des revenus.	51
3° Charges du monastère.	52
CHAP. III. Fin du monastère.	59
§ 1. Etat du monastère au XVIIIe siècle.	59
§ 2. Suppression du monastère.	63
Catalogue des abbés et prieurs de Charlieu.	74

CHAP. IV. Histoire de l'église et de la paroisse de Saint-Philibert. 78
§ 1. Paroisse. 78
§ 2. Eglise. 90
§ 3. Fabrique. 94
§ 4. Confréries. 96
§ 5. Cimetière. 101
CHAP. V. Cordeliers. 107
CHAP. VI. Ursulines. 112
CHAP. VII. Capucins. 116
CHAP. VIII. Usages religieux. 117

IIe PARTIE.

Histoire civile.

CHAP. I. Histoire de la bourgeoisie et de la ville depuis leur origine jusqu'au XVIe siècle. 131
SECTION I. Affranchissement de la ville par les Bénédictins. 131
§ 1. Droits du monastère. 145
§ 2. Justice. 150
§ 3. Gages et cautions. 151
§ 4. Police. 152
§ 5. Clôture de la ville. 153
SECTION II. Charlieu pendant la guerre avec les Anglais, et les guerres et les contestations entre les rois de France et les ducs de Bourgogne. 154
CHAP. II. Histoire d'un bourgeois de Charlieu au XVe siècle. 165
CHAP. III. Histoire de la ville depuis le XVIe siècle jusqu'à nos jours. 178
SECTION I. Charlieu pendant les guerres de religion et la Ligue. 178
SECTION II. Les pestes des XVIe et XVIIe siècles à Charlieu. 197

CHAP. IV. Importance, commerce, industrie et population de la ville. 201
§ 1. Importance de la ville au moyen-âge. 201
§ 2. Commerce et industrie. 203
§ 3. Population. 206
CHAP. V. Administration de la ville. 208
§ 1. Administration de la ville jusqu'en 1765. 208
§ 2. Administration de la ville de 1765 à 1789. 213
CHAP. VI. Contributions diverses. 225
§ 1. Comment et par qui elles étaient imposées et levées. 225
§ 2. Charges et dépenses communales. 229
§ 3. Contributions directes. 234
§ 4. Contributions indirectes, ou aides. 237
CHAP. VII. Justice. 241
§ 1. Justice seigneuriale. 241
§ 2. Justice royale. 243
§ 3. Conflit entre les deux justices. 245
CHAP. VIII. Police. 253
§ 1. Par qui la police était réglée et exercée à Charlieu. 253
§ 2. Objets des ordonnances de police. 256
§ 3. Ordonnance générale de police de 1686. 260
CHAP. IX. Divers usages civils. 266
CHAP. X. Hôpital. 276
§ 1. Origine de cet établissement. 276
§ 2. Administration. 277
§ 3. Revenus à différentes époques et leur origine. 288
§ 4. Service des malades. 290
§ 5. Service religieux. 292
CHAP. XI. Topographie de la ville et de la banlieue. 295
§ 1. Topographie de la banlieue. 295
§ 2. Topographie de la ville. 307
§ 3. Topographie de l'abbaye. 316

Appendice au chap. IV. Notices sur quelques familles. 319
§ 1. Famille Dupont. 319
§ 2. — De la Ronzière. 327
§ 3. — Dessirvinges. 329
§ 4. — De la Rivoire. 330
§ 5. — Diverses. 331
Mercuriales du marché de Charlieu, de 1626 à 1786, pour le froment, le seigle et l'avoine. 335
Charte de priviléges. 339

FIN DE LA TABLE.

www.ingramcontent.com/pod-product-compliance
Lightning Source LLC
Chambersburg PA
CBHW060615170426
43201CB00009B/1022